教育部人文社会科学研究规划基金项目（14YJA790022）

品牌企业推动城镇经济发展的
机理、途径与效应研究

The Research on Mechanism, Methods and Effect

of

Urban Economy
Promoted

by

Brand Enterprise

李佛关　著

西南财经大学出版社

图书在版编目(CIP)数据

品牌企业推动城镇经济发展的机理、途径与效应研究/李佛关著 . —成都:西南财经大学出版社,2017. 1
ISBN 978 - 7 - 5504 - 2824 - 9

Ⅰ. ①品… Ⅱ. ①李… Ⅲ. ①城镇经济—经济发展—研究—中国
Ⅳ. ①F299. 27

中国版本图书馆 CIP 数据核字(2017)第 005153 号

品牌企业推动城镇经济发展的机理、途径与效应研究

Pinpai Qiye Tuidong Chengzhen Jingji Fazhan de Jili Tujing yu Xiaoying Yanjiu

李佛关　著

责任编辑:何春梅
责任校对:王　琳
封面设计:墨创文化
责任印制:封俊川

出版发行	西南财经大学出版社(四川省成都市光华村街55号)
网　　址	http://www. bookcj. com
电子邮件	bookcj@ foxmail. com
邮政编码	610074
电　　话	028 - 87353785　87352368
照　　排	四川胜翔数码印务设计有限公司
印　　刷	四川五洲彩印有限责任公司
成品尺寸	170mm × 240mm
印　　张	18
字　　数	260 千字
版　　次	2017 年 1 月第 1 版
印　　次	2017 年 1 月第 1 次印刷
书　　号	ISBN 978 - 7 - 5504 - 2824 - 9
定　　价	88. 00 元

前　言

　　本书整合了品牌研究的微观和宏观视角，对品牌企业推动城镇经济发展的机理、途径与效应进行系统的研究。在我国城镇化的进程中，大力发展品牌经济，是一条既能保证经济高速增长、实现跨越式发展，又能保证资源高效利用、生态环境得到保护、实现可持续发展的，经济效益和生态效益俱佳的城镇化道路。培育强势品牌，发展品牌经济能够强化城镇的绝对优势和比较优势，提升城镇化质量，进而形成城镇的竞争优势。本书所研究的品牌企业指的是品牌，包括两大类：其一是企业品牌，其二是由多个企业组成的企业集群品牌。本书将在全面分析和探讨品牌企业对产品、企业、产业、区域创造价值功能的基础上研究其对城镇经济发展的推动作用。

　　本书主要从以下几块来展开研究：（1）对品牌企业推动城镇经济发展的已有研究成果进行文献回顾与总结，并对本研究涉及的理论基础进行介绍。（2）对品牌企业推动城镇经济发展的机理进行详细分析。品牌能降低消费者、生产者的交易成本和消费者的选择成本；品牌能增值、吸纳和积聚资本要素，促进城镇经济结构优化；品牌能促进城镇产业集群结构优化，增强产业集群和城镇经济的竞争力；品牌能发挥城镇绝对优势，克服经济结构趋同，促进人民收入的增加。（3）对品牌企业推动城镇经济发展的途径进行详细分析。品牌企业能推动我国农业产业化、工业化和服务业的发展，从而推动我国城镇化的进程。（4）对品牌企业推动城镇经济发展的效应进行测度。通过构建衡量品牌企业对城镇经济发展贡献的指标，测度品牌企业对城镇经济发展推动效应的贡献率。（5）在对品牌企业推动城镇经济发展的机理、途径与效应进行理论与实证研究的基础上，进一步对研究结论进行归纳、整理，给出一些促进品牌企业与城镇经济发展的对策建议。

总而言之，品牌特别是强势品牌是品牌经济的基础。通过培育强势品牌发展品牌经济，可以使我国企业更好地创造顾客价值，促进企业技术和产品的不断创新，走集约化的发展道路；可以使我国的商品更好地畅行于国内、国际市场，促进竞争有序的市场秩序的建立和完善。通过本书的研究，有利于进一步强化企业、政府的品牌意识，明确"品牌战略"在城镇经济发展中的重要地位和作用，从而更好地发展品牌经济，促进我国城镇化战略更好地实现。

目　录

第一章　绪论

第一节　研究背景与选题意义

一、研究背景

（一）市场经济体制在我国的初步建立和不断完善

　　1978 年 12 月党的十一届三中全会召开之后我国开始实行改革开放的政策，1984 年党的十二届三中全会提出要发展有计划的商品经济，1992 年党的十四大又提出要确立和建设"社会主义市场经济体制"，1993 年党的十四届三中全会审议通过了《中共中央关于建立社会主义市场经济体制若干问题的决定》，2001 年 12 月 11 日中国正式成为世界贸易组织成员方。经过几十年的调整完善，时至今日，我国已基本建立了比较完善的社会主义市场经济体制。市场经济体制是指以市场机制作为配置社会资源基本手段的一种经济体制，在这种体制下产品和服务的生产和销售完全由自由市场的自由价格机制所引导，而不是像计划经济时期一般由国家所引导。市场经济是发达的商品经济，在该经济形态下，各种生产要素都成了可以自由交换的商品。市场是一切经济活动的平台，是联结各经济体的纽带，是资源配置的基础方式。由于市场分配成了最基本的分配形式，因此一切生产要素和产品都要通过市场来分配，于是千千万万的厂商和个人便在市场上围绕着有限的市场资源展开了广泛而激烈的市场竞争。在市场经济条件下，竞争成了时代的主题，市场竞争使每一个人和每一家厂商都可能随时面临严酷的市场压力，从而使市场经济有了不断向前发展的动力。如何在激烈的市场竞争中克敌制胜呢？创建强势品牌与发展品牌经济是有效的途径。在当今社会，品牌是企业重要的无形资产，有些强势品牌的价值甚至超过了企业的有形资产，成了企业最宝贵的财富。随着企业之间的产品在质量、性能、销售服务等方面的差异日益缩小或趋同的时候，品牌就成了消费者进行产品选择的主要依据。从某种程度上来说，市场竞争就是品牌的竞争。是否拥有强势品牌就成为企业能否获利和保持竞争优势的基础。同样，一个地区拥有强势品牌的多少就成为衡量该地区经济实力强弱的一个重要标准。

（二）我国人民的消费水平不断提高、消费结构不断升级

目前，我国人民在生活上基本实现了总体小康，并向全面建设小康社会大步迈进。在新中国刚成立时，我国城镇居民人均现金收入不足 100 元，其中 70% 以上的消费都用在了衣食温饱上面，家庭恩格尔系数在 57% 以上；农村居民人均纯收入为 44 元，家庭恩格尔系数在 67% 以上。1978 年，我国城镇居民人均可支配收入为 343.4 元，其中人均生活消费支出为 311.16 元，家庭恩格尔系数为 57.5%；农村居民人均纯收入为 133.6 元，其中人均生活消费支出为 116.06 元，家庭恩格尔系数为 67.7%，在全国还有 2.5 亿农村居民的生活水平处于绝对贫困线以下。2000 年，我国城镇居民家庭人均可支配收入为 6 280.0 元，其中人均生活消费支出为 4 998.0 元，家庭恩格尔系数为 39.4%；农村居民家庭人均纯收入为 2 253.4 元，其中人均生活消费支出为 1 670.13 元，家庭恩格尔系数为 49.1%。根据《全国人民小康生活水平的基本标准》测算，到 2000 年全国小康生活水平实现程度达 95.6%，城乡居民生活基本上实现了总体小康。2008 年，我国城镇居民家庭人均可支配收入为 15 780.8 元，其中人均生活消费支出为 11 242.85 元，家庭恩格尔系数为 37.9%；农村居民家庭人均纯收入为 4 760.6 元，其

中人均生活消费支出为 3 660.68 元，家庭恩格尔系数为 43.7%①。从新中国成立 60 多年的发展历程来看，城乡居民的收入快速增长，居民的口袋越来越殷实，消费内容越来越丰富，消费质量越来越高。截至 2014 年，我国城镇居民家庭人均可支配收入为 28 843.9 元，其中人均生活消费支出为 19 968.1 元，家庭恩格尔系数为 30.0%；农村居民人均可支配收入为 10 488.9 元，其中人均生活消费支出为 8 382.6 元，家庭恩格尔系数为 33.57%。从城镇居民家庭平均每百户年底耐用消费品拥有量来看，洗衣机拥有量为 90.7 台，电冰箱为 91.7 台，彩色电视机为 122 台，空调器为 107.4 台，家用电脑为 76.2 台，移动电话为 216.6 部，摩托车为 24.5 辆，家用汽车为 25.7 辆。从农村居民家庭平均每百户年底耐用消费品拥有量来看，洗衣机拥有量为 74.8 台，电冰箱为 77.6 台，彩色电视机为 115.6 台，空调器为 34.2 台，家用电脑为 23.5 台，移动电话为 215.0 部，摩托车和电动助力车合计为 113.0 辆，家用汽车为 11.0 辆②。

新中国成立以来，特别是改革开放以来，我国经济快速发展，消费市场也发生了显著变化，我国居民的消费结构逐步由生存型消费模式转向发展与享受型消费模式，由追求数量型消费转向追求质量型消费。现今的中国，消费需求呈现出多元化、特色化、品类众多等特点，奢侈与必需、超前与怀旧、新奇与模仿、身份认同与自我展示等都得到淋漓尽致的释放。中国新生代的消费者越来越追求自我、个性、时尚，品牌的符号价值更加明显，消费不一定是出于生活的必需，而是展现个人生活方式、社会身份等的需要。在商品极其丰富、消费水平和质量不断提高的当今社会，一方面，消费者在精神消费方面的比重会越来越大；另一方面，企业之间的竞争也会越来越激烈。在这种背景下，品牌就越来越为消费者和企业所青

---

① 1949 年、1978 年、2000 年、2008 年我国城乡居民生活水平相关数据均来自国家统计局编写的《新中国 60 年》统计年鉴。

② 2014 年我国城乡居民生活水平相关数据均来自《中国统计年鉴 2015》与《中国农村统计年鉴 2015》。

昧，因为品牌所具有的信号传递功能和符号价值不仅能为消费者创造价值，而且在为消费者创造价值的基础上也能更好地为企业创造价值，实现了消费者和企业的双赢，所以品牌就成了现代社会最常见的经济现象。

（三）全球产业结构调整的步伐大大加快

从广义角度看，产业结构包括生产结构、产品结构、技术结构、企业组织结构等内容。近年来，许多国家，特别是发达国家，面对日益严峻的国际竞争形势，纷纷对本国的产业结构进行了前所未有的战略性调整。这些调整呈现出高科技化、高信息化、高服务化、跨国公司主导化、政府与市场结合化等主要特点和趋势。经济的全球化过程从本质上来讲就是一个以跨国公司为主要载体，在世界范围内进行产业转移与产业结构调整的复杂过程。全球产业转移的方式主要有两种：一种是直接投资的方式，把劳动和资源密集型的低级产业往发展中国家转移；另一种是发达国家之间通过企业兼并、相互投资或合作开发的方式来更新技术、拓展市场，达到技术、资本密集型产业的升级。21 世纪是知识经济的社会，高新技术产业化以及用高新技术特别是信息技术改造传统产业等产业结构高级化的步伐将会进一步加快。

产业结构调整包括产业结构的高级化和合理化两方面的内容。产业结构的高级化又称为产业结构升级，是指产业结构系统从较低级的形式逐渐向较高级的形式转化的过程。产业结构由低级向高级的演进是产业结构演变的一般规律。产业结构升级的主要内容包括：第一，由以原材料开采为重心的经济结构上升到以加工组装为主的经济结构；第二，由以轻纺工业为主的经济结构上升到以重化工为主的经济结构；第三，由以低附加值的劳动密集型产业为主上升到以高附加值的技术密集型产业为主的过程。另外，着眼整个国民经济的产业结构变化，产业结构升级还包括国民经济重心由第一产业向第二产业，进而向第三产业升级的过程。产业结构合理化是指各产业之间要相互协调，产业间有良好的适应性和较强的产业结构转换能力，能适应市场需求的不断变化，并带来最佳的经济效益。产业结构合理化的过程具体表现为产业之间的数量比例关系、经济技术联系以及相互作用关系趋向协调平衡的过程。

经济全球化通过对外贸易、跨国并购以及外资进入等方式对我国的产业结构产生了很大的影响。2014 年，我国实际使用外资额为 1 197.05 亿美元，其中外商直接投资为 1 195.62 亿美元，外商其他投资为 1.44 亿美元。从全国规模以上工业企业主要经济指标来看，外商投资工业企业主营业务收入为 157 835 亿元，港澳台商投资工业企业主营业务收入为 94 795 亿元，两者之和占全国规模以上工业企业主营业务收入的 22.82%①。在全球产业结构大步调整以及外资企业与我国企业之间激烈的竞争压力下，如何实现我国产业结构的优化升级是我国企业和政府面临的重大战略性问题。在现代市场经济条件下，品牌战略是产业结构优化升级的重要推进器。品牌战略通过产品对产业结构的调整发挥作用。品牌战略有利于促进产品结构和技术结构的优化升级，进而推动企业组织结构的合理优化和新兴产业的发展，还有利于推动产业组织内部的企业建立竞争有序的关系。

（四）区域经济更加注重协调发展和发展质量

区域经济是推动和支撑世界各国经济发展的重要力量。邓小平在 1988 年提出了"两个大局"的思想：沿海地区要对外开放，使这个拥有两亿人口的广大地带较快地先发展起来，从而带动内地更好地发展，这是一个事关大局的问题，内地要顾全这个大局；反过来，发展到一定的时候，又要求沿海拿出更多力量来帮助内地发展，这也是个大局。在"两个大局"战略思想的指引下，改革开放初期，我国在政策和资金上对东南沿海地区都给予了倾斜，再加上东南沿海地区相对优越的地理位置，东南沿海地区就先发展起来了，这就在客观上造成了东南沿海地区与中西部地区巨大的区域差距。我国区域经济要实现协调发展，关键要处理好东部和中西部的关

---

① 2014 年我国利用外资的相关数据均来自《中国统计年鉴 2015》。

系、沿海和内地的关系。要消除这种区域差距，就要注重区域经济的协调发展，区域经济协调发展是区域之间在经济交往上日趋密切、相互依赖日益加深、发展上关联互动，从而达到各区域的经济持续发展的过程。在注重区域经济协调发展的思路下，党和国家提出了全面建设小康社会的奋斗目标和科学发展观，并在其指导下实施了东北地区等老工业基地振兴战略、西部大开发战略、京津冀协同发展和"两带一路"战略。

在注重区域经济协调发展的同时，各区域也在不断地转变经济发展的方式，提高经济发展的质量。数量型的经济增长方式片面地追求经济产值、数量和速度，致使经济增长效益差、质量差、结构失衡；质量型的经济增长方式则注重经济增长中的质量和效益的提高以及产业结构的协调。我国经济在高速增长的同时，经济增长中的一些矛盾和问题也逐渐暴露出来，经济增长的结构性矛盾比较突出、经济增长的不稳定因素仍然存在、经济增长的成果分配不和谐、经济增长的模式尚未根本改变，这些突出的矛盾和问题背后反映的就是经济增长的质量不高。我国发展必须讲求质量和效益，这是全面建成小康社会的内在要求。在经济发展新常态背景下，我国传统发展方式不可持续，必须推动经济发展提质增效升级。

各区域特别是经济后发地区如何更好地发展经济，提升经济发展的质量，打造强势品牌，发展品牌经济是一种很有效的途径。品牌经济（Brand Economy）是生产力和市场经济发展到一定阶段的产物，是以品牌为核心整合各种经济要素，带动经济整体运营的一种市场经济的高级形态。具体而言，发展品牌经济有利于充分发挥地区的绝对和比较优势，减轻和克服结构趋同现象；同时，发展品牌经济还能够培育和增强区域的竞争优势，推动区域经济结构更好地优化升级。

（五）我国品牌经济的发展现状与我国的经济地位不匹配

品牌经济是区域经济发展的原动力。发展品牌经济是适应知识社会、信息社会需要，应对世界经济一体化挑战的重要举措。品牌经济的基础是品牌产品。一般而言，品牌经济的发展路径通常是由普通企业通过生产优质产品而使其慢慢发展成为品牌产品，企业持续生产品牌产品逐渐成为品牌企业，某一产业内集聚众多的品牌企业以及品牌企业不断发展形成品牌产业，区域内品牌产业的不断成长和汇聚最终形成区域的品牌经济，从而有效提升区域形象和区域经济发展的效益和质量。

但是，中国品牌经济的现状不容乐观。从世界范围比较来看，根据世界品牌实验室发布的 2015 年《世界品牌 500 强》排行榜，中国只有 7 个品牌进入世界品牌 100 强，且其中只有一个民营企业品牌"腾讯"，进入世界品牌 500 强的中国品牌也只有 31 个。而美国在世界品牌 100 强中占有名额 52 个，在世界品牌 500 强中，美国品牌也有 227 个。而根据世界品牌评估权威 Interbrand 公司 2001—2015 年每年发布的《世界品牌前 100 强》报告，2011 年中国仅有台湾的品牌"宏达电子（HTC）"入选，2014 年中国仅有品牌"华为"入选，2015 年中国仅有品牌"华为"和"联想（Lenovo）"入选，至今还没有其他品牌入选世界品牌前 100 强。这说明我国品牌经济的发展水平不高，存在很大的发展空间，需要大力发展。从我国国内各省的比较来看，根据世界品牌实验室发布的 2015 年《中国品牌 500 强》报告，中国品牌 500 强分布在我国 31 个省区市，其中拥有中国品牌 500 强数量最多的前十个省区市共拥有中国品牌 500 强总数中的 402 个，占中国品牌 500 强的比例为 80.4%；拥有中国品牌 500 强品牌价值最高的前十个省区市拥有的中国品牌 500 强品牌价值总额为 92 372.1 亿元，占中国品牌 500 强价值总和的 85.74%。从拥有中国品牌 500 强数量和品牌价值最多的前十个省区市占中国品牌 500 强数量和品牌价值总和的比例来看，中国品牌 500 强具有很强的地区聚集性，说明中国品牌经济的发展很不平衡，各地差距显著。

二、研究意义

（一）理论意义

（1）本书研究可以拓展、丰富企业品牌理论和城镇经济发展理论。本收研究在既有的从企业微观视角探讨品牌创建、发展的微观品牌理论，有关区域品牌形成的机理以及通过实施品牌战略促进城镇经济发展的宏观品牌经济理论等研究成果的基础上，整合品牌研究的微观和宏观视角，对品牌企业推动城镇经济发展的机理进行系统深化研究。本书研究认为，发展品牌企业、培育强势品牌，能强化区域的绝对与比较优势，进而形成区域竞争优势，使区域经济结构得以优化；品牌企业还具有降低区域经济发展成本的功能。

（2）本书研究结合规范研究和定量实证研究等方法，可以验证现有的品牌理论与城镇经济发展理论，建立品牌企业与城镇经济发展关系研究的新视角。研究采用 Interbrand 公司、世界品牌实验室评估的品牌数据，我国企业在国内、国际、马德里注册的商标数据以及各区域层面经济发展的相关数据，对品牌企业与城镇经济发展的相关性进行分析，并采用回归、协整、面板协整等计量研究方法，构建品牌企业与城镇经济发展的关联作用模型，对品牌企业推动城镇经济发展机理、效应进行定量检验。

（二）实际意义

（1）发展品牌经济是实现科学发展的有效途径。品牌经济是促进经济发展和加快转变经济发展方式的有效经济形态，可以很好地促进我国社会主义市场经济体制的构建和完善，提升我国城镇经济的发展水平和竞争能力。党的十七大报告指出："实现未来经济发展目标，关键要在加快转变经济发展方式，完善社会主义市场经济体制方面取得重大进展"。党的十八大报告指出："以科学发展为主题，以加快转变经济发展方式为主线，是关系我国发展全局的战略决策。要适应国内外经济形势新变化，加快形成新的经济发展方式，把推动发展的立足点转到提高质量和效益上来。"具体而言，品牌特别是强势品牌是品牌经济的基础，发展品牌经济，打造强势品牌可以更好地创造顾客价值，取得更好的经济效益；打造强势品牌可以更好地促进企业技术和产品的不断创新，推动技术结构、产品结构优化升级，走集约化的发展道路；打造强势品牌可以更好地畅行于国内、国际市场，促进竞争有序的市场秩序的建立和完善，占领市场竞争的"制高点"，实现经济有质量的增长。

（2）通过对品牌企业推动城镇经济发展的理论与实证分析，既能为实施品牌战略促进城镇经济发展提供理论支持和依据，又能为城镇品牌战略的制定和推进提供定位和思路。本书的研究从微观企业和宏观经济层面针对我国制定和实施品牌战略过程中存在的问题提出相关的对策建议。通过研究，有利于进一步强化企业、政府的品牌意识，明确"品牌战略"在企业和城镇经济发展中的重要地位和作用；同时，本书的研究也有利于使企业和政府进一步认识到品牌的创建和培育依赖于品牌所服务城镇经济体的发展水平。因此，企业与各级政府应大力实施品牌战略，重视品牌的创建、培育和发展，全面提升品牌形象，增强品牌价值及品牌竞争力，努力打造出区域、国家和世界强势品牌，以品牌优势推动城镇经济更好地发展。

第二节　相关概念界定

一、品牌

（一）品牌的定义

关于品牌的定义，学术界比较认同美国市场营销协会（AMA）的定义："品牌（Brand）是一个名称、术语、标记、符号或设计，或是这些元素的组合，用于识别一个销售者或一群销售者的商品和服务，并且使它们与其竞争对手的商品和服务区别开来。"因此，从理论上来说，只要营销者创造了一个新的名称、标识，或者新的产品符号，也就创造了一个品牌。但是这一定义显然不能很好地指导品牌的运营和说明品牌的价值属性，同时，我们发现，美国市场营销协会和企业界两者之间对"品牌"的定义存在区别，前者对品牌的定义是指品牌本身"brand"（以小写字母为首），后者对品牌的定义是指品牌的内涵"Brand"（以大写字母 B 为首）[①]。认识到这种差别非常重要，因为对品牌原理或品牌战略的不同理解通常都与品牌定义的不同内涵有关。品牌的直接解释就是商品的牌子，但在实际使用中，品牌的内涵和外延都远远超出了这个字面解释的范围。品牌包括三种牌子：第一种是商品的牌子，即我们平常所说的商标；第二种是企业的名字，即我们平常所说的商号；第三种是可以作为商品的牌子，即牌子本身可以商品化，作为商品进行买卖。

因此，根据美国市场营销协会的定义，创建品牌的关键在于选择名称、标识、符号、包装设计，或其他有助于识别产品并使其与其他产品区别开来的一些属性。我们把形成品牌识别并使之差异化于其他产品的这些不同部分称为品牌元素（Brand Elements）。主要的品牌元素有：品牌名称、统一资源定位符（URL）、标识、符号、形象代表、品牌口号、广告曲、包装和符号。品牌识别的聚合性取决于品牌元素之间一致性的程度，在理想的情况下，品牌元素应能相互支持，且能方便地应用到品牌及营销方案的其他方面，所有品牌元素都对品牌认知和品牌形象起着重要作用。因此，应该对品牌元素进行选择，以强化品牌认知，形成强有力的、偏好的和独特的品牌联想，或者形成下面论述的品牌判断和品牌感受。

为了更好地阐释品牌的内涵、价值属性和指导品牌的运营活动，法夸

---

① 凯文·莱恩·凯勒. 战略品牌管理 [M]. 卢泰宏，吴水龙，译. 3 版. 北京：中国人民大学出版社，2009：4.

尔（Farquhar，1989）、艾克（Aaker，1991），布罗茨基（Brodsky，1991）、凯勒（Keller，1993）等学者和机构在美国市场营销协会对品牌进行定义的基础上开始围绕品牌资产（即把品牌定义为一种资产）进行研究，探索品牌的价值特性。法夸尔（Farquhar，1989）认为品牌资产是一种品牌赋予产品的附加价值①。艾克（Aaker，1991）认为品牌资产是指与品牌（包括品牌名称和品牌标识）联系在一起的一系列资产或负债，它们可以减少产品或服务本身提供给企业或顾客的价值②。布罗茨基（Brodsky，1991）认为品牌资产是指与新品牌相比，由于经年累月的品牌经营而让品牌取得的销售和利润效应③。凯勒（Keller，1993）认为品牌资产是一种源于顾客的品牌知识，由品牌知名度和品牌形象组成，产生在顾客对品牌持有强烈的、积极的和独特的联想之时，能够引起顾客对品牌营销行为的不同反应④。美国营销科学研究院（MSI）认为，品牌资产是指品牌的顾客、渠道成员和母公司等对于品牌的联想和行为集合，这些联想和行为使品牌可以获得比在没有品牌名的情况下更多的销售量或利润，并赋予品牌超过其竞争者的强有力的、持续的和差异化的竞争优势⑤。

（二）品牌相关概念辨析

1. 品牌与产品

品牌是产品的灵魂，产品是品牌的载体。产品（Product）是在市场上可以让人注意、获取、使用，以满足消费者需求和欲望的任何东西。产品可以是实体产品、服务、商店、人、组织、地名或思想，它们均可以进行

① P H Farquhar. Managing Brand Equity [J]. Marketing Research, 1989 (1)：24-33.

② Aaker D A. Managing Brand Equity：Capitalizing on the Value of a Brand Name [M]. New York：Free Press, 1991.

③ Brodsky J. Issues in Measuring and Monitoring [J]. ARF Third Annual Advertising and Promotion Workshop, 1991 (2)：5-6.

④ Keller K L. Conceptualizing Measuring and Managing Customer-based Brand Equity [J]. Journal of marketing, 1993 (57)：1-22.

⑤ Keller K L. Strategic Brand Management [M]. Beijing：Prentice Hall and Renmin University of China Press, 1998.

品牌化。因此，将它们进行品牌化就产生了产品品牌、服务品牌、个人品牌、城市品牌等。在强势品牌的发展进程中，品牌和产品的关系一般都会经历三个阶段：第一阶段是品牌依赖于产品，两者相辅相成、紧密相连，共同成长；第二阶段是品牌可以独立于产品，品牌经过一定的发展变得成熟后，就可以独立于它的载体产品而存在，在这个时候，品牌可以与具体的产品相分离，通过延伸扩大来选择新的载体，因此，品牌可以不再指向单一的产品或单一的类别；第三阶段就是品牌上升到文化的层面，在这一层面上，品牌可以与一系列的产品或服务发生关联，品牌被注入文化的含义，消费者也更看重对品牌文化和意义的消费，这一阶段是品牌的最高境界。

总之，品牌与产品是紧密相连的，品牌可以传递产品信息，给产品赋予一些精神、社会的意义和价值，提升产品的竞争能力。同时，品牌也需要产品载体的强有力的实证性支撑，为品牌的健康成长提供保障。品牌通过产品进入消费者的生活，并逐步扎根于消费者的心中。因此，要正确地处理好品牌和产品的关系，在品牌的初创期，品牌和产品一般是采取一配一的形式，因为多个品牌会导致企业不堪重负，同时消费者对品牌的感知也会失去焦点，产生个性不明、定位不清等问题，最终使品牌的走向失败。

2. 品牌与商标

品牌与商标是非常容易混淆的一对概念，两者既有联系，又有区别。有时，两个概念可以等同使用；但更多的时候，我们必须准确地认识、区分和正确使用这两个概念。商标，顾名思义，就是商品的标识，这种标记不是产品或商品的性能、型号、产地、特点等方面的标识，而是生产和销售它的那个企业的标识，即归属标识，人们凭借这个标识可以马上知道这个产品是哪个企业生产或经营的。因此商标不是产品的名字，而是人们用以辨认该产品是哪家企业的产品的标识。商标一般由特定的图形和文字组合而成。商标必须经过企业在国家工商管理部门注册批准后使用。

品牌与商标都是用来识别不同生产经营者不同种类、不同品质产品的商业名称及其标识。但品牌与商标这两个概念的外延是有差异的。品牌并不完全等同于商标，或者说，品牌是有别于商标的。品牌是一种市场概念，是产品和服务在市场上通行的牌子，品牌实质上是品牌运营者对顾客在产品特征、服务和利益等方面的承诺。这种承诺可以给顾客创造相比于竞争对手更为优异或不同的价值，同时也会通过给顾客创造价值而给企业带来价值的增加。而商标属于法律范畴，是一种法律概念，它是经由注册获得的商标专用权，从而受到法律的保护。企业品牌可注册成商标，获得商标专用权。因此，商标是品牌的法律形式。从这个意义上来看，商标是品牌的一部分。

商标专用权也被称为商标独占使用权，是品牌经由政府有关主管部门核准后独立享有的商标使用权。这种经核准的品牌名称和品牌标志受到法律保护，其他任何未经许可的企业不得使用。因此，企业欲使自己的产品品牌在市场上合法经营、长久延续，就必须及时注册，通过国家许可的方式获得商标专用权，以便获得法律保护。

3. 品牌与名牌

"名牌"，简单地说，就是知名的品牌。"知名"的内涵是"三高"：信任度高、美誉度高、知名度高。名牌一定是这三者的统一[①]。名牌是对中国知名品牌常用的一个称谓，基本等同于国外常说的强势品牌（Strong Brand）或领导品牌（Leading Brand），即在同类产品市场上，占有强势地位或领先地位的品牌，它们是在社会上被认可的最有价值的品牌。名牌不仅仅等同于高的知名度，因为"众所周知"并不一定会"众所信任"和"人人称赞"。同时，信任度和美誉度两者也是有区别的，一般而言，信任度是产品和企业在消费者心目中的"底线"，如果消费者对产品和企业失

---

① 艾丰. 名牌论——市场竞争中的法宝 [M]. 北京：经济日报出版社，2001：22.

去了信任，或者信任度很低，那么企业不仅很难成为名牌企业，就是作为一般的企业，在经营上也会遇到很大的困难。美誉度是消费者对产品和企业在认识和感觉上的"上线"，这个"上线"是浮动的，是上不封顶的。因此，一个企业要打造名牌，成为名牌企业，就必须保住信任度，不断提高美誉度。

4. 商号与商标

"商号"就是企业的名字。任何一个企业都必须有自己的名字，正像任何一个人都有自己的名字一样。商号和商标是不同的东西，不能把两者混为一谈。商号是企业这个"法人"的名字，而商标只是商品上的标识。但有些企业的商号和商标是重合的。例如，"长虹集团"是商号，它的商标也是"长虹"。也有的企业商号和商标是不重合的。例如，美国"通用汽车公司"是商号，它使用的商标则主要是"凯迪拉克""别克""雪佛兰"等。

在服务行业，有的企业如宾馆、饭店，出售的是服务，而服务这种商品是不好直接打上什么标识的；有的企业如食品店，出售的商品也不好直接打上标识。因此，它们的商号往往就起到了商标的作用，商号便成了企业的服务商标。比如"希尔顿"饭店、"麦当劳"连锁店等。

5. 驰名商标与著名商标

"驰名商标"是众多商标中的"佼佼者"。一个企业使用的商标，因为它所代表的商品质量和服务质量一贯良好，因此这个商标的信誉度高、知名度高，而且企业经营好、规模大，或者历史悠久、有经营特色。这样的商标经过政府主管机关的认定，即可成为驰名商标。与"驰名商标"相近的还有"著名商标"的说法，但"著名商标"这个概念是中国特有的，在国外并不使用。为鼓励众多的国内企业争创驰名商标，通常把国家级认定的"国家名牌"称为"驰名商标"；地方省级认定的"地方名牌"称为"著名商标"。但这种做法反限于中国，并不是世界通用的做法。

"驰名商标"这一概念最早来自 1883 年 3 月 20 日签署的《保护工业产权巴黎公约》（以下简称《公约》）。所谓"工业产权"，实际上属于现在人们常说的"知识产权"的范围。这个《公约》是当时一些国家为了妥善处理这方面的问题而共同确立的一些准则。"驰名商标"这个概念就是在这个公约里最早提出来并且在各签约国以后的经济交往中广泛使用的。驰名商标的认定，不是企业自身认定，也不是民间机构随意认定，而必须由国家主管机关认定。认定要有一定法律程序。在我国，要由企业先提出申请，而后由专家委员会评定其资格和条件，最后由国家商标局向合乎条件者正式颁发驰名商标证书。

二、品牌企业概念的界定

品牌是一个内涵和外延均很广的概念。从企业视角来看，企业品牌一般包括两种：第一种是商品的牌子，就是人们平常说的"商标"；第二种是企业的名字，就是人们平常说的"商号"。从宏观的社会实体视角来看，有城市品牌、国家品牌、旅游目的地品牌、公共事务品牌等；从企业集群的视角来看，有企业集群品牌、个人品牌等。因此，可以说品牌的载体是非常丰富的，有着不同载体的品牌的形成机理也是有很大差异的，并且人们对品牌的理解和认知也存在着差异。同时，在纷繁的社会经济发展活动中，不同的品牌又发挥着不同的作用。因此，基于研究的需要，有必要对"品牌企业"的概念及其内涵做出界定。

本书研究的主要内容是品牌企业推动城镇经济发展的机理、途径与效应，即分析集合了高知名度、高信任度、高美誉度、高忠诚度从而拥有高品牌价值的品牌企业推动城镇经济发展的作用机理、途径与效应。首先，从市场认知的视角来看，品牌企业存在的前提是消费者对品牌企业的高度信任以及对其知名度的高度认可和美誉度的高度评价；其次，从品牌价值来看，拥有消费者高度认可的品牌属性的品牌企业，可以经过相关评估机构的评估将其品牌价值予以货币化显现，由此则可以使品牌企业在企业资产并购和评估中予以折价或能够使企业在市场上获取较强的产品溢价能力；最后，从所属的行业来看，品牌企业能对其所属的行业起到重要的带动作用，品牌企业的载体一般是引导和促进行业发展的骨干企业。具体来说，本书研究所界定的品牌企业包括两大类：其一是企业品牌，其二是由多个企业组成的企业集群品牌。

总之，本书研究所界定的品牌企业是指那些具有高知名度、高信任度、高美誉度从而能使消费者产生高忠诚度的拥有较高品牌价值的品牌企业。它是企业经过一定时期的市场发展，随着企业数量和规模的不断扩大以及持续成功的品牌建设而促使企业竞争力不断提高到一定的程度而形成的。由于品牌企业的品牌价值较高，拥有较强的市场扩散能力、市场开拓能力以及市场占有能力，因此，能对城镇经济的发展产生强大的推动作用。

三、企业集群品牌

企业集群品牌，在国内学术界还有多种其他名称，如区域产业品牌[1]、地域品牌[2]、区位品牌[3]、产业集群品牌[4]、区域产业集群品牌[5]、区域品牌[6]等，其中"区域品牌"最为常见。虽然"区域品牌"正日益成为理论研究者们所关注的一个重点领域，但其含义和表述方式尚未统一[7]。在西方的学术文献里出现了 Place Branding、City Branding、Country/Nation Branding、Geo-Branding、Regional Branding、Location Branding、Destination

---

① 李永刚. 企业品牌、区域产业品牌与地方产业集群发展 [J]. 财经论丛，2005 (1).
② 陈方方，丛凤侠. 地域品牌与区域经济发展研究 [J]. 山东社会科学，2005 (3).
③ 陆国庆. 区位品牌：农产品品牌经营的新思路 [J]. 中国农村经济，2002 (5).
④ 李大垒，仲伟周. 产业集群品牌发展模式转换的实证研究 [J]. 商业经济与管理，2008 (8).
⑤ 吴传清. 区域产业集群品牌的术语：权属和商标保护模式分析 [J]. 经济管理，2010 (9).
⑥ 夏曾玉，谢健. 区域品牌建设探讨——温州案例研究 [J]. 中国工业经济，2003 (10).
⑦ Simon Anholt. Editor's foreword to the first issue [J]. Place Branding, 2004, 1 (1): 4-11.

Branding、Cluster Branding 等多种表达术语，但采用频率最高的是"Place Branding"一词。*Place Branding* 杂志的主编西蒙·安霍特（Simon Anholt）撰文建议采用"Place Branding"代替众多的"区域品牌"表述形式①。通过对国外区域品牌相关文献的梳理，笔者认为，区域品牌（Place Branding）应是泛指采用地理区域命名的公共品牌的统称，它是涵盖了地区品牌（Regional Branding）、国家品牌（Country/Nation Branding）、城市品牌（City Branding）、地理品牌（Geo-Branding）、目的地品牌（Destination Branding）、集群品牌（Cluster Branding）等多种类型的集合概念。

目前，国外学者还不能对区域品牌给出一个比较清晰的定义，关于区域品牌的内容应该包括哪些，也存在多种不同的观点②。"一般而言，产品品牌与区域品牌之间没有多少差异"，但是"要给出一个能够涵盖区域品牌含义的完整信息组合是非常困难的"（Frost，2004）。对于区域品牌的定义，比较有代表性的观点认为"区域品牌是一个地区所具有的独特吸引力，其核心问题是对区域品牌识别的构建"（Rainisto，2001）。区域品牌由名称、标识、包装和声望等要素构成（Shimp，2000）。卡夫拉迪斯（Kavaratzis，2005）参照品牌学著名学者艾克（Aaker）给出的品牌定义来对区域品牌的含义进行界定，将区域品牌定义为功能、情感、关系与战略要素共同作用于公众的头脑所产生的一系列独特联想的多维组合③。艾伦（Allen，2007）根据公司品牌的定义进行推理（公司品牌被定义为在公司组织框架下的产品或服务的品牌），将区域品牌定义为在政治或地理框架下的产品或服务的品牌④。

_____

① Simon Anholt. Editor's foreword to the first issue [J]. Place Branding, 2004, 1（1）: 4-11.

② Simon Anholt. Editor's foreword to the first issue [J]. Place Branding, 2004, 1（1）: 4-11.

③ Mihalis Kavaratzis. Place branding: A review of trends and conceptual models [J]. The Marketing Review, 2005（5）: 329-342.

④ George Allen. Place branding: New tools for economic development [J]. Design Management Review, 2007, 18（2）: 60-68.

　　国内学者在对国外研究成果吸纳的基础之上，主要从产业集群的角度对区域品牌进行了探讨，认为特定产业在特定区域内的集聚是形成区域品牌的基础，因此，区域名称加上产业名称就是区域品牌，如"温州皮鞋""涪陵榨菜""景德镇陶瓷"等①。从国内外学者对区域品牌的解释来看，国外的学者主要是把区域当作品牌化的对象进行研究；而在国内，既有把区域当作品牌化的对象的大量文献成果，又以产业集群为基础，把具有后天比较优势而得名的区域内产业集群称为区域品牌的文献。综观研究区域品牌的已有文献，我们发现，如果把区域当作品牌化的对象，那么，除了政府机构外，很难找到区域品牌的实施和运作主体，并且政府打造区域品牌的目的不一定是为了追求经济效益。如果把培育具有后天优势的区域内产业集群当作区域品牌化的构建途径，那么，一方面，除了政府机构外仍然找不到区域品牌的有效实施和运作主体，因为产业内企业难以通过打造区域品牌来获取竞争优势②；另一方面，随着区域内产业的变迁和区域外相关产业的发展，区域品牌可能会消亡。因此，既有的区域品牌理论没能为区域品牌找到微观支撑点——微观经济主体缺乏发展区域品牌的利益刺激，即存在区域品牌创建及发展过程中微观经济主体的缺位现象。

　　为了解决区域品牌创建及发展过程中微观经济主体缺位的问题，需要进一步挖掘其本质，并对区域品牌的含义进行重新界定。胡正明、蒋婷（2010）首次提出区域品牌的本质是区域和产品两者不可分离，继而得出农产品是区域品牌的产品支撑③。因为区域独特的自然环境，如气候、温度、地质条件以及水文等决定了农产品的特色，且这种特色是不能复制到其他区域的，而区域内生产的工业品不具备区域特色，其他区域可以复制，所以，农产品是区域品牌的产品支撑，凭借区域农产品的特色可以构

---

　　① 夏曾玉，谢健. 区域品牌建设探讨——温州案例研究 [J]. 中国工业经济，2003 (10). 李永刚. 企业品牌、区域产业品牌与地方产业集群发展 [J]. 财经论丛，2005 (1).
　　② 因为工业产品的品质主要是依靠相关技术和质量标准来进行控制，区域对产品的品质不会产生任何影响，因此，影响消费者购买决策的是产品品牌而不是区域品牌。
　　③ 胡正明，蒋婷. 区域品牌的本质属性探析 [J]. 农村经济，2010 (5).

筑出区域品牌的"核心竞争力"。基于前文的分析，可将区域品牌定义为：在区域不可替代的自然环境中所形成的产品特色基础上建立起来的一种区域标识和产品标识的复合体。在这一定义下，我们建议在学术研究上，仍将国家或政府品牌、城市品牌、目的地品牌、社区品牌等区域名称的品牌化行为保留其原有的名称，不将其当作区域品牌来研究；也不将具有后天比较优势而得名的区域内产业集群称为区域品牌。区域与产品两者不可分离的这一区域品牌的本质只有在农产品上才可以得到充分的体现，因此，区域品牌从其本质上来讲就是农产品区域品牌。胡正明、蒋婷（2010）认为："农产品区域品牌是指在特定的地理环境中，以独特的自然资源及长期的种植、养殖、采伐方式与加工工艺等生产的农产品为基础，经过长期的积淀而形成的被消费者所认可的、具有较高知名度和影响力的区域产品标识。"[①] 由于区域内农产品需要通过凸显其生产区域而获取竞争优势，因此各生产者会主动地参与到区域品牌的建设中去——这就解决了区域品牌创建及发展过程中微观经济主体的缺位问题。

因此，结合前人的研究成果，可将企业集群品牌分为两大类：一类是农产品区域品牌，我们可将其称为区域品牌；另一类是企业集群品牌中的非农产品区域品牌，在本书中我们仍将它称为企业集群品牌或集群品牌。

四、城镇与经济区域

（一）城镇的概念

我们习惯上将城镇称之为"镇"，有其历史原因。"城"最早是一种大规模、永久性的防御设施。据《康熙字典》记载，"城，成也。一成而不可毁也"，即攻不破的防御工程。城的主要作用是保卫统治者，是一个地区的统治中心，不是经济中心。和城类似的一种居民点防御性建筑物叫郭（廓）。早在夏代就有"筑城以卫君，造郭以守民"之说，"内为之城，城

---

① 胡正明，蒋婷. 区域品牌的本质属性探析 [J]. 农村经济，2010 (5).

外为之郭"。"市"是商品交易的场所。早期的市常位于居民点的井旁，故有"井市"之称。人们在特定的地点按特定的时间相互交易，形成集市。汉魏之际，市的位置在城外"郭"内。城与市不同，传统的城是统治阶级的堡垒。统治阶级担心农民赶集聚在一起闹事，把"城和集市在地点上严格分开，常常在城区的外面设立固定的地点作为赶集的人交换货物的场所。以后定期聚会的赶集赶街的贸易方式发展到固定化和经常化，……商人也随着在此开设固定的店铺，这就出现了镇"①。集市逐步被固定的商店所代替，若干商店连成几条街，加上多种服务行业，集合成一个人口较多、以商业为主、较为永久性的社区，普遍称作镇。镇与市有着严格的区别，有商贾贸易者为之市，设官防者为之镇，镇是有人管的集市②。在设镇之前，大多已有集市的存在。集市多起因于多余粮草和日用品的交换，并以行商流客为主。镇多起因于政治军事，并因政治军事的存在而扩大了市场交易的规模和范围。镇以坐贾为主，店铺盛行，有一定的设施。为维护"市"的秩序，防止"市"民混乱，于是"镇"和"市"在地理位置和社会功能上逐渐合为一体，形成集镇。随着经济的发展，集镇逐渐被吸引到比较集中的"城"中。"城"与"镇"的位置与功能结合形成城镇。因此，城镇就是镇、市、城三者功能合为一体的地域，即政治功能、经济功能和文化功能的综合体。

(二) 城镇与城市

经国家批准设有市建制的城镇才称为城市，不够设市条件的建制镇为镇。我国于 1955 年、1963 年和 1984 年曾三次对城镇设置标准做出具体规定。1984 年规定：（1）县政府所在地；（2）非农业人口在 2 000 人以上的乡政府所在地；（3）工矿业集中地、旅游区及边境口岸的标准可适当放宽。1986 年又规定：非农业人口在 6 万人以上和年国民生产总值在 2 亿元

---

① 费孝通. 论小城镇建设 [M]. 北京：群言出版社，2000：57.
② 费孝通. 论小城镇建设 [M]. 北京：群言出版社，2000：57.

以上的镇可以设置"市"。镇是从属于县的以非农业为主并具有一定的非农设施的居民聚居区，同市一样具有非农活动聚居区的性质。我国人口统计中分为市人口、镇人口和城镇人口（或市镇人口）。在"城市人口"项内只包括"市"人口而不包括"镇"人口，而在"城镇人口"项内既包括"市"人口又包括"镇"人口，城镇包括所有的非农人口。镇的人口规模和地域规模小于城市；镇的产业是以农产品为原料的加工业或运输业，企业以小型乡镇企业为主，城市则以第二产业为主，并向第三产业发展。因此，城镇包括城市和镇，城镇是以非农业人口为主的经济现代化的地域载体和生活方式现代化的载体。

（三）经济区域

区域是一个很普通的概念，其含义是指"地球表面上被某种特征所固定的空间系统"，但不同的学科对它理解的侧重点是有差异的。例如，地理学把"区域"看作地球表面的一个地理单元；政治学把"区域"理解为国家实施行政管理的行政单元；经济学则把"区域"作为经济上相对完整的经济单元。然而，就区域的本质来说，它是在地球表面上占有一定空间、以不同物质客体为对象的地域结构形式。区域根据其物质内容的不同可划分为自然地理区域（简称自然区域）和社会经济区域。

自然区域是根据自然地理环境的地域分异规律，并依照一定的目的以揭示自然地理环境结构的特征与性质所划分的自然地理综合体，自然区域又可进一步划分为生态系统自然区域和非生态系统自然区域。社会经济区域可以进一步划分为文化区域和经济区域。其中文化区域是根据人类社会文化活动在民族、宗教、语言、人口等因素综合影响下形成的文化景观特征而划分出来的地域单元，如伊斯兰文化圈等。经济区域则是指人类经济活动跟时空条件有机结合而形成的相对完整的地理空间。它是人类运用科学技术、工程措施等对自然环境进行利用、改造以及建设而形成的具有特定性质的生产地域综合体，是由生产、流通、分配等环节构成的区域，如华南经济区、华中经济区等。它表明了经济现象的区域差异和区域经济个性。经济区域是区域经济学的一个重要的基本概念，也是认识区域和研究区域的根本出发点。

根据经济区划理论，经济区域系统是由若干层次的众多经济区域组成的，全世界是一个统一的经济区域系统，国家经济区域是一级经济区域系统。大国还可进一步划分下一级的经济区域系统。总的来看，经济区划的等级系统一般包括五级：

第一，国家经济区。世界各国都是世界经济区域系统中一个相对独立的经济地域单元，虽然其经济实力有差异，但都在世界经济体系中占有一定地位，并形成了自己的经济体系和产业结构，在世界经济一体化过程中，凭借专业化生产与世界各国进行着经济交往。

第二，国家级经济区。国家级经济区即所谓的国家一级大经济区，在一些地域辽阔的大国里，客观上存在的大经济区。大经济区一般拥有广阔的地域和丰富的资源，同时具有明显的比较优势和专门化生产部门，在全国劳动地域分工中占有十分重要的地位。

第三，省级经济区。省级经济区在大国中属于二级经济区，在我国即是以省级行政区为单元所组成的经济区，区内有一定数量的资源和专门化的生产部门。我国的省级经济区兼有行政和经济管理双重职能，在经济区域系统中居于稳定的重要地位。

第四，省内经济区。相当于我国的三级经济区或省内的地区一级，省内经济区的发展水平有低有高，但它们在充分发挥地区优势、发展特色经济以及带动周围区域等方面，均起着重要作用。

第五，基层经济区。基层经济区是经济区域系统中最基本的经济地域单元，在我国以县级为单位。

本书研究的实证部分将采用国家经济区和省级经济区所涵盖城镇的相关数据。

第三节 研究方法

一、文献研究法

文献研究法主要指收集、鉴别和整理文献，并通过对文献进行分析和研究，以形成对客观事实和资料科学认识的方法。本文通过文献检索的方式收集研究与主题有关的理论资料、事实资料和数据资料，并将收集到的资料根据研究内容的安排做出恰当的分析和使用，以达到本书的研究目的。

二、实证分析与规范分析相结合的方法

实证分析与规范分析两者均是人们广泛采用的科学研究方法。前者侧重于对研究对象的客观描述，它要回答的是"是什么"的研究方法；后者侧重于对研究对象的理性判断，它要回答的是"应该是什么"的研究方法。一般而言，实证分析是规范分析的基础，因为首先要弄清楚"是什么"的问题才能对"应该是什么"的问题做出回答。本文对品牌企业推动城镇经济发展作用机理、途径与效应进行探讨，既需要实证研究分析，对各城镇的品牌经济发展以及区域经济发展状况进行客观描述，并对品牌企业推动城镇经济发展之间的关联进行探讨；又需要规范研究分析，对各城镇的品牌经济发展以及区域经济发展状况进行科学判断，找出品牌企业推动城镇经济发展的作用机理与途径。

三、定性分析与定量分析相结合的方法

定性分析和定量分析是相互统一、相互补充的两种研究方法。一般而言，没有定性分析的定量分析是盲目的，可能毫无价值，因此，定量分析

要把定性分析作为基本前提；而定量分析又能使定性分析更加准确和科学，它可以使定性分析得出更深入、更广泛的结论。定性分析是对分析对象的特点、性质和发展变化规律做出判断的一种研究方法，决策者通过对分析对象过去与现在延续状况的考察，并结合其经验和直觉做出判断。定量分析则是根据对统计数据的挖掘和分析，建立相关的数学模型，并运用该模型计量、测算出分析对象的各项指标和数值的一种方法。本书在前人对品牌企业与城镇经济发展研究的基础上，试图从理论上进一步完善和重新建构两者作用的机理框架，并将上述理论研究的成果应用于实际，采用统计分析的方法和相关计量经济模型等定量分析的工具，对品牌企业推动城镇经济发展的作用机理、效应进行定量实证。

四、横向比较与纵向比较相结合的方法

横向比较一般是在某一时间点上，对不同区域或不同群体的比较；而纵向比较是同一事物在不同时间状态下进行比较。通过国际和国内省区市的横向比较，明确中国与世界发达国家以及中国国内各省区市在发展品牌经济方面的差距，从而表明我国实施品牌经济战略的紧迫性和必要性以及为我国品牌经济战略的实施提供了可供借鉴的成功经验。从时间序列的纵向角度，考察品牌企业推动城镇经济发展的动态过程，寻求进一步发展品牌经济与促进城镇经济发展的相关对策。

第四节　研究框架与研究思路

一、研究框架

本书研究共分为八章：

第一章，绪论。本章包括五个部分：（1）研究背景及选题意义；

（2）涉及主要概念的界定；（3）研究方法；（4）研究框架与思路；（5）研究的创新之处。

第二章，文献评述与理论基础。本章对品牌企业与城镇经济发展的已有研究成果进行文献回顾与总结，并对本研究涉及的理论基础进行介绍。本章首先对有关品牌企业与城镇经济发展的研究现状进行文献回顾与总结，再从管理学和经济学两个视角对有关品牌企业与城镇经济发展的理论基础进行梳理与介绍。其中管理学的理论基础主要有品牌管理理论、微笑曲线理论；经济学的理论基础主要有品牌资本理论、经济增长理论、经济发展理论、新制度经济学理论、经济地理学理论。

第三章，品牌起源与品牌企业的发展历程。本章将阐述品牌的起源以及制造商品牌、经销商品牌、集群品牌、区域品牌的发展历程。通过对品牌企业的产生以及其发展历程的考察，分析推动品牌产生和发展的历史缘由以及品牌企业所能带来的积极作用，阐释品牌企业推动城镇经济发展的微观机理以及品牌企业与城镇经济发展之间的内在逻辑关系，为第四章品牌企业与城镇经济发展理论分析的顺利展开打下铺垫。

第四章，品牌企业推动城镇经济发展的机理分析。本章在第二章文献评述与理论基础、第三章品牌起源与品牌企业的发展历程介绍的基础上，进一步从理论层面对品牌企业与城镇经济发展的相互作用机理进行详细分析。这一章是全文研究的关键内容之一，分别从品牌是降低城镇经济成本的有效制度安排、企业品牌对城镇经济发展的推动、区域品牌对城镇经济发展的推动、企业集群品牌对城镇经济发展的推动以及城镇经济发展对品牌化进程的推动来分析品牌企业与城镇经济发展的相互作用机理。

第五章，品牌企业推动城镇经济发展的途径分析。本章在第二章文献评述与理论基础、第三章品牌起源与品牌企业的发展历程介绍、第四章品牌企业推动城镇经济发展的机理分析的基础上，进一步从理论层面进行分析，从品牌企业对支撑城镇经济发展的三大产业（即农业、工业、服务业）的推动路径展开研究。品牌企业通过推动我国农业产业化、工业化、服务业的发展，从而推动城镇化的发展进程。农村的发展需要农业产业化和农村城镇化，农业城镇化为农业产业的发展提供充足的劳动力资源和市场空间。品牌企业通过推动我国工业化的发展，进而推动我国城镇化的进程。大力培育品牌企业、发展品牌经济是推动工业化和城镇化发展，提高工业化、城镇化质量的有效途径。品牌企业通过推动我国服务业的发展，进而推动我国城镇化的进程。服务业将逐渐取代工业成为城镇化进程的基础产业。

第六章，企业品牌推动城镇经济发展的实证分析。本章在第四章、第五章进行理论研究的基础上，进一步采用实证分析方法对企业品牌推动城镇经济发展的作用机理进行研究。这一章将采用世界品牌实验室、Interbrand 公司、《中国科技统计年鉴》发布的品牌数据以及《国际统计年鉴》《中国统计年鉴》发布的区域经济数据，分别从世界截面数据、国际面板数据、国内省域截面数据、国内时间序列数据四个层面对企业品牌推动城镇经济发展的作用机理进行验证和定量研究。

第七章，区域、集群品牌推动城镇经济发展的实证分析。本章在第四章、第五章理论分析的基础上，采用实证分析方法对区域、集群品牌与城镇经济发展的相互作用机理进行研究。对于区域品牌推动城镇经济发展作用机理的验证研究采用国家工商行政管理总局、农业部以及国家质量监督检验检疫总局成功注册或登记的地理标志数据和《中国农村统计年鉴》发布的区域农林牧渔业总产值数据。对于集群品牌与区域经济发展相互作用机理的研究，采用国家自然科学委员会管理科学部资助项目"基于产业群的区域名牌与名牌簇群形成与效应机理研究——以温州为例"（70572066）研究成果中的一些数据和结论进行分析。

第八章，结论、建议、不足与展望。本章在对品牌企业推动城镇经济发展作用机理、途径与效应进行理论与实证分析的基础上，进一步对本书的研究结论进行归纳、整理，给出一些发展品牌企业与城镇经济发展的对策建议，并就本书研究的不足与未来的研究展望进行介绍。

二、研究思路

本书研究的基本思路是"问题的提出-理论回顾-理论研究-实证研究-对策建议"。本书以品牌为起点，在回顾品牌起源与品牌企业的发展历程，对国内外关于品牌形成的经济学解释、品牌价值的经济学分析以及品牌企业与城镇经济发展相关理论进行文献梳理的基础上，首先，从理论上深入研究品牌企业推动城镇经济发展的作用机理、途径；其次，通过利用品牌企业与城镇经济发展有关数据的相关分析与回归分析，对品牌企业推动城镇经济发展的促进机理和效应进行定量实证，针对性地提出相应的对策与建议，并对研究的不足与未来的研究展望进行介绍。研究框架和思路如图 1-1 所示。

品牌企业推动城镇经济发展的作用机理、途径与效应研究

研究背景、意义

相关概念界定

绪论

研究方法

研究框架、思路

创新点

品牌企业对区域经济发展的推动

区域经济对品牌化进程的推动

文献评述

文献评述与理论基础

理论基础

管理学理论基础

经济学理论基础

品牌的起源

制造商品牌发展历程

经销商品牌发展历程

品牌起源与品牌企业的发展历程

区域品牌发展历程

企业集群品牌发展历程

我国近现代品牌企业发展简介

品牌是降低城镇经济成本的有效制度安排

企业品牌对城镇经济发展的推动机理分析

区域品牌对城镇经济发展的推动机理分析

理论研究

企业集群品牌对城镇经济发展的推动机理分析

城镇经济发展对品牌化的促进机理

品牌企业推动城镇经济发展的途径

区域品牌对城镇经济发展的推动作用

企业集群品牌与城镇经济发展的相互作用

实证研究

企业品牌与城镇经济发展相互作用

世界截面数据分析

国际面板数据分析

国内省域截面数据分析

国内时间序列数据分析

结论、建议、不足与展望

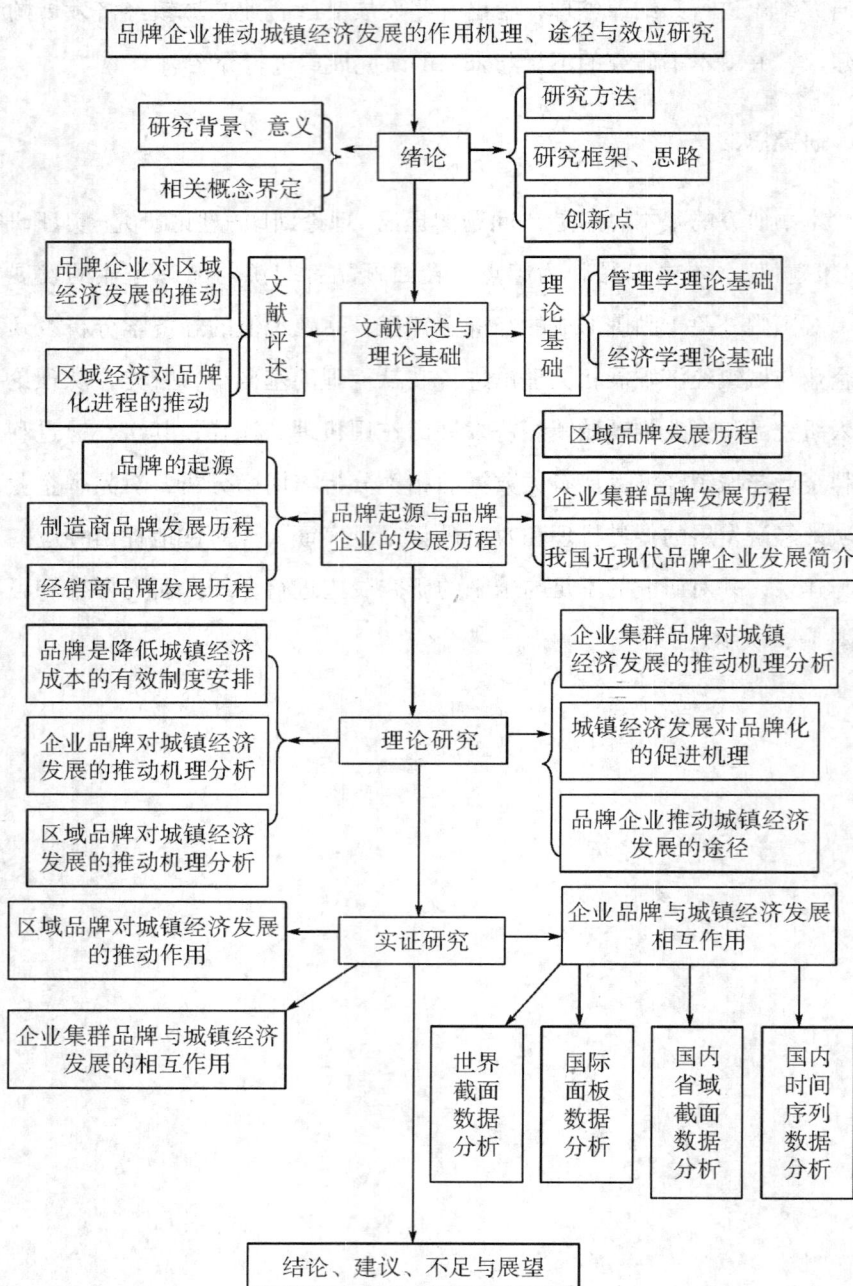

图 1-1　研究框架

第五节 研究的创新之处

本书创新之处有：

（1）整合新制度经济学的"交易成本范式"与品牌经济学的"选择成本范式"研究了品牌企业对城镇经济成本的降低机制，认为品牌企业是降低城镇经济成本的有效制度安排。以前研究品牌企业推动城镇经济发展的学者多从品牌企业对城镇经济价值的促进机制来进行研究。

（2）将通过研究品牌企业对农业、工业、服务业发展的促进来构建品牌企业推动城镇经济发展的路径，探讨品牌经济视角下产业化与城镇化融合的途径。

（3）从宏观社会经济发展的视角进一步探讨了城镇经济发展对品牌化进程的推动作用。既有的研究成果基本是建立在把品牌企业作为城镇经济发展的原因变量的逻辑上，对于如何打造品牌，主流品牌理论基本聚集于企业品牌管理的微观视角，没有从宏观社会经济发展的角度来进一步探讨城镇经济发展对品牌化进程的推动作用。基于此，本书对这一问题进行了研究。

（4）对品牌企业推动城镇经济发展的机理、效应进行了定量研究，在研究区域和定量研究方法等方面进行了深化和扩充。既有的研究品牌企业与城镇经济发展的文献成果基本是定性研究，定量研究的成果非常稀少。

在研究区域的选择上，既着眼于对世界范围内不同国家的比较，同时又对中国的不同区域进行了比较研究。

在定量研究方法的选择上，采用主成分分析、时间序列分析和面板协整分析等计量技术对品牌企业推动城镇经济发展的机理、效应进行了研究。

第二章　文献评述与理论基础

第一节　相关文献评述

西方品牌理论研究以企业品牌活动为基本对象，从企业管理的微观视角研究品牌创建及管理的规律性，并逐渐形成了以品牌价值为核心的理论体系。因为品牌企业与区域经济发展的关系主要是通过企业品牌价值来传导和实现的，所以西方品牌理论为品牌企业与区域经济发展关系研究的展开奠定了坚实的基础。但令人遗憾的是，西方品牌理论没有从区域经济发展的宏观视角来进一步探讨品牌企业与区域经济发展的关联性问题。对此，我国学者进行了一些有益的探索。一方面，围绕品牌企业对区域产业发展、区域经济增长和发展、区域和国家竞争力提升的促进作用进行了大量的研究；另一方面，也有少数学者提出了国家和地区经济实力是打造强势品牌必需条件的观点，认为在制定品牌战略和打造品牌时需认真考虑品牌企业所服务区域经济体的实力和发展水平等状况。

一、品牌企业对区域经济发展的推动

关于品牌企业对区域经济发展的推动，学者们主要从企业品牌与集群品牌两个层面进行了分析。

（一） 企业品牌对区域经济发展的推动

柳思维（1996，1997）认为实施品牌战略和打造名牌可以拓展出口贸易①。他进一步认为名牌是在市场竞争中抢占制高点的主要武器，是促进经济发展的新生长点，是实现资本保值增值的有力杠杆。他还以湖南省为例，就品牌强省战略进行了探讨②。冯仁德、孙在国（1999）认为品牌是国家形象的代表，品牌可以创造经济效益、增强竞争能力、振兴民族产业③。李艺、李辉（2000）回顾了伊利集团的发展历程，并就伊利集团的品牌战略在促进产业结构和资源配置优化进而推动区域经济发展，树立良好地区形象方面的作用进行探讨④。杨欢进（2000）列举了国际以及国内一些著名品牌的地区分布情况，并结合国内外区域经济发展的状况，论述了品牌对经济发展的促进作用⑤。余鑫炎（2001）认为要加大创立中国品牌的力度，要在产业结构调整的过程中不断做强做大名牌经济，以此来获得经济发展的高质量⑥。周必良（2002）认为实施品牌战略是促进粗放型经济增长方式向集约型经济增长方式转变，提升经济质量和效益的重要手段和措施⑦。冯海龙（2002）认为名牌是企业产品在质量、文化、科技、服务、价值等方面的综合体现，名牌战略是企业战略的核心，并就实施名牌战略的具体方法进行了探讨，以期为更好地促进河南经济的发展找到一条可行的途径⑧。郭启东（2003）根据调查，指出江西省名牌产品对规模以上工业企业总产值、利税额的贡献在一半以上，但名牌产品及其拥有企业仍有很大成长空间，需进一步做强、做大以推动江西省工业的快速发

---

① 柳思维. 发展名牌：拓展出口贸易的新增长点 [N]. 光明日报（理论版），1996-10-10.
② 柳思维. 面向21世纪实施"名牌强省"战略的探讨 [J]. 湖南商学院学报，1997（2）.
③ 冯仁德，孙在国. 加强品牌效应 增强经济效益 [J]. 商业研究，1999（1）.
④ 李艺，李辉. 论企业名牌战略与区域经济的关系 [J]. 新疆农垦经济，2000（5）.
⑤ 杨欢进. 名牌与经济发展 [J]. 经济与管理，2000（1）.
⑥ 余鑫炎. 名牌经济与产业结构调整 [J]. 学习与实践，2001（4）.
⑦ 周必良. 实施精品名牌战略促进县域经济发展 [J]. 中国乡镇企业，2002（11）.
⑧ 冯海龙. 实施名牌战略 促进河南经济发展 [J]. 商业研究，2002（9）.

展①。毕伟（2003）认为一个地区名牌企业的实力与其龙头作用的发挥对区域经济的发展至关重要，并以浙江省舟山市为例对该地区实施品牌战略，培育名牌龙头支持企业和支柱产业的途径进行了分析②。彭新沙（2003）经过实证研究得出民营经济发展与名牌战略之间存在很强的正相关关系，从而认为民营经济名牌战略是建设全面小康社会的重要力量，并给出了一些促进民营经济名牌战略发展的对策建议③。石薛桥（2004）对山西省名牌战略实施的现状及其中的问题进行了分析，提出要进一步认识名牌战略，要做好名牌战略的长远规划，政府要大力支持，企业要积极参与④。勾殷红（2004）从名牌带动区域经济发展、名牌推动特色经济发展、名牌塑造城市形象三个方面论述了品牌对经济的促进作用，认为名牌产品是衡量国家和地区经济实力的标志⑤。李娟、张志明（2005）认为在产品同质化日益严重的市场经济条件下，品牌是市场竞争的利器，他们对黑龙江省的品牌资源进行了统计工作与分析，得出实施名牌战略是提高黑龙江省产业竞争力的必然选择⑥。王玉英（2005）对内蒙古自治区名牌发展的现状及存在的问题进行了深入分析，提出了从宏观上打造内蒙古区域品牌、行业品牌、名牌企业，从微观上做好品牌建设的政策引导，以促进内蒙古品牌经济的发展，推动内蒙古经济的又好又快发展⑦。何铁（2005）指出品牌是世界经济发展的趋势，是提升企业核心能力的重要手段，是推动区域经济发展的重要力量，并就实施品牌战略以加快湖南省永州市经济发展的措施进行了分析⑧。王云朋、罗媞（2005）将名牌产品的经济效应

① 郭启东. 系统推进名牌战略 做大打响江西名牌 [J]. 企业经济，2003 (5).
② 毕伟. 名牌战略与区域经济 [J]. 商业经济与管理，2003 (5).
③ 彭新沙. 民营经济名牌战略是全面建设小康社会的"助推器" [J]. 湖南商学院学报，2003 (4).
④ 石薛桥. 山西名牌战略现状分析与对策研究 [J]. 经济师，2004 (4).
⑤ 勾殷红. 名牌：区域经济发展的助推器 [J]. 中国经贸，2004 (6).
⑥ 李娟，张志明. 黑龙江省品牌资源统计与分析 [J]. 商业研究，2005 (2).
⑦ 王玉英. 实施名牌战略 促进内蒙古经济发展 [J]. 中国工商管理研究，2005 (8).
⑧ 何铁. 实施品牌带动战略加快永州经济发展 [J]. 北方经贸，2005 (6).

分为微观、中观、宏观三个层次，分别说明了名牌产品对企业、区域和国家经济的影响和带动作用。杨晓光（2005）认为品牌是企业与消费者之间长期沟通、相互信任而逐步形成的一种价值合约。品牌的价值是企业产品竞争能力和市场地位的综合反映，会直接影响企业的核心能力，进而影响企业所属地区的经济竞争力，最终会影响和决定地区的发展趋势和地区的经济格局。他利用世界品牌实验室评估出的 2004 年中国品牌 500 强数据，采用经济地理研究方法中的空间分析法，对中国品牌 500 强数量与价值的省域差异进行了分析，并对我国品牌分布省域差异形成的原因以及以后的演化趋势进行了研究。基于该研究成果，他进一步探究了以企业等微观竞争主体的竞争能力为基石的区域竞争力的演变情况以及区域竞争格局可能发生的变化和趋势①。贺爱忠、聂元昆（2006）对我国城市零售企业品牌竞争力进行了分析，认为零售企业品牌竞争力是一种开拓市场、争取顾客、创造利润的能力。他们在对我国本土零售企业的品牌竞争力进行评估的基础上给出了提升与培育我国城市零售企业品牌竞争力的一些对策②。田辉（2006）认为品牌经济是由名牌产品、名牌服务、名牌企业、名牌市场等构成的特色经济，是一种高成本、高效益、高标准的市场经营模式；并对青岛市的品牌经济发展经验进行了介绍，归纳出品牌经济与地区产业发展的关系为"品牌产品-品牌企业-品牌产业-品牌经济"之间逐步升级发展的过程③。马瑞华（2006）在对我国产品品牌的空间分布进行统计整理的基础上，运用品牌城市分布的数据与城市竞争力指数进行了对比分析，得出了城市的品牌与城市竞争力之间呈正相关关系，提升城市竞争力需要一批优秀品牌支撑等结论④。张前（2006）认为实施品牌战略可以推

---

① 杨晓光. 中国品牌的地区分布及其影响 [J]. 地理学报，2005（2）.

② 贺爱忠，聂元昆. 中国城市零售企业品牌竞争力的培育与提升 [J]. 商业经济与管理，2006（6）.

③ 田辉. 论品牌经济与地区产业发展 [J]. 山东财政学院学报，2006（1）.

④ 马瑞华. 中国产品品牌空间分布研究——关于品牌经济与城市竞争力关系的实证分析 [J]. 经济师，2006（6）.

动经济的快速增长，促进产业结构优化升级，提高人民的生活质量，促进国内外经济更好地接轨①。周晓平、江东（2006）通过对福建省名牌企业与区域经济数据的考察，得出了福建省名牌工作已取得阶段性成果，并开始逐步成为推动福建经济增长的强力"引擎"的结论②。刘华军（2006）从经济学基础理论出发，解释了品牌对消费者选择效率和对经济增长的拉动和促进作用，构建了"分工-制度-品牌模型"来解释经济增长。何仕光（2007）认为品牌经济是推动城市经济与区域经济增长、发展的原动力。城市经济的发展应该以创建与打造名牌为契机，着力发展名牌产品和名牌企业集群③。王兆峰（2007）认为品牌是企业或区域核心竞争的最直接的体现。品牌对区域经济发展的可持续力有直接的影响，因此，需要培植大量的区域内品牌来支撑区域经济的发展④。姜增伟（2007）认为发展品牌经济是构建创新型国家的客观要求、是参与经济全球化的战略需要、是扩大国内消费需求的必然选择、是转变外贸增长方式的重要途径、是促进区域协调发展的有力措施⑤。孙曰瑶、刘呈庆（2007）认为在竞争日趋激烈的当今社会，品牌对资源配置的作用日益突出。品牌经济在追求经济发展的可持续性上具有内在动机，能够很好地促进对物种和环境的保护，保障有效就业的稳步增长，实现区域的可持续发展⑥。夏骥（2007）根据世界品牌实验室推出的 2006 年中国品牌 500 强数据对中国大陆品牌的总体分布和各地区的首位品牌进行了分析，探讨了十大城市群的品牌分布情况，并研究了品牌数量和品牌价值与城市（群）竞争力的相关性，得出品牌是企业拥有的最重要的无形资产，同时也是区域竞争力的重要体现和组成部分

① 张前. 实施名牌战略 构建名牌大省 ［J］. 江苏建材，2006（4）.
② 周晓平，江东. 名牌"引擎"有力带动福建经济增长 ［N］. 中国质量报，2006-08-22.
③ 何仕光. 区域品牌战略与城市经济发展 ［J］. 希望月报，2007（9）.
④ 王兆峰. 品牌对区域经济发展的影响研究 ［J］. 北京工商大学学报（社会科学版），2007（2）.
⑤ 姜增伟. 发展品牌经济：一项重要而紧迫的战略任务 ［J］. 求是，2007（1）.
⑥ 孙曰瑶，刘呈庆. 区域可持续发展的品牌经济机制研究 ［J］. 中国人口·资源与环境，2007（4）.

等重要结论①。刘华军、孙曰瑶（2008）认为在经济过剩的买方市场条件下，品牌与品牌信用度是影响消费者选择与购买的重要因素，而消费者的选择会决定厂商的市场份额，进而决定厂商的生存、增长和发展②。李荣民（2008）认为目前我国经济发展中的高端技术与品牌资产为外资所掌控，因此，中国要实现向大国发展模式的转变，就必须实行品牌战略，大力推进品牌经济的发展③。袁锋（2008）认为打造和培育世界品牌，实现品牌的国际化发展，赢得全球消费者的认可，是我国走向经济强国的必由之路④。龚高健（2008）认为应制定品牌发展规划，加强质量管理，注重技术创新，强化政策支持，提供人才保障，深化体制改革，重视品牌保护，以培育和形成一批有影响力的产品和服务品牌，促进产业的升级，推动区域经济发展⑤。赵勤（2009）认为发展品牌经济是促进区域综合经济实力提升的有效途径，他对黑龙江省发展品牌经济的重点进行了分析，认为要着力培育新型工业品牌、现代农业品牌、现代服务品牌以及区域城市品牌，突出产业和区域特色⑥。孙春燕（2009）认为名牌产品是企业管理水平、科技水平和核心竞争力的综合体现，是城市经济竞争力的重要象征和标志，实施品牌战略，打造名牌产品，是顺应经济发展变化，转变经济增长方式，优化产业结构，增加产品附加值，提升经济综合实力的重大举措⑦。张建欣（2009）提出要实施品牌兴农、品牌兴企业、品牌兴省战略，促进结构调整，振兴产业，推动经济的发展⑧。汪涛、杨立华（2010）运

---

① 夏骥. 我国品牌的地区分布与区域竞争力研究 [J]. 上海经济研究，2007（2）.

② 刘华军，孙曰瑶. 厂商市场份额的品牌经济模型及其现实解释 [J]. 中国工业经济，2008（1）.

③ 李荣民. 努力推进品牌经济发展 [J]. 中国经贸，2008（7）.

④ 袁锋. 品牌国际化：经济强国的必由之路 [J]. 中国品牌，2008（2）.

⑤ 龚高健. 以品牌带动促进区域经济发展 [J]. 发展研究，2008（2）.

⑥ 赵勤. 黑龙江省品牌经济发展分析 [J]. 黑龙江社会科学，2009（4）.

⑦ 孙春燕. 深入实施品牌战略 大力发展品牌经济——对丹阳市实施品牌战略的几点思考 [J]. 江苏商论，2009（7）.

⑧ 张建欣. 实施"品牌兴省、品牌兴企、品牌兴农"战略 促进结构调整 振兴山西产业 推动经济发展 [J]. 品牌，2009（8）.

用 Hotelling 模型推导，得出发展品牌经济可以很好地激励企业采取长期导向、关注公司声誉和追求价值差异，从而实现资源节约与环境友好的社会福利改进，有效实现经济发展模式的升级与转型①。郭田滨（2010）认为品牌是市场经济走向成熟的必然结果，是体现企业核心竞争力的重要标志，是反映区域经济综合实力和可持续发展水平的重要特征。树立科学的品牌发展战略，大力培育品牌，促使产品品牌向产业品牌和区域品牌转变和提升，是提高区域经济综合竞争力，促进区域经济发展的重要战略抉择②。李仁良、傅小竹（2011）运用索洛模型，利用我国有效注册商标增长率数据，定量研究了品牌资本对我国经济增长的贡献率，得出了目前品牌资本对我国经济增长的贡献率还很低，但近年来呈现出逐步上升的趋势③。陈永维（2011）认为具有国际影响力品牌的缺乏是制约我国制造业发展的客观原因，品牌产品能使消费者和生产者均获得更多的剩余，品牌战略可以拉动经济的增长④。刘华军、闫庆悦、孙曰瑶（2011）对碳排放强度的品牌经济机制进行了研究。他们得出结论：品牌信用度和技术进步率的提升有助于降低碳排放强度，同时，低碳标识作为品牌符号亦可以增加消费者的选购，降低碳排放强度。这表明品牌经济是发展低碳经济的内在必然要求，发展品牌经济是转变为低碳经济发展模式的有力途径⑤。

（二）集群品牌对区域经济发展的推动

自集群品牌这一概念被提出之后，国内众多学者就围绕集群品牌推动区域经济的发展展开了研究。这里的集群品牌，包括了区域产业品牌、地域品牌、产业集群品牌、区域产业集群品牌、区域品牌等多种提法。潘坤

---

① 汪涛，杨立华. 品牌经济与"两型"社会的建设——基于 Hotelling 模型的推导 [J]. 中国人口·资源与环境，2010 (1).

② 郭田滨. 实施品牌带动战略 促进区域经济发展 [J]. 当代经济，2010 (14).

③ 李仁良，傅小竹. 品牌资本对我国经济增长的贡献率研究 [J]. 江西社会科学，2011 (12).

④ 陈永维. 论品牌战略经济及其对经济增长的拉动效应 [J]. 求索，2011 (12).

⑤ 刘华军，闫庆悦，孙曰瑶. 碳排放强度降低的品牌经济机制研究——基于企业和消费者微观视角的分析 [J]. 财贸经济，2011 (2).

柔（2000）提出了打造服装区域品牌提升地区服装品牌总体形象以促进我国服装业快速发展的观点①。孙宏杰（2002）认为区域品牌是在某个区域范围里形成的具有较大规模、较强生产能力、较高市场占有率与影响力的产业产品。它具有很强的地区特色，代表一个地方产业产品的主体和形象，是一个地区经济社会发展的必然产物，对该地区经济的发展能起到重大的推动作用②。夏曾玉、谢健（2003）经过研究指出，区域品牌相对于企业品牌而言，品牌效应大且持久，原动力多，在研发、广告、促销等多方面具有规模效益，成功的概率较高。并以温州鞋业为例，就区域品牌推动区域经济发展以及建设区域品牌的途径进行了探讨③。许一（2003）认为应通过对区域品牌的建设促进新疆旅游业的发展，并进而推进新疆区域经济的发展④。干经天、李莉莎（2003）提出了区域品牌农业的新概念，认为区域品牌农业从本质上而言就是区域品牌农业产业化，在区域品牌农业产业化的过程中首先就是要拥有自我知识产权的农产品品牌。并认为区域品牌农业对区域农业产业化的经营力量有巨大聚集作用，是龙头企业的有效孵化器，是实现农业现代化和城乡一体化的强大加速器，可以有效提升农民的收入⑤。刘衍桥、黄元斌（2004）认为区域品牌是把一个区域当作一个产品来看，是品牌概念的泛化，区域经营是为了提升区域形象、创建区域品牌，从而改善区域环境，达到吸引要素和资源并促进区域全面发展的目的⑥。吴程彧、张光宇（2004）认为发展区域品牌可以增强区域的核心竞争能力，是转变经济增长方式的有效途径，可以形成产业分工与地域分工的有效结合，是推动农村城市化与城市形成的重要力量，并提出了

① 潘坤柔. 培育区域品牌 加速中国服装业的发展 [J]. 江苏纺织，2000（8）.
② 孙宏杰. 关于区域品牌报道的思考 [J]. 新闻战线，2002（11）.
③ 夏曾玉，谢健. 区域品牌建设探讨——温州案例研究 [J]. 中国工业经济，2003（10）.
④ 许一. 引入区域品牌建设观念 促进新疆旅游业发展 [J]. 新疆财经学院学报，2003（1）.
⑤ 干经天，李莉莎. 论区域品牌农业 [J]. 农业现代化研究，2003（4）.
⑥ 刘衍桥，黄元斌. 试论区域经营与区域品牌创建 [J]. 兰州学刊，2004（2）.

一些发展区域品牌的对策①。洪文生（2005）认为打造"安溪铁观音"区域品牌是安溪地区茶叶产业成功应对国内外竞争，走好可持续发展道路的战略选择，同时也是"安溪铁观音"区域品牌实现保值、增值的有效途径②。刘强（2005）认为在西藏自治区创建区域品牌对推动西藏自治区经济发展具有现实意义，创建区域品牌能实现企业间的利益共享、形成整体竞争优势，克服西藏自治区中小企业规模小、资金不足等弱点③。邓恢华、杨建梅（2005）认为集群品牌具有市场聚焦效应、产业资本筛选集中效应、产品销售过程中的价值信息传递效应、关联产业带动效应，并提出了运用集群品牌促进广州汽车产业集群竞争力提升的观点④。涂山峰、曹休宁（2005）认为区域品牌是地区产业集群发展壮大的内在要求，是塑造产品文化理念的重要体现，代表了区域企业的形象和产品的声誉，是解决区域经济招商引资的重要因素。并基于索洛模型分析区域品牌对区域经济增长的作用⑤。张聪群（2006）认为创建区域品牌是提升产业集群竞争力的战略选择。并认为依托产业集群、培育名牌产品，强化自主创新、培育自有品牌，加强宣传力度、塑造品牌形象是创建区域品牌的需要，同时应加强行业自律，做好区域品牌的维护工作⑥。樊元、秦燕（2006）提出了实施区域品牌战略促进甘肃特色农业发展、提升甘肃特色农业竞争力的新思路，认为特色农业的"特"是区域品牌"区域性"的体现，发展区域品牌有利于解决特色农业面临的资金和技术难题，在一定程度上可以减轻特色

① 吴程彧，张光宇. 区域品牌的发展策略 [J]. 企业改革与管理，2004（11）.

② 洪文生. 产业集群区域品牌建设构想——以"安溪铁观音"为例 [J]. 华东经济管理，2005（9）.

③ 刘强. 创建区域品牌，提升西藏中小企业整体竞争力 [J]. 西藏民族学院学报（哲学社会科学版），2005（3）.

④ 邓恢华，杨建梅. 从集群品牌视角探讨广州汽车产业集群竞争力的提升 [J]. 南方经济，2005（9）.

⑤ 涂山峰，曹休宁. 基于产业集群的区域品牌与区域经济增长 [J]. 中国软科学，2005（12）.

⑥ 张聪群. 创建区域品牌：产业集群竞争力提升的战略选择 [J]. 商业研究，2006（18）.

农业的高风险①。梅述恩、聂鸣、黄永明（2006）通过对东莞大朗毛织企业集群创建区域品牌案例的分析，得出了区域品牌具有强大的影响力和号召力，有效促进企业集群技术路线与市场渠道的整合，能托起一个产品和带动区域经济的迅速发展②。曹垣（2007）认为创建区域品牌可以提升农产品竞争力，其理由是区域品牌可以便于消费者识别、获取识别效应，可以促进产业聚集、获取聚集效应，可以提升农产品附加价值、获取提升效应，可以激励农业管理部门进行管理创新、获取激励效应③。梁文玲（2007）认为区域品牌对产业集群的转型升级具有很重要的促进作用，其理由是区域品牌有利于转变产业集群的竞争模式，促进产业的集群化程度，提高产业集群的创新激励效应，提高产业集群的根植性④，优化产业集群的组织结构，提升产业集群的国际化水平⑤。李建丽（2007）以"顺德家电"产业的发展为例，论述了区域品牌对区域经济的促进作用，认为区域品牌对企业发展和区域经济的促进作用主要体现在四个方面：第一，区域品牌能蕴含浓烈的地方精神与文化；第二，区域品牌能对整个区域经济的发展产生乘数效应；第三，区域品牌形成的自组织联盟能产生区域整体规模效应；第四，区域品牌能降低单个企业的运营成本⑥。夏雷（2007）认为由于农产品质量特征的区域性与隐蔽性以及农业生产经营比较分散，因此建立农产品区域品牌是提高农产品市场竞争力的重要途径⑦。江振娜（2008）认为区域品牌能够减少交易成本，改进激励方式，提高生产效率，

① 樊元，秦燕. 甘肃特色农业发展的新思路——区域品牌战略 [J]. 开发研究，2006（1）.
② 梅述恩，聂鸣，黄永明. 区域品牌的全球价值链中的企业集群升级——以广东东莞大朗毛织企业集群为例 [J]. 经济管理，2006（13）.
③ 曹垣. 创建区域品牌，提升农产品竞争力 [J]. 农业现代化研究，2007（1）.
④ 产业集群的根植性是指集群产业对特定区域环境要素（如文化观念、社会历史、制度规范、关系网络等）的依赖现象.
⑤ 梁文玲. 基于产业集群可持续发展的区域品牌效应探究 [J]. 经济经纬，2007（3）.
⑥ 李建丽. 论区域品牌对地方经济的促进作用——以"顺德家电"产业发展为例 [J]. 企业经济，2007（6）.
⑦ 夏雷. 以区域品牌为重点　推进农产品品牌经营战略 [J]. 湖南农业科学，2007（5）.

创造声誉、专业化分工、信息等方面的聚集效应，因此，区域品牌的存在可以改善创新条件，为区域创新体系的构建提供坚实的基础，并就区域品牌对我国海西区区域创新的促进作用进行了探讨①。熊爱华（2008）认为区域品牌是产业集群的无形资产，区域品牌的影响力可以促使更多企业向产业集群所在的区域内聚集，同时，先进的技术、大量的资金、劳动力以及相关市场信息也会不断涌入区域，从而为产业集群的技术升级和规模扩张提供支持，促进产业集群的进一步发展②。傅铭深（2008）认为区域品牌战略是一种为了克服地方产业集群小而散的弊端，而由地方政府与行业协会对区域产业品牌进行的整合与集体性注册，以推进区域经济发展的战略；并认为区域品牌战略是广东珠宝加工业集群升级的重要路径③。吴菊安（2009）认为农产品区域品牌是区域农产品的经济名片和形象代言，具有超越一般品牌的社会和经济效应。并对湖北省孝感市农产品品牌的培育模式和创建农产品区域品牌的策略进行了探讨④。甘瑁琴、赵婷婷（2009）认为构建农产品区域品牌有利于整合资源、节约成本，有利于协助创建友好的生态环境，有利于农产品的品牌竞争力、带动经济的发展，并对湖南构建农产品区域品牌过程中存在的问题及对策进行了研究⑤。薛桂芝（2010）提出农产品质量特性的隐蔽性、农产品品质特征的区域性、农业经营的高度分散性是建设农产品区域品牌的理论依据，并认为农产品区域品牌具有增值效应、识别效应、产业化效应、聚集效应、品牌效应、激励效应等经济效应⑥。周鹃鹏（2010）认为我国中部地区崛起面临着可持续发展与区域品牌缺失的两重难题，区域品牌可从需求、供给以及产业优化

① 江振娜. 区域品牌带动海西区区域创新的研究 [J]. 华东经济管理，2008（9）.
② 熊爱华. 区域品牌与产业集群互动关系中的磁场效应分析 [J]. 管理世界，2008（8）.
③ 傅铭深. 区域品牌战略与广东加工业集群升级 [J]. 商业时代，2008（27）.
④ 吴菊安. 产业集群与农产品区域品牌建设 [J]. 农村经济，2009（5）.
⑤ 甘瑁琴，赵婷婷. 湖南构建农产品区域品牌的策略探讨 [J]. 调研世界，2009（10）.
⑥ 薛桂芝. 论我国农产品区域品牌的创建 [J]. 农业现代化研究，2010（6）.

升级 3 个方面推动中部地区经济的发展①。胡正明、蒋婷（2010）提出区域品牌本质属性的产品支撑是农产品。区域品牌可以促进区域农产品的整体发展和企业品牌的做大做强，使我国的弱势农业向强势农业转变，从而推动农业产业化和特色产品的优势体现，进一步推动当地区域经济的发展②。张国亭（2011）认为集群品牌对区域经济的促进作用主要表现为资源吸引效应、市场推广效应、示范带动效应、形象提升效应和覆盖辐射效应③。

纵观以上品牌企业对区域经济发展推动作用的文献，学者们并未就品牌企业对区域经济发展的推动机理进行深入的研究，基本上只是从企业品牌和集群品牌能给区域经济发展带来的好处或绩效来进行探讨。文献成果以定性研究为主，对品牌企业促进区域经济价值增加的现象进行了阐释，提出了品牌经济发展的一般路径，同时也有一些文献对品牌企业与区域经济发展之间的关联进行了简单的定量分析，但现有的文献成果还没有对品牌企业促进区域经济发展这一客观现象中蕴含的原因机理进行系统和深入的研究。品牌企业对区域经济发展的促进作用是通过品牌企业的两种功能实现的，既包括价值创造功能，还包括成本降低功能。并且如果要全面地对品牌企业促进区域经济发展的作用机理进行验证，也需要在研究区域和定量研究方法的选择等方面进行深化和拓展。

二、区域经济对品牌化进程的推动

区域经济是在一定区域内经济发展的内部因素与外部条件相互作用而产生的生产综合体。每一个区域的经济发展都受到自然条件、社会经济条件和技术经济政策等因素的制约。萧灼基（2006）提出了打造世界品牌最

---

① 周鸥鹏. 中部崛起与区域品牌战略的实施［J］. 云南社会科学，2010（4）.
② 胡正明，蒋婷. 区域品牌的本质属性探析［J］. 农村经济，2010（5）.
③ 张国亭. 集群品牌对区域经济的促进效应［J］. 企业改革与管理，2011（1）.

主要的宏观条件是国家经济实力的重要观点。他认为世界品牌的打造，必须要有一批在世界市场上占有较大市场份额的企业——大企业有规模经济优势，一个国家拥有的大企业越多，则对市场和全球经济的影响越大；必须要有广阔的国内市场——拥有国内市场是进军国际市场的前提与基础；必须具有创新人才——人才资源是第一资源，只有拥有优秀的人才资源，我国才能培植出自主创新能力；必须要有较强的对外贸易地位——一个国家在全球贸易中的地位的提高依赖于该国对外贸易的较快增速和规模的不断扩大，只有较强的对外贸易地位才能产生一批被国际消费者青睐的世界品牌；必须要有低成本、低消耗、高效率、高效益的企业经济——在市场经济条件下，成本和效益是企业的生命，因此必须实行科学管理，进行技术创新，减少能耗，提高劳动效率①。王兆峰（2007）分析了区域经济发展对品牌成长的促进作用，认为由经济结构、社会状况、政策法规、文化状况、地理环境等因素所构成的区域经济综合体是区域内企业品牌建设与扩张的外在环境。具体而言，根据区域经济的优势，进行统筹规划，合理地布局，有利于企业形成规模，提供高质量的品牌产品，进而形成产业集群，打造出名牌簇群，培育出区域品牌；通过区域的体制与制度的创新创造出适合企业家成长的环境，发展品牌经济，为品牌的成长提供健康的环境②。涂山峰、曹休宁（2005）认为产业集群有利于区域品牌的形成和维护，因为区域品牌是随着产业集群的产生与成长而逐步形成的，产业集群的形成也能加速对区域品牌的传播，同时，产业集群的形成还能规避"柠檬"问题③。朱玉林、康文星（2006）经过理论研究，认为在产业集群的形成过程中，区域内企业可获得广泛的范围经济效应和规模经济效应，从而使得区域内企业的产品可以在市场竞争中占据有利地位，最终该区域会

---

① 萧灼基. 增强国家经济实力打造世界品牌 [J]. 新金融, 2006 (7).
② 王兆峰. 品牌对区域经济发展的影响研究 [J]. 北京工商大学学报（社会科学版）, 2007 (2).
③ 涂山峰, 曹休宁. 基于产业集群的区域品牌与区域经济增长 [J]. 中国软科学, 2005 (12).

成为某类产品的主要供应地，进而形成区域品牌[①]。王哲（2007）认为产业集群的地理集聚现象隐含了区域品牌的内涵，产业集群的专业化特征凸显了区域产业的发展优势，产业集群的根植性属性形成了区域经济的品牌特征，产业集群的"磁场效应"可以推动区域经济中心的形成和发展，因此产业集群是打造区域品牌的理想载体[②]。杨爱民（2008）通过对云南省文山三七地域品牌建设的分析，建立了一个经济后发地区区域品牌建设的分析框架。框架认为首先要进行主导产业的选择，然后形成产业集群，再创建区域品牌，最终形成品牌经济链，在这个区域品牌建构的过程中行业协会应积极参与，政府应给予指导[③]。邵建平、任华亮（2008）认为区域品牌的形成机理可以概括为图2-1[④]。李大垒（2009）通过对浙江省诸暨大唐袜业集群的实证研究，得出产业集群内领头企业的存在及其带动作用的发挥是影响集群内中小企业个体品牌与集群整体品牌创建的关键因素[⑤]。唐玉生（2009）通过对苏南、珠三角、温州三大区域的区域品牌的演进及构建模式的分析，得出苏南、珠三角、温州的区域品牌演进均是以区域要素优势为条件，通过市场、政府或两者的共同作用实现区域要素的有效整合，进而通过建立适合本区域发展的优势或主导产业，培育有竞争优势的企业和产品，形成优势产业集群而逐步形成区域品牌[⑥]。任春红、王东明（2010）认为集群产业的优势有成本优势、创新优势、产品优势和营销优势四个维度，其中成本优势是区域品牌最初形成的价值基础，创新优势是区域品牌形成的根本优势，产品优势是区域品牌形成的物质基础，营销优

---

①　朱玉林，康文星. 基于农业产业集群的区域品牌需求与供给分析 [J]. 求索，2006（7）.

②　王哲. 产业集群、区域品牌与区域经济转型 [J]. 商业时代，2007（21）.

③　杨爱民. 基于产业集群的区域品牌建设——对文山三七的个案分析 [J]. 企业经济，2008（7）.

④　邵建平，任华亮. 区域品牌形成机理及效用传导对西北地区区域品牌培育的启示 [J]. 科技管理研究，2008（3）.

⑤　李大垒. 产业集群品牌创建的影响因素 [J]. 经济管理，2009（3）.

⑥　唐玉生. 基于要素整合的珠三角、苏南、温州区域品牌演进及构建模式研究 [J]. 工业技术经济，2009（11）.

势提高了区域品牌的声誉①。

根据以上文献，虽然有少数学者已开始认识到区域经济条件对品牌打造和培育的重要性，但这一问题还没有引起学术界的广泛关注和研究，既有的研究成果基本是建立在把品牌企业作为区域经济发展的原因变量的逻辑上，对于如何打造品牌，主流的品牌理论仍聚焦于企业品牌管理的微观视角，没有从宏观社会经济发展的角度来进一步探讨区域经济发展对品牌化进程的推动作用，因此，对该问题还有待进一步的研究，以形成相关的理论成果，以便能更好地指导发展品牌经济的实践。

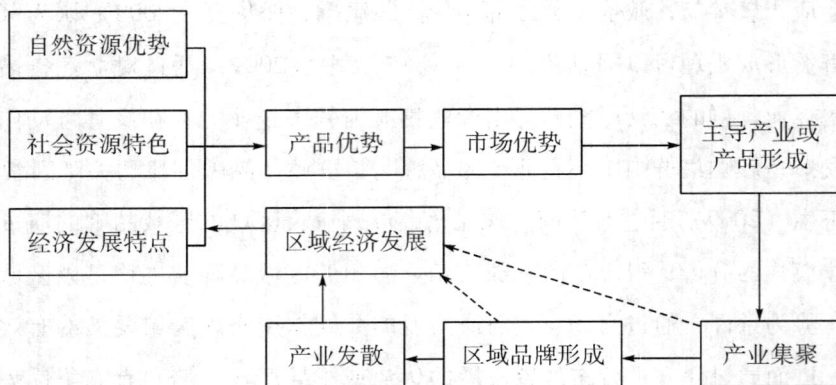

图 2-1 区域品牌的形成机理

第二节 管理学理论基础

一、品牌管理理论

品牌管理是管理者为培育品牌资产而展开的以消费者为中心的规划、

---

① 任春红，王东明. 刍议集群产业优势对区域品牌形成的作用机理 [J]. 商业时代，2010 (29).

传播、提升和评估等一系列战略决策和策略执行活动。品牌管理理论涉及的内容很广。从理论基础上来说，包括管理学、经济学、心理学、美学、行为学等学科理论；从具体的品牌理论而言，包括品牌内涵、品牌命名、品牌定位、品牌形象、品牌价值、品牌资产、品牌延伸、品牌组合、品牌联盟、品牌强化、品牌稀释、品牌激活、品牌关系等理论。本书根据研究的内容和主题仅选取品牌定位、品牌形象、品牌价值、品牌延伸以及品牌组合五大块来进行介绍。

（一）品牌定位

定位是由美国营销专家莱斯（Ries）和特劳特（Trout）在 20 世纪 70 年代早期提出的。当时，他们在美国的《广告时代》杂志发表了名为《定位时代》的一系列文章，之后，又把这些观点与理论集中反映在他们的第一本著作《定位：争夺你的心灵》（*Positioning*：*The Battle for Your Mind*）一书中。他们认为定位是将产品在顾客的脑海中确定一个合适的位置，或者说就是令你的产品和企业与众不同，形成核心竞争力，对目标受众而言，就是要鲜明地建立品牌。品牌学权威学者凯勒（Keller）和营销学权威学者科特勒（Kotler，2006）指出，品牌定位是指通过设计公司的产品服务和形象，从而使之在目标顾客心目中占据独特的价值地位。品牌定位是营销战略的核心内容，它确定了营销方案与活动的战略性方向，规定了品牌在市场上的"活动"范围①。凯勒（Keller，2008）把品牌定位列为他确定的战略品牌管理框架中四个流程的第一步，用以确立品牌的异同点、建立合适的品牌定位点并树立恰当的品牌形象，构建出品牌的竞争优势，为顾客提供购买该品牌的理由②。

品牌定位一般可以从能给消费者带来利益的两个方面来进行规划，一

---

① Phillip Kotler, Kevin Lane Keller. Marketing Management ［M］. 12th. New Jersy：Prentice - Hall，2006.

② 凯文·莱恩·凯勒. 战略品牌管理 ［M］. 卢泰宏，吴水龙，译. 3 版. 北京：中国人民大学出版社，2009：35；92.

个方面为品牌的相对价格，另一个方面为品牌的内在因素，这两个方面也可以概括为品牌的物质方面和非物质方面①。在品牌定位的价格维度中，有低价策略、溢价策略和威望策略三种策略可以选择。低价策略即希望能通过降低价格的方式，给消费者让利，赢得消费者的青睐，从而在竞争中取胜；而溢价策略与威望策略则是通过强调质量特别是品牌意义的方式提升消费者的感知价值以避免价格竞争。威望策略所使用的差异化水准，无论从物质角度还是非物质角度，都是非常高的。低价策略对品牌而言，其收益率一般也比较低，它强调薄利多销，要求企业要具有相当的规模经济优势。而溢价策略对品牌而言，其价格更多地取决于消费者的购买意愿，并适当参考竞争对手的定价情况。三种不同的定价策略，对产品差异化水平的要求也是有很大区别的，只有当品牌商品具有明显的差异优势，溢价策略与威望策略才有可能会奏效，但差异化往往需要大量的投资。在品牌定位的内在因素维度中，一般可以从功能角度和表意角度两个方面进行定位策划。从功能角度对品牌进行定位规划，要依据消费者对品牌及其产品内在属性的关注点和重视程度将不同的品牌产品区别开来。消费者关注的内在属性一般包括品质与实用好处两个方面。品质强调的是内在属性本身，实用好处则强调内在属性带给消费者的实在作用。一般而言，强调实用好处比强调品质更能使消费者感受到品牌产品所体现的情感和带来的利益。从表意角度对品牌做出定位，其基础不在内在属性，而在品牌带给消费者的感受世界，即品牌所赋予的象征意义。从表意角度进行定位，尤其适用于采用增值和威望策略的品牌，即品牌产品的价格越高，消费者对内在因素的关注就越重表意而轻功能。

（二）品牌形象

奥格威（Ogilvy，1963）从塑造品牌的角度提出了品牌形象理论，他

---

① 里克·莱兹伯斯. 品牌管理：理论和实践的方法 [M]. 李家强，译. 北京：机械工业出版社，2004：29-30.

最早强调了形象塑造在广告中的重要性。雷诺兹和古特曼（Reynolds & Gutman，1984）认为品牌形象就是消费者唤起的品牌记忆，是品牌赋予消费者的意义与价值①。陈木村（1994）认为品牌形象是消费者对品牌功能、服务、技术、价值和利益等内外属性以及对企业形象与消费者群体特性的综合感知②。品牌形象由内容、宜人性和强度三个元素构成。品牌形象的内容是指品牌名称可以唤起的联想；品牌形象的宜人性可以从正面和负面两方面来评价，它所反映的已不再是品牌联想的实际内容，而是消费者对各种联想的感受，尤其是这种感受的方向如何；品牌形象的强度是指某一联想与品牌联系的紧密程度。③ 品牌形象的宜人性与强度可以统称为美誉度，是指品牌可以唤起人鲜明和积极联想的程度。要形成品牌形象，中心问题是如何将消费者的联想与品牌名称联系起来。品牌形象的形成可以采用归纳推理或演绎推理两种途径。归纳推理是指消费者通过与品牌商品的多次接触并感知了与该商品相关的大量广告后建立起品牌形象的过程。营销传播——尤其广告，是最适合用来为品牌形象塑造内容的手段。演绎推理是把某个品牌已激发的联想转移到另一个品牌上去。

（三）品牌价值

品牌价值可以从两方面来分析，一是品牌能给消费者带来的价值，二是品牌能给企业带来的价值。我们把品牌带给消费者的价值称为"品牌附加值"，把品牌带给企业的价值称为"品牌权益"。品牌附加值是品牌权益的基础，品牌附加值水平在很大程度上决定品牌权益的大小。加德纳和利维（Gardner & Levy，1955）在题为《产品与品牌》（*The Product And The Brand*）的文章中，第一次提出要将产品与品牌区分开来，认为对这两个

---

① Rust R T, Lemon K N, et al. 驾驭顾客资产［M］. 张平淡，译. 北京：企业管理出版社，2001.

② 陈木村. 新形象［M］. 诚品出版事业有限公司，1994.

③ 里克·莱兹伯斯. 品牌管理：理论和实践的方法［M］. 李家强，译. 北京：机械工业出版社，2004：35-36.

概念做出区分，有助于我们确定企业成功的原因①。金（King，1973）在其出版的《开发新品牌》（*Developing New Brands*）一书中，明确强调了区别产品与品牌两个概念的重要性："使企业成功的不是产品，而是品牌。"②正如可口可乐公司的一位高管所言，假使该公司在灾难中损失了所有生产性资产，要筹措到足够资金重新建厂根本不是什么难事。然而，假使所有的消费者都突然失去了记忆，忘记了所有有关可口可乐的事情，那么可口可乐公司就将破产。

品牌附加值是指品牌名称及其相关含义在消费者对品牌商品做整体评价时的作用。对品牌附加值的认识，学者们大多认同品牌学权威凯勒（Keller，1993）基于顾客的品牌资产的定义。他认为品牌资产是一种源于顾客的品牌知识，由品牌知名度和品牌形象（联想）组成，产生在顾客对品牌持有强烈的、积极的和独特的联想之时，能够引起顾客对品牌营销行为的不同反应③。其中品牌知名度是消费者对品牌的熟悉程度，品牌形象是消费者唤起的品牌记忆中对品牌的感受和看法。更进一步地，从品牌带给消费者的价值而言，品牌附加值主要由品牌商品的感受功效、社会心理含义以及品牌名称认知度三方面的元素构成④。品牌商品的感受功效是物质联想可为消费者带来的价值，它由消费者对品牌商品感受到的质量与感受到的物质差别化程度所决定。品牌商品外在属性（如价格、包装）往往也会对消费者感受到的质量产生影响，如果感受到的质量高，通常会使消费者认为这样的品牌商品价值更大；非物质的品牌联想所带来的品牌附加值一般体现为消费者能够从品牌中获得的社会心理方面的含义。品牌的社

---

① Burleigh B Gardner, Sidney J Levy. The Product and the Brand [J]. Harvard Business Review, 1955（03-04）：33-39.

② Stephen Harris Morley King. Developing New Brands [J]. Wiley, London. 1973.

③ Keller K L. Conceptualizing Measuring and Managing Customer-based Brand Equity [J]. Journal of marketing, 1993（57）：1-22.

④ 里克·莱兹伯斯，等. 品牌管理：理论和实践的方法 [M]. 李家强，译. 北京：机械工业出版社，2004：（38）.

会心理含义，不仅会因品牌而异，而且也会因品牌所处的产品类别的不同而不同。具有高度社会心理含义的品牌，可被消费者用来体现自己心目中的形象，用来表达和展现自我；构成品牌附加值的第三个元素是品牌名称认知度，它包括未被认知、被动认知①、主动认知②、首选认知③四个层次。一般而言，知名品牌会在消费者心中激起温暖熟悉的感觉，从而能获得更高的购买率；同时，品牌名称的认知度还可能对品牌商品的感受功效及社会心理含义起强化作用，进一步提升品牌形象。

品牌权益水平的高低主要由品牌商品市场份额的规模、市场份额的稳定性、品牌带给企业的利润空间以及品牌的所有权权利四大因素决定④。品牌市场份额的规模，在很大程度上由品牌附加值的多少决定。因为消费者更愿意购买品牌附加值大，而不是品牌附加值小的品牌商品，所以，总的来说，附加值高的品牌，其市场份额要比附加值低的品牌更高；品牌权益的另一个要素为市场份额的稳定性，是指消费者是否会不断地重复购买该品牌。从消费者的角度来说，品牌的市场份额稳定，表明消费者对该品牌有较高的忠诚度。拥有稳定市场份额的品牌，能给企业带来经济与战略优势，其中经济优势体现在品牌可为企业未来的收入提供保证，战略优势则体现在品牌具有威慑竞争对手的能力，以使零售商更倾向于选择这一品牌，防止消费者流失到其他商家。因此我们可以得出市场份额稳定的品牌比市场份额不稳定的品牌更有价值；品牌权益的第三个要素为品牌带给企业的利润空间，这里的利润是指企业将品牌商品销售给零售商的价格（即生产商的最终出厂价）与品牌商品成本价格之间的差额。品牌商品的利润

---

① 被动认知是指当被问及是否能列举某种产品中的品牌时，消费者不能自然而然地想到该品牌，但消费者获得提示后可以识别这一品牌。

② 主动认知是指当被问及是否能列举某种产品中的品牌时，消费者不用帮助就会想到该品牌。

③ 首选认知是指消费者面对某一产品类别时首先想到的就是该品牌名称。

④ 里克·莱兹伯斯，等. 品牌管理：理论和实践的方法 [M]. 李家强，译. 北京：机械工业出版社，2004：140.

空间在很大程度上也依赖于品牌附加值的多少。品牌权益的最后一个要素为品牌的所有权权利，它与专利、品牌的法律保护、零售商对品牌的接纳度有关。与前面三个要素不同的是，品牌的所有权权利很少或根本不受品牌附加值的影响。

（四）品牌延伸

品牌延伸（Brand Extension）是指企业将现有品牌的名称扩展到其他产品，以凭借现有成功品牌推出新产品的过程[①]。一般而言，一个公司推出一种产品时，其品牌战略有三种方式：一是单独为新产品开发一个新品牌，二是以某种方式使用现有的某个品牌，三是将新品牌与一个现有品牌结合使用。如果公司采用方式二或方式三来推出新产品，这种做法就叫作品牌延伸。如果新品牌与现有品牌结合使用，那么这一品牌延伸中的新品牌也叫作子品牌（Sub-brand），实施品牌延伸的现有品牌称为母品牌（Parent Brand）。如果母品牌通过品牌延伸已经与多个产品相联系，那么它还可以称为家族品牌（Family Brand）[②]。品牌延伸大致可以分为两类，一是将母品牌应用于同一品类的新产品，针对母品牌所在品类的新的产品细分市场，进行产品线延伸，产品线延伸可以增加品牌的不同口味、不同成分、不同用途、不同形式或大小；二是将母品牌应用于另一个不同的品类，进入一个与原有产品基本没有关联的产品领域[③]。

企业可采用品牌延伸的方式充分发掘和利用品牌的无形资产，快速推出新产品，占领和扩大市场份额。具体而言：第一，品牌延伸可以降低新产品开发的市场风险。品牌延伸能够帮助新产品快速地被消费者认识和认同，进而使消费者接受、信任新产品，从而顺利推进和完成新产品的品牌化。而一个新品牌的开发与创立需要大量费用的投入，因此，需要承担很

---

① Ahluwalia R，Z Gurhan-Canli. The effects of extensions on the family brand name：An accessibility-diagnosticity perspective. Journal of Consumer Research, 2000, 27（3）：371-381.

② 凯文·莱恩·凯勒. 战略品牌管理［M］. 卢泰宏，吴水龙，译. 3版. 北京：中国人民大学出版社，2009：440-441.

③ Peter Farquhar. Managing Brand Equity［J］. Marketing Research，1989（9）：24-33.

大的风险。第二，品牌延伸可以促进新产品的销售，加大企业投资成功的概率。特别是进行与原产品同一品类的新产品开发时，对该新产品的市场需求基本与原产品一致，因此，就不需要对新产品进行长期的市场调研和论证，只需考察原产品历年的销售情况，就能比较实际、准确地对新产品进行预测，这就加快了企业决策的过程。第三，品牌延伸可以增加品牌无形资产的价值，进一步强化品牌效应。品牌延伸使品牌所覆盖的产品从单一产品向多个领域辐射，能起到强化品牌自身的美誉度、知名度的作用，这样品牌就会不断增值，提高整体品牌组合的投资效益。总之，品牌延伸能使新产品获得成功以及强势品牌的良好声誉，增加新产品开发成功的可能性，促进与消费者的沟通，使新产品更好地被消费者认知和认同，进而被消费者接受和信任，大大地减少了新产品开发的市场风险，可有效降低新产品开发的成本费用。

（五）品牌组合

单一品牌策略的一个缺点在于，竞争对手比较容易用另一个品牌在市场上取得显著地位，从而成为对消费者具有吸引力的又一选择。如何预防和避免这一问题，解决的有效办法是企业向市场推出多个品牌，实施品牌组合策略。企业在实施品牌组合策略的过程中，一般应将品牌划分为主力（Bastion）品牌、侧翼（Flanker）品牌、进攻（Fighter）品牌和威望（Prestige）品牌的思路进行品牌组合的构建。[①] 主力品牌是企业获利能力最强的品牌，其基于的是溢价策略。从品牌附加值的角度来讲，主力品牌在消费者眼中的性能好、质量高，具有较强的精神内涵；侧翼品牌一般具有跟主力品牌相同的利润率，但其满足消费者需求和愿望方面与主力品牌是不同的。从品牌附加值的角度来讲，侧翼品牌同样在消费者眼中性能好，具有较强的精神内涵。但有时侧翼品牌的消费群体相对比较小，形成

---

① 里克·莱兹伯斯. 品牌管理：理论和实践的方法 [M]. 李家强，译. 北京：机械工业出版社，2004：102.

的只是利基市场。侧翼品牌对于企业的战略价值往往大于其经济价值，企业可以不太在意该类品牌的利润多少，甚至可以牺牲利润。由于侧翼品牌能够满足消费者一些特殊的需求和愿望，因此可以加大潜在竞争对手进入该市场的难度，防止其进入；进攻品牌是为了防止廉价品牌对主力品牌的竞争威胁，企业推出一个或多个基于低价策略或定位在溢价策略的低端区域的品牌。进攻品牌的价格一般介于企业主力品牌和市场上廉价品牌的价格之间；威望品牌主要是用来满足消费者高品质和奢侈需求而采取高价策略的品牌，一般而言，威望品牌的目标消费群体是极为有限的。从品牌附加值的角度来讲，威望品牌强调的是品牌的精神内涵，因此威望品牌在价格维度上与进攻品牌也有很大的区别——进攻品牌的价格较低，而威望品牌的价格则较高。威望品牌在消费者眼中质量较高，通常能够彰显身份。

开发利用品牌组合可以给企业带来诸多好处：第一，可使消费者更加忠诚于企业，增加消费者购买企业品牌组合中品牌商品的概率；第二，企业可以从多种规模优势中获利，这些规模优势的取得来自于库存、媒体费用、经销渠道和包装等要素的规模利用；第三，通过开发利用多个品牌，企业可以建立起一个与采取单一品牌策略相比更能防止潜在竞争对手进入的有力屏障，从而获得战略优势；第四，采用多个品牌可以使企业对品牌开发过程中的挫折更具承受力，从而分散经营风险；第五，通过类别管理（Category Management）建立关系平衡的品牌组合，使品牌组合内品牌间的蚕食现象保持在最低限度，可为企业提供有利于获利的协同效应；第六，可为品牌延伸打下更坚实的基础，避免单一品牌受损可能对企业造成的致命性打击。

二、微笑曲线理论

（一）微笑曲线的由来

中国台湾宏碁集团创办人施振荣先生，在 1992 年为"再造宏碁"提

出了有名的"微笑曲线"（Smiling Curve）理论，并以此作为指导宏碁改革
的思路。宏碁用这条曲线向员工证明了加工组装工作是电脑产业链中附加
价值最低的部分，以此说服企业员工接受追求更高附加价值的变革。微笑
曲线理论虽然简单，却很务实地指出了产业未来努力的策略方向。在附加
价值观念的指导下，企业只有不断地往产业链条中附加价值高的区块移动
与定位，才能持续发展和永续经营。因此，此后微笑曲线理论被越来越多
的企业所采用，用来指导其竞争战略的制定。

（二）微笑曲线的定义与启示

微笑曲线是微笑嘴型的一条曲线，两端朝上，微笑曲线的中间是制
造，左边是研发，右边是营销（流通）。在产业链中，附加价值更多体现
在两端，即研发和营销，处于中间环节的制造的附加价值最低。将三个阶
段的附加价值连接成线，就构成了一条形似开口向上的抛物线，恰似人微
笑时的嘴形，因此大家形象地称其为微笑曲线。当前简单的加工制造产生
的利润非常低，从全球市场来看，制造也已供过于求，但是研发与营销的
附加价值高，因此产业未来应朝微笑曲线的两端发展，也就是一方面要注
重位于产业链上游的研发创意环节，加强企业创造的智慧财产权；另一方
面要注重位于产业链下游的营销环节，加强客户导向的营销与服务活动，
从而使企业能在整个产业链中处于优势地位。如图 2-2 所示。

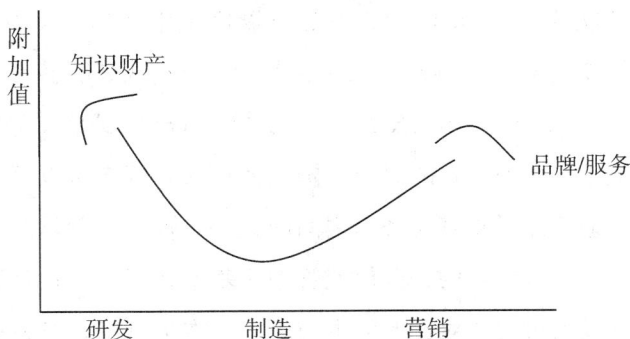

图 2-2　微笑曲线

微笑曲线有两个要点，第一个是可以对附加价值进行定位，第二个是关于竞争的形态。附加价值可以说是一种企业获利的潜力。技术成熟、进入门槛低，普遍化的技术都很容易成为所谓的"微利"企业，即低附加价值产业。一般的制造、组装的企业就是所谓的低附加价值产业，为了维持生存，只能不断地扩充产能，维持获利。但是只要市场萎缩、产品价格下降、产品销售不再成长，企业马上面临经营危机。在高科技产品市场的全球化趋势下，业界的竞争压力，可以用"追、赶、跑、跳、碰"五个字来形容。有竞争力的企业不断往上追，准备随时赶上领先的企业，已领先的企业不断往前跑，以保持领先距离，碰到障碍或技术瓶颈就要想方法跳跃过去，投入相同产品的企业太多了，在趋于饱和的市场中就只有硬碰硬，做杀价竞争，甚至流血竞争。这是全球化竞争的宿命，只有适者才能生存。

第三节　经济学理论基础

一、资本运营理论

（一）资本运营概念解析

资本的英文为"Capital"，意思是可以用来生产出更多财富的东西。马克思的《资本论》对资本给出的定义是："资本就是能够带来剩余价值的价值"。与资本相近一个概念是资产（"Property"或者"Fund"），它是指以货币或实物形态存在的财产、资金或债权。资产可以反映其所有者的富裕程度，但不能反映其与利润之间的关系。资本运营是以实现资本增值和利润最大化为根本目的，以价值管理为基本特征，通过资源的优化配置，在资本运动的过程中对有形资本与无形资本进行综合有效的规划、组织、控制等管理的方式或活动①。资本运营的主要特点是其产权主体和授权方对于具有营利性和运动性的经营性资产进行管理与经营，以促使该部分资产在总量上的保值和增值。企业通过资本运营，充分发掘企业的盈利空间，可以使企业在最短的时间内，以最快的速度成功实现最优的战略性飞跃，提高企业的核心竞争力。

资本运营一般包括运营主体、运营资本、运营对象和运营手段四个要素。另外，资本运营还需要有良好资本市场这个资本运营环境的支持。资本运营的目的就是在利润最大化原则下使资本在再生产过程中实现保值和增值，使资本更有效率，并能不断地实现资本扩张。资本可分为自有资本和借入资本，资本运营的重要前提是运营主体必须要有资本，能够在自有资本经营的基础上实现资本的融通，即在必要时以合适的价格出让或购买资本的使用权，并且善于盘活资本，把死资本变成活资本，加速资本的周转。需要注意的是，这里所说的资本运营已经超出了一般产品再生产过程中的资金运营的意义，它更深刻的含义是指导企业如何获得更强大的实力，使企业具有更强的竞争和资本扩张能力。

在西方经济思想史上，许多经济学家都曾对资本运营进行过探讨，他们的认识随着社会经济的发展而不断深化。最初人们是在货币借贷关系中接触到资本问题的。例如，在古希腊时期，亚里士多德就曾明确地将两种取财之道区分开来：其一是为满足使用价值或需要而进行交换，其二是为追求交换价值的积累而进行交换，即通过贷放货币而取得利息。资本增值的运动形式是最简单的货币资本的运动。这种观点抓住了资本的本质特征是在运动中增值，但运动形式较为单一，对增值的原因没有做具体分析。早期重商主义者从商人资本实践活动出发，已经不再拘泥于货币本身的增值能力，而是将注意力逐渐转移到商品资本上来，资本运营形式更加丰富。晚期重商主义者和重农主义者更进一步地将资本增值的重点转向物质

①　陈承明，凌宗诠.《资本论》与社会主义市场经济 [M].上海：学林出版社，2003：207.

生产领域，把资本视为一种生产手段或用于生产财富的存量。资本运营的提法通常有以下几种：资本运营、资本营运、资本经营、资本运作。资本经营主要指可以独立于生产经营而存在的，以价值化、证券化了的资本或可以按价值化、证券化操作的物化资本为基础，通过优化配置来提高资本营运效率和效益的经济行为和经营活动。

（二）资本运营的主要特征

1. 以资本导向为中心

资本运营的对象是资本，无论是无形资本还是有形资本，都是对出资人权益进行筹划和运营的一种经营管理活动。在传统的生产经营过程中，企业运营是以产品导向为中心的，企业只关注产品的原材料、价格、设备成本的变动、质量与品种等问题，而对资本价格与价值的变化以及资本形态与资本运营的质量等问题缺乏关注。而资本运营要求企业运营以资本导向为中心，追求资本投入产出的效率，以实现经济活动中企业资本的保值和最大限度的增值为核心。

2. 注重资本的价值管理

资本运营的目的是为了维护出资人的资本权益，保证资本的保值、增值，以取得最大的资本经营效益。资本运营的视野要求将所有的生产要素以及一切可以支配和利用的资源看作经营的价值资本，以最少的要素和资源投入获取最大的收益。资本运营要求企业全面考量所有投入要素的价值，发挥各种要素的潜能，不仅要注重有形资本的投入产出关系，而且要注重技术、专利、商誉、商标等无形资本的投入产出关系。资本运营要求企业在重视生产经营过程中的实物供应、消耗的基础上，更加关注资本在价值层面的变动、平衡与变换。这就要求企业注重资本的价值管理，以实现企业价值最大化为目的。

3. 以增强竞争能力为内在要求

资本的增值性决定了资本之间必然会展开竞争。对高利润率投资项目或场所的追求是竞争的目的，价格机制决定了资本会从利润率低的项目或场所向利润率高的项目或场所转移，而竞争的结果是各资本项目之间平均生产价格与平均利润率的形成。为确保资本能追逐到超额利润，培植资本的竞争能力成了实现资本增值性的内在要求，资本竞争能力的培植使资本能具有比竞争对手更强的获利能力。

（三）资本运营的作用

1. 有利于企业产品结构的优化

由于资本运营的逐利性，如果某种产品不能继续为资本带来最优的市场机会，当资本有更优的选择时，就必然会与这种产品相分离，而转移到其他优质或市场占有率更高的产品上去。资本的逐利性会自动优化企业的产品结构，推动企业持续健康地发展，使企业尽可能保持在一个较高的经济效益水平上。

2. 有利于企业资源的优化配置

资本的流动是资本运营的前提条件，优势企业可以通过资本重组，并购劣势企业而得到进一步发展，同时，劣势企业与一些闲置的土地、设备、厂房等要素资源也能得到有效利用。因此，通过资本运营，可以实现技术、资源、资金的优化配置，提高企业的经济效益。

3. 有利于企业管理水平的提高

资本运营可以促使企业的管理者不断更新知识结构，增强风险防范意识，提高应变能力和决策能力，树立资本运营的市场观和效益观。以资本运营的思路来指导日常的经营管理活动，积极探索迎合市场经济与企业自身实际的管理模式，站在资本运营的高度不断推动企业的发展。企业要实施资本运营，首先必须要明确产权关系，拥有独立的法人财产权，以承担保值增值的责任；其次要实现资本在社会范围的合理流动，企业必须走向市场，摆脱对政府的依赖以及政府对企业的干预；最后要实现资本的最大增值，企业必须进行科学决策、科学管理。因此，资本运营在客观上可以促进企业转换经营机制，建立产权清晰、权责明确、政企分开、管理科学的现代企业制度。

4. 有利于企业价值的增加

在竞争激烈的市场经济条件下，企业经营者必须关注企业价值创造的各个环节，增强对资本的控制能力，把每一种资源、生产要素都当作资本来看待，通过资本的流动、分割、扩张等方式，对有形资本与无形资本进行有效的运营，改善与政府、债权人及利益相关者之间的关系，提高核心竞争力，提高开发新产品、新技术的能力以及抵御市场风险的能力，实现企业价值的最大增长。

二、经济增长与发展理论

在对经济增长原因的解释上主要存在着顺次发展的三大理论体系：古典增长理论、新古典增长理论、内生增长理论。

(一) 古典增长理论

古典增长理论的主要代表人物有亚当·斯密（Adam Smith）、托马斯·马尔萨斯（Thomas Malthaus）、大卫·李嘉图（David Richardo）等。亚当·斯密认为劳动分工、技术进步与资本积累是推动一个国家经济增长的主要动力。他认为资本的积累使得资本存量增加，与之相关的劳动数量也会增加，从而直接促进经济的增长，并且，资本与劳动的增加是与分工和专业化联系在一起的，因此，借助于社会分工也会间接地促进经济增长。社会分工的起源是由于人的禀赋和才能具有天然的差异，人类具有交换与易货倾向，且交换及易货行为属于私利行为，其利益决定于分工。假定一个人喜好专业化，通过专业化达到提高生产力的目的，并将剩余产品进行交换，就能促进个人财富的增加，这一过程将扩大社会生产，促进社会繁荣，并达到实现私人利益和公共利益的共同目标。早期的古典经济学家，包括最主要的代表亚当·斯密，实际上都继承了重商主义者的基本研究目标，认为经济学研究的主要目的是探寻增加国民财富的途径，但是他们打破了重商主义者对国民财富的货币幻觉，转向在本国物质产品生产领域寻找增加国民财富的源泉，从而使对于经济增长的理论研究基本集中于有效用的物品生产领域。

托马斯·马尔萨斯是经济增长与人口增长之间关系研究的主要开创者。他第一次把人口增长视为经济增长理论的一个重要组成部分，认为人口增长有超过食物供应增长的趋势，人口增长的压力会刺激生产的增长，但人口的增长会止于食物供应的极限，因为人口增长呈几何递增，而食物的增长是算术直线性的增长。托马斯·马尔萨斯的分析由三个基本假设构成：一是总生产函数具有边际生产力递减的性质；二是人口增加导致贫困化的机制；三是将前两个基本假设结合起来，人口增长率与人均收入增长率之间存在一种均衡状态，即所谓的"马尔萨斯陷阱"。"马尔萨斯陷阱"是指这样一种状态：人均收入处于最小值，所有的收入都用于消费，根本没有给收入留有部分地转化为储蓄的余地。与此相应的是人口的增长率为零。大卫·李嘉图在经济学上的代表作是于 19 世纪初出版的《政治经济学及赋税原理》，在这本书中，大卫·李嘉图认为，税收可以通过改变利润水平来影响产品供求；税收还可以改变国民的收入投向，变个人所得为政府收入，引导资源配置；税收可以通过减少资本、减少劳动的实际需求，从而减少工人的就业机会；税收可以通过出口退税、进口课税发展对外贸易，促进本国经济发展。大卫·李嘉图指出土地、劳动和资本产出的边际报酬是递减的，这就会导致一个国家经济增长的最终停滞。

（二）新古典增长理论

19 世纪后半叶，以马歇尔（1890）的《经济学原理》为代表作的新古典经济学兴起，标志着西方经济学进入了"边际分析"数量化时代。这一时期主流的经济学家们将理论研究的重点转向了市场机制与周期波动等问题，很少关注对长期经济增长的研究，不过在主流经济学家中也有一些例外，包括马歇尔与熊彼特①。马歇尔认为，分工并不必然排斥竞争，即使在具有收益递增倾向的产业中，竞争性行业结构也可以存在。他区分了收益递增的两种不同情形：内部经济与外部经济，并研究了企业的内部经济和外部经济对经济增长的作用。内部经济是指企业生产规模的扩大会使其经营效率提高，外部经济是指企业规模的扩大对企业所属产业的所有其他企业都会产生有利影响。他指出，当收益递增是由内部经济所引起时，收益递增并不会导致垄断；而当收益递增是由外部经济所引起时，收益递增和完全竞争也是可以兼容的。

熊彼特在其著作《经济发展理论》（1912）、《商业周期》（1939）、《资本主义、社会主义和民主》（1942）中，都对经济增长问题进行了研究。经济增长的过程可具体描述为：企业家为了谋取超额利润而从事的创新活动，一批企业为获取这种利益而进行模仿，另一批企业为了生存继而进行了更大规模的模仿，正是创新和由此而引进的模仿、适应行为共同推动了经济增长。熊彼特认为经济增长与经济周期有关，企业家的创新活动是造成波动和推动经济增长的主要原因，完全竞争与创新是不相容的，大规模的企业往往更具有创新的优势，创新可以刺激投资，从而会引起信贷的扩张，进而推动经济产出量的增长。熊彼特理论的意义在于指出了创新或技术是经济系统的内生变量，创新过程往往会伴随着大规模的投资；强调创新、模仿和适应在经济增长中的决定作用；强调经济增长过程是一种创造性破坏过程，新生产方法、新产品、新市场开拓等创新活动会不断地促使经济结构从内部发生革命，从而能不断地摧毁旧有的经济结构，创造出新的经济结构。

（三）内生增长理论

内生增长理论又称新增长理论，通常以保罗·罗默（Paul M Romer）

---

① 左大培，杨春学. 经济增长理论模型的内生化历程 [M]. 北京：中国经济出版社，2007：57-62.

于 1986 年发表的论文《递增收益与长期增长》与卢卡斯于 1988 年发表的论文《论经济发展的机制》作为产生的标志。罗默在《递增收益与长期增长》中提出了一个具有内生技术变化的竞争性均衡的长期增长模式，在罗默模式中，生产性投入的专业化知识的积累及其外溢效应是长期增长的决定性因素，它自身不但具有递增的边际生产力，而且能使资本和劳动等其他要素也产生递增收益，进而使整个经济的规模收益递增，保证了长期增长。卢卡斯在《论经济发展的机制》中提出了一个以人力资本的外在效应为核心的内生增长模式。在他的模式中，他区分了人力资本的两种效应，即内部效应和外部效应，尤其是人力资本的外在效应具有收益递增性，而正是这种源于人力资本外在效应的递增收益使人力资本成为增长的"发动机"。

内生增长理论认为推动经济发展的主要源泉是技术进步，而技术进步的动力来源于企业的盈利动机，因此技术进步是推动经济发展的内生变量，经济能够不依靠外力的推动而实现持续增长。内生化增长理论经历了两个发展阶段，第一阶段主要在完全竞争假设条件下考察了经济的长期增长；第二阶段从 20 世纪 90 年代开始，一部分经济学家抛弃了完全竞争假设，开始在垄断竞争的框架下考察经济的增长。罗默认为，技术进步往往来自企业有目的的研发，是企业对垄断利润追求的结果。技术是一种特殊的商品，就其本性来说是非排他的，但是出于对知识产权的保护，又使它具有某种程度的排他性。技术的非排他性可以产生溢出效应，对相关企业有正的或负的外部性，部分排他性说明企业拥有一定的市场力量，凭借它可以获得新技术带来的垄断利润，并对企业的技术开发提供正向的激励。内生增长理论的基本结论是，内生的技术进步对经济增长起决定作用，不存在政府干预时，经济的均衡增长一般是一种社会次优。

（四）经济发展理论

从发达国家经济发展的经验来看，经济发展不仅仅是指社会财富在量方面的增多，而且还包括社会财富在质的方面的提升，一般以投入要素的产出效率（即生产率）来衡量。因此，我们可以将经济发展理解为质量较高的经济增长。它表现为以相同的投入量（占用或消耗）可以取得更多的产出量，或以更少的投入量（占用或消耗）可以取得相同的产出量。赫里克和金德尔伯格（Herrick & Kindleberger，1983）认为，经济增长一般特指更多的产出，而经济发展不仅仅指有更多的产出，而且应该包括和以前相比，产出种类的差异以及生产与分配所依赖技术与体制安排上的变革。① 珀金斯（Perkins，1987）等认为经济发展除了意味着经济总量或人均收入的上升外，还意味着经济结构方面的根本变化，如国民经济中农业份额的缩小和工业份额的扩大以及农业人口比重的减少和城市人口比重的增加等。② 世界银行在 2000 年的时候出版了一本题为《增长的质量》的研究报告。报告认为，经济发展的中心不仅体现在速度上的加快，而且还体现在质量上的提高，除了有形资本能带来经济的增长，人力资本与自然资本也同样会间接或直接地影响社会福利。③ 我国学者钟学义（2001）认为经济增长质量的提高表现为经济增长方式由粗放型向集约型的进化。他认为经济增长质量的提高包含了非常广泛的内容，不仅包括经济效益的提升，还包括经济增长是否能稳定、持续、健康地进行，而且包括在经济增长的过程中能否实现产业结构的升级和优化，能否提高广大人民的生活质量和改善生态环境等④。

三、新制度经济学理论

新制度经济学就是用经济学的方法研究制度的经济学，即对制度进行经济分析。诺思认为，制度经济学是研究以制度及制度演进为背景的条件

---

① 赫立克，金德尔伯格. 经济发展 [M]. 张欣，译. 上海：上海译文出版社，1986：5.
② 吉利斯，帕金斯，罗默，等. 发展经济学 [M]. 黄卫平，等，译. 4 版. 北京：中国人民大学出版社，1989.
③ 托马斯，等. 增长的质量 [M]. 北京：中国财政经济出版社，2001：5-16.
④ 钟学义. 增长方式转变与增长质量提高 [M]. 北京：经济管理出版社，2001：5-18.

下，现实世界中的人们如何决策以及人们的决策又是怎样改变世界的。①
天赋要素、技术与偏好是支撑经济理论的三大传统柱石，随着经济研究的
发展和深入，学者们日益认识到这三大传统柱石还不足以支撑经济理论，
经过众多新制度经济学家的研究，得出了翔实的证据向人们展示，制度非
常重要，制度应该成为经济理论的第四大柱石。资本、劳动和土地这些生
产要素只有在适合的制度环境下才能发挥出应有的功能。因此，把制度纳
入经济学的研究，将其作为经济研究的重要对象，是对正统经济理论的重
要拓展和革命。

（一）制度的内涵与构成

青木昌彦认为制度是一个自我维系系统，该系统是关于博弈如何进行
的共有信念；制度的本质是一个浓缩体，它表征了均衡博弈路径的显著和
固定特征，该浓缩性表征几乎能被相关领域的所有参与人感知到，并认为
是与他们的决策密切相关的；这样，制度就通过自我实施的方式影响和制
约着所有参与人的策略互动，反过来，参与人由于规避风险和降低成本的
需要，制度被根据实际决策的需要又在连续变化环境下不断演化和进行再
生产。② 诺思认为，制度是一种社会博弈的规则，它被人们创造出来，其
目的是用以限制和规范人们的相互交往行为。他把博弈规则分为正式规则
和非正式规则两类，其中正式规则包括产权制度、宪法和合同等，非正式
规则包括习俗和规范等。舒尔茨认为制度是为经济服务的，并将制度分为
了四类：可对生产要素所有者之间配置风险进行影响的制度、可对公共品
与服务生产和分配的框架进行影响的制度、可用来降低交易费用的制度、
可用来提供职能组织和个人收入流之间联系的制度。③ 制度安排是制度的
具体化，它可能是正规的，也可能是非正规的，也可能是暂时的或长期

---

① 道格拉斯·C. 诺思. 经济史中的结构与变迁 [M]. 上海：上海三联书店，1991：2.

② 青木昌彦. 比较制度分析 [M]. 上海：上海远东出版社，2001：28.

③ 科斯，等. 财产权利与制度变迁——产权学派与新制度学派译文集 [M]. 上海：上海三联
书店，1991：253.

的。制度安排与人和人之间的契约关系有着很强的内在联系，因此，也有人把制度定义为人与人之间关系的某种"契约形式"或"契约关系"。

制度通过提供一系列的规则，对人们的选择空间进行界定，并对人们之间的相互关系进行约束，从而减少环境中的不确定性，达到降低交易费用、保护产权和促进生产性活动的目的。制度构成的基本要素有三部分，即由政府规定的正式约束、社会认可的非正式约束以及制度的实施机制构成。对制度分析的基本理论前提便是对制度结构的剖析。具体而言：（1）正式约束是由经济规则、契约、政治规则等构成的一系列政策法则，是人们有意识创造出来的。从最基本的宪法到成文法与不成文法，再到一些特殊的细则，最后具体到个别的契约，这些政策法则共同约束着人们的行为。（2）非正式约束主要由道德观念、风俗习性、伦理规范、价值信念以及意识形态等因素所构成，具有持久的生命力，能够代代相传，是人们在长期的交往中无意识形成的重要文化成果。（3）实施机制是制度要素的第三个部分。制度的实施机制是人们判断一个国家的制度是否有效的重要依据，如果没有实施机制，那么任何制度特别是正式约束就会形同虚设，因此，制度要完善，除了具备完善的正式约束与非正式约束之外，制度的实施机制是否健全也是重要的方面。

（二）制度的变迁

制度从某种程度来说是一种"公共物品"，但它同其他物品一样，也需要在各种技术和社会条件的约束下进行交易、转换和替代。制度的变迁通俗而言就是制度的交易、替代和转换过程，是一种效益更高的制度产生或取代原有制度的过程。在该过程中，制度的机会成本（包括边际替代成本、边际转换成本）是影响实际制度需求的约束条件。制度的变迁是制度的交易过程，人们在从事对制度这种物品的交易时必然会产生交易成本。制度的交易是一种动态的过程，因此制度的交易成本是有关的制度主体在动态的制度变迁中所付出的成本，而不是有关经济主体在静态的制度结构中从事对其他物品的交易时所付出的成本。在该过程中，制度的边际交易成本是影响实际制度交易的约束条件。

从初始的制度均衡，到制度的不均衡，再到制度的均衡，这种周而复始的过程，就是人类制度变迁的过程。新制度经济学中比较有名的制度变迁模型是强制性制度变迁模型与诱致性制度变迁模型，详见林毅夫（1989）的论述。① 其中，强制性制度变迁一般指的是由政府法令所引起的制度变迁，而诱致性制度变迁的发生则必须要依赖于某些来自制度不均衡的获利机会。一般而言，政府是强制性制度变迁的主体，政府的基本功能就是向公众提供法律与秩序，并通过保护产权来换取税收以维持政府的正常运转。政府在制度的供给上具有规模经济优势，在制度的实施与组织成本上也具有很大的优势。诱致性制度变迁则是由制度的不均衡所带来有获利机会时，一群（个）人对其进行响应而产生的自发性制度变迁过程。在社会的实际生活中，社会的制度变迁由强制性制度变迁和诱致性制度变迁共同推动，它们相互联系、相互制约，一般很难明显地划分开来。

（三）制度的绩效

有效率的制度能促进经济的增长和发展；反之，无效率的制度则会抑制甚至阻碍经济的增长和发展。经济发展与制度选择的关系问题已经成为发展经济学研究的重要领域之一，有学者甚至认为把制度分析引入到经济学研究中是发展经济学理论的重要革命。② 巴塞尔·S. 耶梅和鲍尔于1957年撰写出版了《欠发达国家经济学》一书。该书号召人们关注比较制度的分析和研究，以考察不同的制度对经济增长的不同影响，找到更有助于经济增长的制度。耶梅与鲍尔把以往在研究中作为外生变量的非正式行为规则、产权制度等变量作为决定经济发展的重要内生变量进行分析和研究。格莱尔德·斯库利通过研究发现："不同的制度结构会导致不同的经济增

① 盛洪. 现代制度经济学：下卷［M］. 北京：北京大学出版社，2003：253-279.
② 詹姆斯·A. 道，等. 发展经济学的革命［M］. 上海：上海三联书店，2000：9-10.

长率和经济效率。个人财产、法律条例以及资源市场配置相结合的开放社会，与那些被限制与剥夺了自由的社会相比，其经济增长率约为后者的 3 倍，其经济效率约为后者的 2.5 倍。"① 发展经济学家阿兰·鲁福斯·华特斯是最早认识到产权在经济发展中的重要作用的学者之一。他经过研究认为，虽然文化是决定经济绩效的重要因素，但文化对经济发展的作用远远比不上有效的所有制结构。因此，为了促进经济的更好发展，经济体中的个人应该对其财产享有排他性的使用权——拥有确定的所有权，允许分割所有权，并能自由地买卖财产。政府的作用就是强化人们的产权，使个人能对自己的行为负责。只有这样，个人才有创造财富的冲动，才会把资源配置到有利可图的地方，使稀缺性资源实现增值。

以往的很多学者都认为影响和制约一个国家经济发展的主要约束因素是资本的缺乏。然而现实情况是，资本缺乏的主要原因往往是由于缺乏相关的制度安排。对此，著名经济学家乔治·阿克尔洛夫（George A Akerlof）经过研究提出制约经济发展的主要约束是制度安排缺乏的观点。② 因为，在历史上，由于相关制度的缺乏，很多国家都有大量的钱被闲置了，这些钱没有被用于投资与生产性活动。法国历史年鉴学派的主要代表人物布劳代尔在研究中也发现，在历史上，一些国家虽然有很多钱，但这些钱并没有得到有效地使用。耶梅和鲍尔对人们在经济发展进程中过分关注资本积累，忽视社会和政治制度建设的行为提出了批评。他们认为，与其说经济发展依赖于资本积累，倒不如说是经济发展创造了资本。

四、经济地理学理论

经济地理学是研究经济布局及其发展规模的学科。其研究的内容是经济活动的空间分布。

---

① 詹姆斯·A. 道，等. 发展经济学的革命 ［M］. 上海三联书店，2000：9-10.
② George A, Akerlof. The Market for "Lemon"：Quality Uncertainty and the Market Mechanism ［J］. The Quarterly Journal of Economics，1970，84（3）：488-500.

（一）经济地理学的研究对象

经济地理学从萌芽到马克思主义经济地理科学体系的形成，经历了一个漫长的发展过程。战国时期的《禹贡》是我国最早的一部综合性地理著作，它第一次把全国划分为九州，分别描述了各地区的山河、土地、资源、物产、贡赋等。汉代《史记·货殖列传》中包含大量经济地理知识，它把全国分为四个区（山东、山西、江西、龙门碣石）分别进行评述。自汉代以后各代都有"地理志"，记载赋役、关税、户口、物产、农业、手工业等，与经济地理关系十分密切。明末清初年间顾炎武所著《天下郡国利病书》，是经济地理知识较丰富的图书，可以说是我国早期的经济地理著作。

国外的情况也是如此。由于商业和航海业的发展，促进了经济地理知识的萌芽。公元前九世纪，希腊人荷马记述了爱琴海和里海沿岸地区生产和生活情况。希腊人赫罗多特（公元前484—公元425年）第一次把世界划分为欧、亚、利比亚（非洲）三部分，对各地人民的生活、风俗进行了生动的描述。罗马人斯特拉波（公元前63—公元20年）写了十七卷地理书籍，对西起西班牙，东到波斯、印度的广大地区做了描述。7世纪以后，为了适应经商航海的需要，记述港口、物产、道路等的地理作品大量出现。所有这些都是原始资料积累的记述，并与其他知识交织在一起。

到了资本主义阶段，随着生产的发展和各国、各地区间贸易的发展以及为了满足政治的需要，专门论述资本主义工业和农业配置的学说在19世纪以后相继出现。但是，就经济地理形成一门独立的科学来说，却只有不到一百年的历史。俄国十月革命胜利后，随着苏联社会主义建设的发展，在马列主义指导下，经济地理学得到了发展，正式成为独立的学科。在我国，独立的经济地理学是随着新中国成立而诞生的。我国大规模开发水利和水电建设、综合考察、工业布局、流域规划、区域规划等工作，都推动了我国经济地理学的发展。

经济地理学是地理学的一个分支，它又有许多分支学科，根据研究的侧重点不同，一般把经济地理分为三类，即普通经济地理学、部门经济地理学和区域经济地理学。普通经济地理学包括经济地理学原理，是经济地理学理论与研究方法的高度综合与概括；部门经济地理学是以国民经济各产业部门为研究对象，如工业地理学、农业地理学、旅游地理学等；区域经济地理学是以特定的地域为研究对象，如亚洲经济地理学、中国经济地理学、长江流域经济地理学等。

（二）经济地理的学科性质

经济地理所研究的经济布局，涉及自然、社会、经济、技术条件等多方面的综合性问题，需要运用多学科的研究成果，因此，经济地理学的研究具有综合性特征；经济布局又受到地域（空间）的制约，与一定的地理环境相关，因此，经济地理学的研究又具有明显的地域性特征；此外，经济布局受国际市场变动和国家政策影响很大，在不同时期不同政策指导下呈现出不同的特点，因此，经济地理学的研究还具有很强的社会性特征。由于经济地理学所研究的特殊领域具有自然—技术—经济相结合的特点，可以认为它是一门与自然科学和技术科学有着密切联系的社会科学范围内的边缘科学。

经济地理学有三个最显著的特点，即区域性、综合性和社会性。区域性是地理学的基本特性，也是经济地理学最显著的特点。区域是地球表层空间的一部分，有一定的规模、范围和界限。经济地理学对经济建设的主要贡献，就在于它通过促进生产力在空间的合理布局，推动生产的发展。生产的发展，不论是工业生产、农业生产还是运输业生产，都要落实到一定的区域和地点，受到当地自然、技术和经济条件的影响。经济地理学工作者必须深入研究每一个区域的经济地理面貌及特征，以满足经济建设对区域经济地理资料的迫切需要。区域性也反映在经济地理学的研究方法上。例如，地图的利用；研究经济地理位置；分析生产分布的地点、范围和界限；揭示区域的特征；运用区划方法；等等。这五个方面就是所谓地理性的主要反映，是衡量经济地理作品、地理性强弱的尺度。

综合性是各门学科共有的。不过，不同学科综合的范围不一样，有的范围大些，有的范围小些。经济地理学综合的范围是相当广的，涉及自然条件、自然资源、历史、人口、技术、经济、上层建筑等各个方面。其对一个国家和一个区域的研究，既要概括全国、全区，又要涉及周围地区。因为生产力布局是一个复杂的物质体系，它的形成和变化要受到自然、技术和经济三方面因素的影响，既受经济规律的制约，又受自然规律的制约。因此，任何生产力布局，都不能片面地只考虑某一方面的需要和某一方面的条件，必须全面地对多种因素进行综合考虑之后才能确定。可见，经济地理学是一门综合性很强的科学。

社会性是经济地理学的另一个特点，因为经济地理学研究各国、各地区的经济特征和生产力布局，涉及许多社会经济问题，不同的国家，不同的社会制度，都具有不同性质的社会经济问题，甚至同一国家的不同地区，也有不同情况的社会经济问题存在。因此，在不同社会制度和经济制度下发展形成的经济地理特征，是不相同的。

第三章　品牌起源与品牌企业的发展历程

　　本章内容是关于品牌企业的史料性介绍，分品牌的起源、制造商品牌的发展历程、经销商品牌的发展历程、集群品牌的发展历程、区域品牌的发展历程以及我国近现代品牌企业发展简介六节内容进行介绍。通过对品牌起源与品牌企业发展历程的研究，能够有助于人们更好地理解品牌企业与区域经济发展之间的紧密联系。有关品牌起源和品牌企业发展历程的史料主要参考了以下文献：余明阳、杨芳平编著的《品牌学教程》，复旦大学出版社；杨海军、袁建编著的《品牌学案例教程》，复旦大学出版社；里克·莱兹伯斯等著，李家强翻译的《品牌管理：理论和实践的方法》，机械工业出版社；艾丰编著的《名牌论——市场竞争中的法宝》，经济日报出版社；熊爱华编著的《农业集群品牌建设模式研究》，经济科学出版社。

第一节　品牌的起源

一、国外品牌的起源

　　从广告的产生一直到印刷术普及期间，品牌的发展基本是处于一种原始和无意识的状态下。但是，在日常的商业活动中人们已经开始不自觉地产生了品牌观念，开启了品牌化的进程。当时，人们的品牌传播方式多是口耳相传，直到古埃及文字广告的出现，情况才有所改变。在已发现的古希腊和古罗马时期的陶器、金器以及灯具上都刻有文字或图案的标记，这被大家认为是最早的商标品牌。公元前 6 世纪的时候，罗马建立了奴隶制共和国，商业活动逐渐增多，经济变得繁荣起来，在闹市或者市区经常可见为了进行品牌宣传而竖起的大量招牌与壁报广告。传播技术水平在印刷术发明之后得到了显著的提高，品牌的发展也由此迈入了一个新的领域。1472 年，一位名叫威廉·坎克斯的英国出版商印制了一份旨在宣传某宗教书籍的广告，以强调宗教品质和该宗教书籍的内容特色，自此，品牌的传播活动便开始采用先进的纸质传播技术。之后的几百年间，品牌与广告一直都伴随着商人的经商活动在有限的领域内传播。直到 1666 年，《伦敦报》正式开辟了广告专栏，品牌传播才在大众传媒上有了一席之地。随着工业革命的推进，手工生产被机器大工业所代替，制造业得到了进一步的发展，为了能够保护好商家的品牌，进一步促进市场竞争，在工业革命的进程中商标制度就自然而然地产生了。19 世纪初，法国出现了世界上最早的有关商标的法律条文，随后，在 19 世纪六七十年代，英国、美国、德国、日本也相继颁布了各自的商标法。在 19 世纪末 20 世纪初，商标制度已风行全世界，品牌得到了法律的认可和保障。于是，现代意义上的品牌就产生了。

　　关于英语中"品牌"一词的产生，从时间上来看很可能起源于中世纪（476—1492 年）。根据词源学我们可以得出，品牌这个词来源于古挪威语，它是在牛身上做标识的意思，其目的是用以分辨财产的具体归属。可能是北欧的海盗将这一说法传到了英国，并最终融进了英语当中。据考证，中世纪的商品上一般有 3 种标识，它们从某种程度来讲就相当于我们今天的品牌。这 3 种标识是：工匠名、行会名与城市名。其中最接近我们今天品牌名称的是工匠名标识，它能说明商品的制造者是谁，就像古希腊和罗马时代银块上的标记一样，这些工匠名标识也是用来确认身份的。工匠名标识比较小，一般被印在商品的底部。中世纪的某些商品上还标有行会名标识。行会是掌管某一行业的工匠，如银匠、面包师，以确保商品质量的组织。可以说行会名标识就相当于我们今天的质量认证。除了工匠名和行会名标识外，有时商品上还会出现城市名标识。城市名标识用以表示商品的原产地，相当于今天的"（地名）制造"。中世纪结束后不久，我们所熟知的、今天仍存在的第一批品牌就出现了。如 Twinings（川宁伯爵茶，1706年）、Drambuie（杜林标酒，1745 年）、Douwe Egberts（Douwe Egberts 咖啡，1753 年）、Levi's（李维斯牛仔裤，1850 年）、Coca-Cola（可口可乐，1886 年）等。中世纪以后，现代意义的品牌商品开始在市场上大量涌现。

二、我国品牌的起源

我国早在商周时期（大约从公元前 17 世纪开始到公元前 221 年，前后共约 1 400 余年），就有了品牌的萌芽，商周时期的手工艺人在他们生产的商品上刻上文字标记，这些文字标记就是早期品牌和商标的萌芽。到了春秋战国时期，商业从生产劳动中分离出来，开始成为一门独立的职业，并形成了一些固定的商品交易集镇。为了宣传自己的产品，凸显自己的身份，当时在固定经营场所营业的商人们一般采用招牌与幌子作为广告形式。在河南登封告成镇发掘出土的大约是春秋战国时期的陶器上刻有篆体的字迹"阳城"，这被大家认为是我国品牌形成的雏形。"阳城"标记也是我国最早的文字广告，文字发明后应用于品牌和广告，是品牌发展史和广告发展史上的大事，它标志着品牌已经摆脱了原始的叫卖吆喝和口耳相传的模式，对品牌朦胧的注册意识开始觉醒，品牌的传播开始逐步走向标准化、规范化和商业化。

到西汉时期，在社会生活中，人们已经有了一些朦胧的品牌意识，实物招牌广告开始流行。例如，卖灯笼的店铺就在门口挂一只灯笼，卖酒的商家多在门口悬挂一面酒旗或垒一个温酒的"垆"，但明确的品牌意识直到唐宋时期才逐渐出现。到东汉时期，当时市场上流行的著名文具品牌有"张芝笔""左伯纸""韦诞墨"等，"夫工欲善其事，必先利其器，用张芝笔、左伯纸及臣墨"是史书《三辅决录》里的记载。这些以能工巧匠的名字来命名的品牌，表明了当时的人们已经懂得采用品牌来表达商品的优良品质和卓越价值。

唐宋元时期，品牌的宣传传播技术和活动有了进一步的发展，到明朝和清朝时期，由于资本主义生产关系萌芽的出现，我国商品经济相对于以前来说有了非常大的发展，广告活动变得常见和平凡，市场上开始出现一些具有较大影响力和知名度的品牌。明清时期的知识分子也开始服务于广告领域，一批有内涵、有个性的品牌由此诞生。据有关史料记载，明朝嘉靖九年，即 1530 年，京城酱菜铺的老板为了提升店铺的名声和防止自家酱菜被他人假冒，请到当朝宰相严嵩为其品牌"六必居"题名，自此，"六必居"扬名天下。这是从品牌现象产生以后，我国商家中出现的第一起有明显品牌保护意识的类似"商标注册"的防伪行为，虽然此时的"注册"还不是严格意义上的具有法律效应的"注册"，但是"六必居"无疑对提升商家的品牌保护意识和市场竞争意识产生了强大的推进作用。在此之后，我国涌现出了"都一处""全聚德""内联陞""桂发祥"等一大批流传百年的老品牌。明清时期品牌的载体变得更加多样化——书籍广告方兴未艾，木版年画、对联、雕刻等形式又开始流行。1904 年，清政府出台了《商标注册试办章程》，这是我国历史上第一个对商标品牌进行保护的法规。从此以后，我国对品牌的注册管理就进入了法制轨道，"品牌"成为受到法律保护的具有严格法律效应的商业行为。

第二节　制造商品牌的发展历程

19 世纪下半叶，海上航线的开通和一些国家铁路的建设为制造商品牌的发展提供了动力。交通基础设施的巨大改观使商品能够被快捷和廉价地运到远方，从而使制造商的影响力大为增强。同时，也使消费者的可选择性增大了很多，他们既可以买本地货，也可以买海上舶来的或经过铁路运来的产品。商品供应得到极大丰富，很多厂商生产和供应同种产品，因此，产品能否具有品牌就很重要，因为品牌可以对同类产品加以区分，方便厂商突出产品的特色和消费者对产品的选择。随着制造商的销售地域进一步扩大，在生产上越来越具有规模优势，因此，其在贸易中对资金与技术的主动权就变得越来越大。

到了 20 世纪，随着制造商的进一步发展，其对分销渠道的主导作用也越来越大。促使制造商品牌出现的一个重要原因来自杂货商，杂货商出售的商品不能保证质量、规格始终统一，价格也较贵，而制造商提供的商品可以保证价格与质量的相对稳定，因此，人们对制造商的这种事先就包装好的商品的需求大为增加。人们对品牌的早期理解就偏重于品牌商品稳定的质量和价格。另一个促使制造商品牌出现的原因来自制造商本身所经历的演变。工业革命期间，制造商强调生产过程，而第一次工业革命之后，人们开始注重产品的销售。专利成了深受制造商欢迎的有用"武器"。专利使制造商可以对某些工艺或成分行使专有权，从而为制造商带来可观的利润。制造商的注意力由生产向产品和销售方面转移，使产品的整体质量大为提高。带有制造商品牌的商品作为一种独特的现象出现在市场上，与许多杂货商出售的商品相比，质量好且品质和分量稳定。大规模生产也保证了制造商品牌的价格通常比杂货商出售的商品便宜。

20 世纪初期，制造商开始采用广告和向销售终端派遣销售代表等方式来避开批发商的控制。当时的广告注重强调产品本身，通过介绍产品优势，制造商试图劝说和吸引消费者购买标有他们品牌的产品。20 世纪 60 年代之前，强调"独特卖点"的广告策略一直是被制造商广泛采用的主要品牌推广方式。而制造商雇用的销售代表，则直接削弱了批发商的控制地位，销售代表直接与零售商进行交易，使批发商的地位由控制转变为跟随。当时，制造商还为杂货商和零售商的销售价格定价，并且在德国和英国，这种垂直的价格约束体系要受到法律的制约。从以上分析可以得出，20 世纪上半叶，制造商跟批发商与零售商相比而言，在技术和资金方面都拥有更大的优势，因此制造商在经销过程中处于主导地位。

20 世纪下半叶，一些大公司开始意识到，在同一类产品中如果只拥有和利用一个品牌往往很难保证在市场上长期处于强势地位和战胜竞争对手。于是，许多公司认识到了在同一产品类别中使用多个品牌的重要性，企业开始重视品牌组合策略的运用。为了避免品牌间的相互蚕食，品牌组合策略的实施必须要能满足消费者的不同需求和愿望，以达到品牌之间的相互平衡。因此，企业中便出现了"类别经理"这一职务，用来同时负责和协调多个品牌。公司也可以采取多种产品同一个品牌的单一品牌策略，但除了亚洲公司（如雅马哈）以及少数西方公司（如飞利浦）采取这样的策略外，很少有公司这样做，因为一旦单一品牌的某种产品受到了负面宣传的影响，这种负面影响很容易就会波及单一品牌下的其他产品，致使公司陷入极为不利的境地。

20 世纪下半叶，大公司面临的另一个重要问题是要与国际性的公司进行较量，这种较量涉及这些公司的本土市场以及进行了国际化经营公司的国外市场。过去，进军国外市场的出口行为主要被当作在经济上更充分地利用品牌效益的措施。然而，到 20 世纪 70 年代，随着美国品牌全面进入欧洲市场，欧洲公司发现出口所能带来的经济效益与海外品牌所带来的激烈竞争相比，已变得越来越微不足道。公司经营者不再只是想着如何扩大自己的品牌商品的市场占有率，而必须从根本上做好与海外竞争对手决一雌雄的准备，打造出能在国内外享有盛誉的强势品牌，以进一步巩固公司的本土市场和占领国际市场。因此，"国际化品牌"（在欧洲范围内称为"欧洲品牌"）一词相对于"出口"一词，越来越被人们广泛使用。从全球市场竞争而言，品牌的战略意义越来越凸现出来。

1970 年以后，制造商品牌受到了一系列深远变化的影响。其中一个最重要的变化是小品牌与大品牌之间的差距越来越明显。约翰·娄顿（John Loden）在其著作《超大品牌：如何建立、如何打败它们》（*Megabrands*：*How to Build Them*, *How to Beat Them*）中，称超大品牌已经出现。超大品牌商品拥有世界范围的营销战略——该商品可以在世界上任何地方都能买到，而且在每个出售该商品的国家里，都可以看到它们的广告。可口可乐、吉列、IBM 和万宝路等品牌都是超大品牌的例子。超大品牌往往更加注重品牌所蕴含的情感因素。娄顿认为，在 20 世纪七八十年代，小品牌和大品牌之间的差距开始显现，从那以后，这一差距变得愈来愈大。因为大公司有实力在研发上投入大量资金，使产品可以不断更新，致使大品牌的优势更加突出，而小公司却不具备这样的实力。另一个加大这一差距的原因在于，大公司具有规模优势，而小公司却望尘莫及。规模优势不仅反映在生产中，也反映在包装和广告的媒体购买方面。这种规模效应，随着大品牌在各国的标准越来越统一，而得到进一步的加强。

第三节 经销商品牌的发展历程

19 世纪末，批发商一直拥有经销环节的主动权。杂货商的供应品牌主要由批发商决定，杂货商从批发商那里购买大宗产品，譬如香料和调味品，然后再为其打包标价出售。除此以外，杂货商也销售自制产品，包括果酱、熏肉、咖啡和加工过的茶叶等，这些自制产品也同样在进行包装、标价后出售。杂货商品牌由此而来，这就是我们现在所称的"经销商品牌"或"商家品牌"。经销商品牌使商家拥有对品牌的控制权，而产品的制造仍由较独立的厂家负责。

19 世纪末 20 世纪初，存在至今的第一批杂货店开张了。例如：1875 年，第一家马狮店（Marks&Spencer）在英国正式开业，1928 年，这家零售企业创立了著名的经销商品牌圣迈可（St Michael）；1887 年，第一家 Albert Heijn 商店在荷兰正式营业，当时该店的面积只有 12 平方米。到了 20 世纪初叶，许多零售商的规模都有了明显增长。例如，Albert Heijn 在 1917 年已成为大型零售企业，拥有 54 家商店，到 1950 年，这一数字已增长到 252 家，到 1952 年，Albert Heijn 的第一家自助商店开张。1950 年以后，零售业通过合并与收购开始趋于集中，商家的各个环节变得更加完善，市场地位也日益突出。

20 世纪 50 年代，经销环节的市场结构又一次出现了变化，控制权由厂家逐步移向商家，并且商家拥有的控制权不在批发商手里，而是在零售商手里。零售商的集中趋势涌现出了少数具有强大实力和规模的零售企业，他们对国家经济命脉的控制和影响是巨大的，从而使零售业能获得政府的强大政治支持，甚至使它有能力在世界范围内采购技术和产品。这样一来，制造商在金融和技术方面与零售商相比都逐步失去了优势。然而，在进入 20 世纪 80 年代之前，经销商品牌还很难与制造商品牌相提并论，在很长的一段时间里，经销商品牌只不过被人们看成是制造商品牌的廉价替代品。当时，经销商品牌在外形上极力模仿制造商品牌，因此被冠名为"仿制品"，在消费者眼里，经销商品牌的质量明显低于那些知名的制造商品牌的质量，但不管怎样，经销商品牌已经占据了相当部分的市场份额。据调查，目前，经销商品牌在所有日用品中所占的比重情况大概是，在英国为 37%，美国为 29%，法国为 19%，荷兰为 18%。零售商在货品的出售地，能对消费者施加多种方式的影响，这是经销商品牌之所以能够成功的重要原因，因此，零售商的名称和标志便成了一定地域的强势品牌。

零售商能更快、更准确地获得销售情况也往往是其成功的重要原因。尽管经销商品牌的影响有日益增加的趋势，但是对于零售商来讲，制造商的品牌仍然是非常重要的。著名的制造商品牌可以对零售商在消费者心目中的形象产生强烈的影响，能够为零售商招徕顾客。强制价格体系很难让零售商通过低价吸引顾客，20世纪60年代，多数国家用建议零售价取代了价格控制，实际上多数零售商的价格通常还要比建议价格更加优惠。

20世纪后半叶，由于更为先进的营销技术在零售企业得到了应用，经销商品牌再一次获得了发展。除了能在出售点影响消费者外，20世纪90年代以来零售商还致力于通过更为专业和科学的品牌运营来打造品牌——经销商们不仅仅把包装做得更为精致和更有特色，而且也提高了有些商品的价格，这些措施都对改善消费者对经销商品牌的质量感知起到了良好的促进作用。同很多制造商一样，一些零售企业也开始实施多品牌策略，对不同品类的产品或同品类的不同产品采用不同的品牌，建立起了经销商品牌组合。从20世纪90年代开始，经销商品牌的影响力越来越大，使制造商品牌面临了越来越大的威胁和挑战。

第四节　集群品牌的发展历程

集群品牌是某区域企业集群内的众多企业集体行为的综合体现，是企业集群发展的必然结果，代表着一个企业集群产品的主体和形象①。集群品牌是以一定的产业及其集群作为支撑，以集群内企业的特色产品为卖点，以区域地名和产品类名命名组合为共享的品牌名称在消费者心目中形成了具有相当影响力的区域公共品牌②。早在18—19世纪的欧洲，由于社会分工的不断演进，小手工作坊的劳动生产率得到持续的提高，出于商业的需要，这些手工作坊开始沿着交通便利的地中海沿岸在空间上不断聚

---

①　洪文生. 区域品牌建设的途径 [J]. 发展研究，2005（3）.

②　沈鹏熠，郭克锋. 基于产业集群的区域品牌建设——模式、路径与动力机制 [J]. 特区经济，2008（6）.

集，于是就形成了世界上最早的产业集群。随着生产力的进一步发展，科技的进步和发达，不断细化的劳动分工使得大企业带动小企业在一定空间聚集的现象更加明显，如美国的底特律汽车城、硅谷 IT 产业集群等相继形成。伴随着这些企业集群的形成也就慢慢形成了相关的集群品牌。

当今世界，放眼全球，可以说我们见到的世界经济版图都被各种企业集群所主导，这些集群就像"平滑空间上的黏滞点"①，在这些地方吸收聚集了稠密的经济能量，孕育出了一大批世界级的企业和产业，形成了很多极具盛名的企业集群品牌。表 3-1 给出了一些最具典型意义的例子。

表 3-1　　　　　　　　世界知名企业集群一览表

国别/地区	所在地区	产业领域
美国	硅谷	微电子、生物技术、风险资本
美国	西雅图	飞机设备与制造、软件、金属加工
美国	好莱坞	影视娱乐业
美国	底特律	汽车设备及零部件
美国	波士顿	互惠基金、软件与网络
日本	大田	机械和金属加工
日本	丰田	汽车及其零部件
英国	奥克斯弗夏尔	赛车设计和制造
英国	苏格兰	"硅谷"电子产品
法国	昂蒂布	计算机及相关产品
法国	欧叶纳克斯	模具
意大利	阿雷佐和维琴察	黄金首饰加工
意大利	贝尔加莫	家具业
意大利	伦巴第	纺织品
德国	法兰克福	化工业

---

① Markusen A. Sticky Places in Slippery Space：A Typology of Industrial Districts. Economic Geography [J]. 1996, 72（3）：293-313.

表3-1(续)

国别/地区	所在地区	产业领域
德国	慕尼黑	汽车业
印度	班加罗尔	计算机软件
中国台湾	新竹	半导体硬件
以色列	特拉维夫	电子技术、通信技术和计算机软件
芬兰	赫尔辛基	通信和电子
瑞士	制表区	钟表业

从表3-1中不难看出，经济发达的国家和地区往往拥有一些声名显赫的基于企业集群的集群品牌，波特（1998）经过考察认为正是这些实力强大的企业集群及集群品牌支撑起了发达的经济体，从而为其在全球经济中强大的总体竞争力奠定基础。近年来世界经济发展的实践以及相关的理论探讨都表明，通过企业集群的发展培育出集群品牌从而有效地推动区域经济发展的成功案例并不是发达国家的专利，很多企业集群和集群品牌也在很多发展中国家经济发展的过程中涌现，并成了推动区域经济增长的重要力量。

我国企业集群和集群品牌出现的历史也非常久远，有着1 400多年历史的景德镇就是很多陶瓷生产商的聚集地，景德镇陶瓷也慢慢地成了著名的集群品牌。但我国企业集群真正意义的发展还是始于改革开放政策的实施，并在20世纪90年代中期以后才进入快速发展的轨道。据资料统计，目前我国很多省份都存在着企业集群，同时也形成了很多有名的集群品牌，但其主要集中地以广东省和浙江省居多，尤其是浙江省，几乎在全省范围内处处都有企业集群和受到消费者认可的集群品牌。目前，我国现有的企业集群都有比较高的内部专业化程度，发展也比较成熟，呈现出了较强的集群效应，已经形成了五种类型的集群，参见表3-2。

表 3-2　　　　　　　　　目前国内五类企业集群①

集群类型	主要特征	典型案例
传统工业基地	国有大中型工业企业为核心的地域生产综合体	鞍山钢铁基地
高新技术企业集群	智力密集型中小企业扎堆	北京中关村
乡镇企业集群	民营中小企业专业化分工形成县域特色经济	浙江温州
外协加工基地	国际产业分工中的世界工厂	深圳—东莞地区
经济开发区	人为规划以吸引外资的工业园	苏州工业园

　　我国最引人注目的企业集群之一是以浙江温州为代表的乡镇企业集聚区，随着温州商人和温州商品走向世界，这些企业集群引起了世界的广泛关注，成了闻名中外的集群品牌。值得一提的是，我国著名社会学家费孝通先生早在 20 世纪 80 年代就注意到并考察了浙江这种以乡、镇或县、市为区域单位而发展起来的一些特色加工业产业区，并将这种现象称之为"块状经济"。这种企业集群包括了从原料的采购到产品的销售整个价值链条的生产服务，乃至相关的技术机构都能在当地配套成网。

第五节　区域品牌的发展历程

　　区域品牌在本文中被定义为农产品区域品牌或农业集群品牌，它主要依据某区域的地理人文特征作为区别于其他区域同类产品的特征。区域品牌和其他品牌一样是一种知识产权，通过注册原产地商标就可以得到《中华人民共和国商标法》的保护。在发达国家，农业集群是一种普遍存在的经济现象，很多农业集群都是基于其独特的地理人文特征而逐步发展形成的，并且已经具有很大的市场影响力。拿欧盟农业的发展情况来说，法国

---

① 张荣刚. 企业集群总体竞争力研究 [D]. 西安：西北农林科技大学，2005：21.

擅长生产小麦和与之相关的面包，比利时精于养鸡和产蛋，而丹麦在养猪方面很出色，荷兰专注于花卉和牛奶。这样精细的产业分工和所带来的专业化优势，就使得欧盟每一个国家都拥有一些具备国际竞争力的农业产业集群。

一、国外农业集群与区域品牌发展概况

传统农业是从铁器工具在农业中的使用一直到工业化以前的农业，大概经历了两千多年的时间，可以说基本上是自给自足的农业。真正意义上的农业集群是在商品经济发展到一定阶段才产生的，一些具有区域特色的农产品走向市场，部分农产品的生产经营实现了商业化运作。但农业集群的迅速和大规模发展还是在现代农业的产生之后。西方国家把现代农业经营称为"农业一体化"（Agricultural Integration）或"农业综合经营"（Agribusiness），它是农业发展到一定阶段的必然产物。农业一体化的定义和命名是在农业一体化的实践之后，1957 年美国哈佛大学工商管理学院的戴维斯（John M Davis）和戈尔德伯格（Roy A Goldberg）在 *A Concept of Agribusiness* 一书中将这种经营形式综合定义为"农业综合经营"（Agribusiness），简称"农工综合体"。按其实际内容，农业一体化是从供、产、销三方面将农业生产业务进行有机的结合或综合，它是实现农业现代化的有效途径。农业集群仍以家庭农场经营为主，通过农业生产的专业化和农业供、产、销相关组织彼此之间的密切协作，已形成广阔的需求市场，并建立了良好的市场声誉。发达国家农业集群现代化的发展是在第二次世界大战以后，采用现代科学技术把与农业有关的工业、商业、金融与科技等部门的经济技术管理同国家政策联系在一起，农业集群的生产力得以快速提升——农业集群经营主体的生产专业化、商品化、协作化、社会化程度不断提高，基本实现农业一体化。

从西方国家农业集群现代化的具体发展进程来看，19 世纪中叶，在资

本主义商品经济发展较早的西欧地区，如英国、德国、法国、荷兰、瑞典等一些国家的农民，为保护自身利益，抵御大资本对农业的侵蚀，减少庄园主与中间商的盘剥，就基于"自愿互利""社会公正"的宗旨，实行一体化经营，即采用联合起来的方式组织生产、加工和销售，并进行不断的扩展和延伸，逐步形成了地区性甚至全国性的农民联盟。北美和西欧地区的农业在 20 世纪 50 年代的时候，先后发展和推行了工业式养鸡的模式，要求在饲养的过程中，实现一体化经营，即做到饲料供给、兽医服务、屠宰加工与产品销售等环节和流程一体化协调发展。在美国就产生了"饲料公司+养鸡户"这种最早的农业一体化经营模式。饲养者主体和鸡场的生产结构由一体化公司决定与选择，不符合公司要求的生产者逐步被淘汰。在这种模式下，饲料公司与屠宰场主动与养鸡户签订产销合同，成了农业产业化经营的指导者和组织者，虽然鸡舍的所有者仍然是饲养户，但是饲料、鸡雏的供应，生产的调控以及产品的销售都是由屠宰加工部门负责。在养鸡业一体化的推动下，养牛、养猪，水果、蔬菜和谷物种植业等其他行业也相继实行了不同程度的一体化经营。

国外农业集群和品牌的建设，一般理论上，除了与天然的自然条件、地理环境等因素相关以外，其集群生产和品牌作用更主要与政府的推进措施相关。可以说，政府在推进农业品牌化中扮演着十分重要的角色。世界农产品出口大国政府经常采用建立专门的农产品品牌建设组织、树立国家形象、提供品牌出口信贷、签订各类双边及多边贸易协议等政策和措施推动本国农产品的区域品牌建设。

二、我国农业集群与区域品牌发展概况

在我国，农业产业集群也是普遍存在的社会经济现象。西湖龙井茶叶、赣南脐橙水果、新疆哈密瓜等都是久负盛名的传统农业集群品牌，除此之外，我国还有很多形式的知名农业集群。下面将通过对几个我国发展

得比较好的农业集群的介绍来展示我国农业集群及形成的区域品牌的发展概况。

（一）广东东安的农林牧渔产业集群

该地区以优势农产品的规模养殖和种植形成农业集群。该集聚区的优势农产品包括 18 种，涉及林果蔬产品、淡海水产品、特经产品、粮棉油产品和畜禽产品五大板块，其中有 1/3 的品类与国家对农业区划要求的主攻产品目标相衔接，有 2/3 的品类已融入了国际产业链，集聚区内注册有 45 件商标。

（二）广西贵县糖业集群

广西贵县（现改为名贵港市）是广西重要的糖生产基地，素有"甘蔗之乡"的美誉。围绕贵县的糖业资源，在政府的推动下，该县于 1956 年成立了广西贵县糖厂，后发展成为广西贵糖（集团）股份有限公司，贵县糖业在该集团公司为龙头的带动下获得了很大的发展。目前，贵糖集团拥有日榨万吨的制造厂、轻质碳酸钙厂、大型的酒精厂和造纸厂。同时，围绕贵糖集团，又发展起来了一大批为之服务的仓储、运输等企业，这些企业给蔗糖和其衍生品的深加工以及相关技术和原料的支持提供了一个良好的生产环境，促进了贵县糖业集群的形成和发展。目前广西蔗糖产业年产值达 80 多亿元，从种植面积到产量和销量均居全国前列，形成了我国有名的蔗糖产业集群。

（三）广东竹器编织产业集群

广东信宜市属于"八山一水分田"的山区，林木竹藤资源十分丰富，全市有 20 多万公顷山地，大部分的山地有自然生长可供编织的竹、木、藤、芒，可以说是取之不尽的自然资源。信宜市以竹器为主的纺织业具有悠久的历史，在明清时期民间便用竹子编织一些竹筐、竹箕等农用工具，当时以自产自销为主。竹器工艺品的规模生产，主要开始于 20 世纪 60 年代，当时以社队企业为主，产品限量出口。到了 20 世纪 80 年代初，信宜的竹器工艺品引起国际贸易界的关注，受美国、法国、日本邀请，中国贸易代表团曾于 1980 年率领信宜的竹编工匠到上述国家进行过竹编工艺表演，深受外宾的青睐。从此，信宜的竹器工艺品扬名欧洲、美国、日本等国家和地区。据统计，2003 年，信宜全市就有 1 000 多家中小型竹器编织企业，其中有 103 家企业具有自营出口权，全年的产值近 18 亿元，实现出口创汇近 2.18 亿美元。同时，竹编产业还可以有效地解决就业问题。竹编产业是劳动密集型产业，据 2003 年的调查，该产业带动了 10 多万农户 20 多万人的就业。广东竹器编织产业集群获得了较好的发展，时至今日，已基本形成了以信宜市怀乡、白石、东镇等镇为主体，以信宜市信昌林产工贸公司与万事实业有限公司为龙头的生产、加工、销售、出口一条龙的竹器编织产业集群。

（四）其他一些农业集群简介

在福建省，由于存在一些得天独厚的自然条件，厦漳闽台合作农产品加工产业集群发展势头迅猛，安溪茶业产业集群有 400 多家茶叶精制加工企业，每年可外销茶叶 7 000 多吨，实现创汇近 3 000 万美元，居全国首位；沿海的水产加工产业集群已有水产加工企业 1 200 多家，加工产值 131 亿元，位居全国第二；花卉、食用菌的产量分别占到福建省总产量的 1/2 和 1/3，2004 年的总产值就达到 130 亿元，形成了初具规模的农业集群。在云南省，昆明呈贡县已成为"中国花卉第一县"。该县具有占地 67 000 平方米的鲜花交易中心，已建成日拍卖鲜花量达 200 万枝的国际花卉拍卖市场，在国内形成了以花卉种植和销售为主的产业集群。在湖南省，从 2005 年开始重点培育全省现有和潜在经济总量过 100 亿元的优势产业链，着力打造六大农业产业集群。这六大产业集群分别是优质商品蔬菜产业群、稻米产业集群、优质柑橘产业群、家禽蛋品产业群、肉类奶业产业群以及名优水产产业群。在河北省，清河羊绒集镇的羊绒产量占到全国的 80%，初步形成以羊绒产品生产和销售为主的农业集群。在山东省，金乡县从古至今一直种植大蒜,在金乡县的530万平方千米耕地中有的330万平方千米都种了大蒜,每年有60万吨大蒜销往全国各地的蔬菜市场,还出口到100多个国家,出口量占全国大蒜出口量的70%,每年创汇数千万美元,被称为"中国大蒜之乡",形成了著名的大蒜产业集群。

从以上农业集群的发展情况来看,在我国,农业集群无论是在种植业、畜牧业,还是在林业及加工业等农业产业中都普遍存在。伴随着我国农业产业集群的不断发展,农业集群品牌也得到了一定的发展。集群内企业虽然一般规模不大,以中小企业为主,但是,集聚于一个或几个乡镇的众多企业总体情况良好,整体优势能得以有效发挥,因此,在国内外市场上很多集群的整体品牌已经得以成功塑造,如山东寿光的蔬菜集群、黑龙江的绿色食品集群、广西贵县糖业产业集群、广东东安的农林牧渔产业集群等。这些农业产业集群的发展以及其集群品牌的打响,促进了地方经济的发展和繁荣,有力地推动了农村的工业化进程。表3-3列示了目前我国比较有名一些农业集群及品牌。

表3-3　　　　　　　　　我国有名的农业集群品牌

地区	典型农业集群品牌
河北省	京东板栗产业集群
云南省	斗南花卉产业集群
北京市	怀柔板栗产业集群、平谷大桃产业集群
湖南省	湘西猕猴桃产业集群
湖北省	咸安苎麻产业集群
新疆维吾尔自治区	吐鲁番葡萄产业集群、库尔勒香梨产业集群
江苏省	宝应荷藕产业集群
山东省	寿光蔬菜产业集群、金乡大蒜产业集群、章丘大葱产业集群
浙江省	安吉白茶产业集群
宁夏回族自治区	宁夏枸杞产业集群

表3-3（续）

地区	典型农业集群品牌
甘肃省	兰州百合产业集群、定西马铃薯产业集群、庆阳黄花菜产业集群
内蒙古自治区	扎兰屯大米产业集群、扎兰屯葵花产业集群
陕西省	陕西苹果产业集群
四川省	峨眉山茶产业集群
福建省	安溪铁观音产业集群

第六节　我国近现代品牌企业发展简介

一、我国近代品牌企业发展

我国近代品牌企业的发展，是与传播科技在我国的广泛运用相联系的。报纸的大量涌现以及广播电台的诞生和发展，都使得品牌得以迅速地发展。

（一）我国近代品牌企业发展概况

1883 年，德国传教士郭士立在广州创办了商务性中文杂志《东西洋考每月统计传》，刊物的广告版或广告插页上经常刊载一些商业行情，但没有显著的品牌广告，直到 1853 年《遐迩贯珍》杂志在香港面世，品牌广告才正式登上"大雅之堂"。

鸦片战争后，中国门户洞开，开放了广州、厦门、福州、宁波、上海五个通商口岸，西方列强为了掠取利益，开始对中国进行政治控制和大规模的经济入侵。在此过程中，外国人为了达到摧毁我国的民族工业和民族品牌的企图，在我国的这些开放城市进行了大量的广告投放，于是我国近代的品牌经营现象首先在这几个口岸发展起来。当时投放广告的品牌中，以外商经营的"洋品牌"居多，如贾立费洋行、汇丰银行、大英火轮船公司、华英大药房等。

由于经济和技术的发展，当时品牌之间竞争非常激烈，香烟和药品领域的广告投放量是最大的。与此同时，品牌的载体也呈现多样化的趋势，扩展到了路牌、橱窗、交通工具、广播、霓虹灯等媒体。广播在品牌的传播和扩散中发挥的功能得到了广泛的认可，各大电台的广告业务量扶摇直上，由广播"捧红"的品牌也日益增多。

(二) 我国近代民族品牌企业的发展

随着近代中国商品经济获得一定程度的发展，中国的商家也开始逐步重视品牌的创建问题，并且产生了一些具有相当影响力名牌，如"茅台"酒、"青岛"啤酒、"同仁堂"药店、"全聚德"烤鸭、"王麻子"刀剪、"张小泉"刀剪、"盛锡福"帽店、"狗不理"包子等。这些名牌的产生是商品经济发展的产物，但大多以传统手工业为基础，与现代的名牌相比，它们的规模都不大，也没有进行现代经营管理。它们的出现为中国产品赢得了荣誉，有的至今在世界品牌市场上仍然有一席之地，有的为后来的现代品牌的发展提供了良好的基础。说到"中国名牌"，还有另一类与名牌相近的"中国名产"。它们好像是名牌，但又还没有发展到真正的名牌阶段。这类名产很多，如杭州西湖龙井茶、信阳毛尖茶、云南普洱茶、福建乌龙茶、江西婺源茶、道口烧鸡、德州扒鸡、江苏太爷鸡、小站大米、西府大米、玉泉大米、陕西红米等。之所以说它们好像是名牌，是因为它们的名声很大，在中国可以说是无人不知，在国外也是有所耳闻。说它们还不是名牌，是因为这些只是"名产"，它们落实的载体只是一种产品，而并非一个字号或一个商标，因此这些"名产"形成的知识产权没有明确地拥有主体。这种状况虽然为后来名牌的发展提供了一些条件，但同时也为后来的名牌发展埋下了一定的隐患，造成的知识产权不清的纠纷问题直到今天仍然没有很好地解决。

鸦片战争后，我国民族品牌在政治与经济上受到了双重压制。在此过程中，外国人为了摧毁我国的民族工业与民族品牌，大量投放广告，导致民族品牌发展非常缓慢。当时进行广告活动的品牌以外商经营的洋品牌为多，如华英大药房、大英火轮船公司、汇丰银行等。直到第一次世界大战时期，我国民族品牌才获得了一些短暂的机遇，有了一些发展，出现了一些诸如"三星牌"牙膏、"美丽牌"香烟等比较有名的民族品牌。抗战爆发后，为了挽救濒临灭绝的中国品牌，上海国货机制工厂联合会曾发起了一次规模宏大的保护民族品牌的"用国货最光荣"运动，并且在各种学生运动的浪潮中，也常常会听到"爱用国货，抵制美货"的口号。品牌第一次和我国的政治命运结合在一起，并正式成为了社会生活和国力象征的一部分。

二、新中国成立后品牌企业的发展

品牌的历史虽然悠久，但在我国的发展却十分缓慢。新中国成立前，由于连年的战争，导致经济凋敝、品牌发展受限。新中国成立初期，一大批品牌获得了新生，但是在"文化大革命"期间，刚刚兴起的品牌发展又几乎陷入了停顿。可以说，在改革开放以后，我国品牌才在真正意义上开始了大规模的发展。

（一）新中国成立到改革开放之前我国品牌企业的发展

在这个时期，品牌企业的发展虽然受到了计划经济体制的制约，20世纪50年代的社会主义改造时期对品牌的保护问题也有所忽视，但是随着经济的发展，特别是我国对外贸易的发展，品牌的发展在一些领域尤其是在轻工业领域，还是有所前进的。在一些老的品牌和名牌得到恢复和发展的同时，又出现了一些新的品牌和名牌。周恩来总理当时就亲自过问了很多名牌的恢复和发展问题。这个时期涌现和活跃着一大批名牌，例如，自行车中的"永久""凤凰""飞鸽"等九大名牌，饮料中的"北冰洋""正广和""崂山"等八大品牌，缝纫机中的"蝴蝶"，电视机中的"飞跃""金星""牡丹""北京"，冰箱中的"雪花"，汽车中的"红旗"，等等。这些名牌代表着当时生产的高水平和质量，不仅活跃了经济，满足了人民的需要，也为后来我国名牌的发展奠定了基础。当然，由于经济体制和经济水平的限制，这些名牌还不能说就是现代意义上的完全合格的名牌。

（二）改革开放时期我国品牌企业的发展

我国这个时期品牌企业的发展大体又可以分为四个阶段。第一个阶段，1979—1985 年，这是品牌启蒙阶段。1979 年初，广告业务开始在全国范围内逐步恢复，第一个在电视上投放广告的民族品牌是"参杞补酒"，"文化大革命"后第一个在媒体上投放广告的品牌是瑞士"雷达表"。但是在计划经济条件下，总的来说政府和企业往往都缺少品牌意识。在实施改革开放以后的一个相当长的时期内，仍然有很多企业没有自己的商标，或者即使设计了自己的商标但也没有去注册。据相关调查统计，20 世纪 80 年代初期，不注册自己商标的企业差不多达到了企业总数的 70%。在市场上，品牌也还没有引起消费者足够的重视。在短缺经济条件下，消费者很难确立品牌意识，因为在产品"有没有"和"够不够"的问题没有解决好之前，"好不好"的问题自然不会被提到优先的程度，因此品牌的问题也就不是大家所关心的，起码不是最关心的。

随着改革开放的深化，企业逐步成了自主经营、自负盈亏的市场主体，大家逐步感到了品牌对于市场竞争的必要和重要作用，于是，品牌意识和名牌意识在一部分企业中有所萌发，少数敏感者走在了发展品牌的前面，而多数人还处于正觉醒的阶段，整个社会并没有形成品牌的气候。

第二阶段，从 1986—1990 年，这是名牌的涌现阶段。我国轻工业经过 20 世纪 80 年代初期的大发展，市场上第一次出现了非常激烈的竞争，企业本能地感受到了品牌的重要性。以电扇行业为例，当电扇热销的时候，全国出现了 1 000 多家电扇厂；经过第一轮的竞争，淘汰了大多数电扇厂，剩下 200 多家电扇厂；经过第二轮竞争之后，全国只剩下 9 大家，这 9 家就成了当时的名牌。家电行业是我国名牌最多的行业之一，现在站得住脚的大品牌大都是在那时起步的。它们在激烈的竞争条件下从众多的品牌中脱颖而出，虽然当时它们的名气还不够大，但这个时期的发展为后来的大发展奠定了基础。

第三阶段，从 1991—1995 年，这是品牌的调整阶段。在这个时期，我国品牌经历了较大的市场调整和洗礼：有一批企业靠自力更生、艰苦奋斗，靠找准市场空隙而起步和发展，如"春兰"；也有一些企业通过引进外国先进技术，打响了自己的品牌，如"长虹"和"海尔"；还有些企业在竞争中失败，品牌也就随之失去光彩，如北京的"雪花"。

在此阶段，随着对外开放的扩大，国内外市场的进一步接轨，国外很多品牌特别是一些强势品牌都进入了中国市场。外国品牌进入中国市场的目的并不在于短期内销售额的提升，它们的目的是要长期占领中国市场，就必然会将竞争的矛头对准中国的民族品牌，希望能够控制它们、削弱它们以致消灭它们。因此，外国品牌和中国品牌特别是名牌之间，"吃掉和反吃掉""控制和反控制"的竞争是相当激烈的。

第四阶段，1996 年至今，这是强强争斗阶段。国内外强势品牌之间，特别是国内强势品牌之间的市场竞争日趋激烈。从市场上看，价格大战连绵不断、促销方式丰富多彩。

简单的历史回顾告诉我们，品牌成长和市场经济发展，特别是和市场竞争始终是紧密地联系在一起的。品牌战略是市场竞争的迫切需要，品牌竞争是市场竞争的重要内容，制定和实施品牌战略是在市场竞争中取胜的法宝。特别值得一提的是，我国近现代品牌企业的发展历程与我国政府对品牌的保护也是分不开的。我国在 1904 年（清光绪三十年）颁布了我国历史上第一部商标法《商标注册试办章程》，后来北洋政府、国民党政府又制定了若干个商标法。1949 年中华人民共和国成立以后，于 1950 年颁布了《商标注册暂行条例》，于 1963 年公布了《商标管理条例》及其实施细则，全国人大常委会于 1982 年通过了《中华人民共和国商标法》，1993年又对商标法进行了修改并予以重新公布，从而使商标制度在中国逐步建立并走上正轨，品牌的注册和管理也日臻完善。

根据本章对品牌起源与品牌企业发展历程的介绍，我们知道随着经济的不断发展，市场上供应的产品越来越丰富和多样化，产品所有者为确定自己产品的权属和便于消费者挑选的需要，品牌由此产生。并且得益于印刷术等传播技术的进步，品牌开始进行大众化的传播。随着生产力的进步、商品经济的不断发展以及交通运输条件的改善，大量的企业品牌和集群品牌得以形成和不断发展。在品牌企业的发展进程中，政府的帮助和支持起到了很大的促进作用，政府可以通过立法保障品牌企业所有者以及消费者的合法权益，可以通过制定相关的扶持政策和采取一些行政措施推动品牌企业的发展。从我国近现代品牌企业的发展历程来看，市场导向的改革是我国品牌成长的基础条件。同时，我们也能明白，品牌的产生以及品牌企业的发展又可以对区域经济的发展起到促进作用，增强企业的获利能力，推动农业产业化的发展，提升区域经济体的竞争能力。

第四章　品牌企业推动城镇
经济发展的机理分析

　　根据本书在第一章中对品牌企业研究范畴的界定，品牌企业包括企业品牌和由企业组成的企业集群品牌两种形态的品牌，其中企业集群品牌又可以分为两大类：一类是农产品区域品牌，在本书中我们将其称为区域品牌；另一类是企业集群品牌中的非农产品区域品牌，在本书中我们仍将它称为企业集群品牌或集群品牌。长期以来，学者们一般是立足于企业并以企业品牌为对象来分析其对城镇经济发展的促进作用，也有一些学者对由企业集群内诸多企业构筑而成的企业集群品牌推动城镇经济发展的现象进行了研究，但是鲜有在研究中将企业集群品牌区分为农产品区域品牌和非农产品区域品牌以及研究城镇经济发展对品牌化进程推进的文献成果。因此，要全面认识、分析品牌企业推动城镇经济发展的作用机理，就应该从品牌企业的视角出发分企业品牌、区域品牌以及企业集群品牌三个方面来探讨品牌企业对城镇经济发展的推动作用。本章也简要从城镇经济发展的视角来分析城镇经济发展水平对品牌化进程的推进作用，这是对品牌企业推动城镇经济发展机理分析的有益补充。另外，本章还运用新制度经济学的理论从制度视角分析品牌作为一种制度在降低城镇经济成本中的作用机理，这也是对以往在研究品牌促进城镇经济发展过程中主要强调品牌价值创造功能分析框架的有益补充。

第一节　品牌是降低城镇经济成本的有效制度安排

一、品牌作为一种制度形式产生的背景和前提

随着商品交换的出现及范围的扩大，商品提供者意识到有必要向其购买者明确其提供商品的生产者或出处，其目的在于使其产品区别于其他生产者，以便于提示消费者对其产品进行选择。简而言之，品牌是作为说明"某种产品与某经济体的权属关系"的方式而产生的。随着社会分工的进一步细化，科学技术不断进步，特别是近现代的几次工业革命和信息技术革命，生产力获得了突飞猛进的提高，市场竞争也变得更加激烈了。一方面，企业在竞争激烈的市场上的生存和发展变得愈加困难；另一方面，出于对利益的追求，一些在市场上声誉较好、利润较大的产品也极易被其他厂家所模仿甚至造假。为了在竞争中取胜、区别于其他产品以及不被仿冒，品牌就产生了，并逐渐发展成为一种受法律保护的契约形式，受到了企业普遍的重视，并成为企业竞争优势的重要体现和获取竞争优势的重要法宝。

品牌是社会经济发展到一定阶段的产物，但人们和企业开始有意识地研究品牌，并把品牌作为企业竞争的重要和必要武器可能还是在买方市场出现后，这种市场条件下很多商品的供给大于需求。当然，这并不是否定品牌在卖方市场条件下就没有塑造的必要，品牌会影响消费者的价值感知，在不存在竞争的情况下，消费者愿意为不同品牌的同种（类）产品支付的购买价格是有差异的。但一般而言，在买方市场条件下，企业的品牌建设则更显示其重要性和必要性，因为当供给小于需求时，卖方在市场上拥有主宰地位，各生产者主体之间就不存在严格意义上的竞争，而在买方市场条件下，产品总体上呈供大于求之势，在这种市场条件下同类产品同

时由众多的厂商推向市场，生产者彼此为了争夺市场往往存在着激烈的竞争。这样，消费者在商品的选择上就有很大的权利和自由，他们一般会就商品的质量、造型、功能、服务以及价格等多种因素进行比较和选择。这就会促使生产者不断地创新生产技术，改进和提高产品和服务的质量，努力培育出产品和服务的特色，以争取到消费者的青睐。特别是在商品经济非常发达，产品的生产技术趋于成熟，商品物质属性的雷同性越来越强的当今社会，仅仅通过价格优势来占领市场，取得相对于竞争对手的优势几乎是不可能的。这就要求企业实施差异化战略，塑造品牌。品牌不仅具有功能价值，还具有社会情感价值，可以体现消费者的个性、增加消费者的认同感以及代表经营者的信誉。这就使得品牌成为塑造产品差异化的重要途径。正是品牌的这些特殊功能，造就了其在买方市场中的重要作用，而又正是买方市场激烈的竞争状况和消费者需求的多样性，促成了品牌的产生和发展。

二、品牌的制度分析

（一）品牌的本质是契约

品牌可以给消费者传递产品来源及其生产者的相关信息，通过品牌，消费者可以更好地挑选出值得信赖的生产者和分销商，愉快地消费。消费者通过品牌产品的各项营销活动，或根据以往和品牌产品打交道的经历和体验，对市场上提供的品牌产品在满足自己需求的能力强弱上有一个比较好的了解。于是，品牌就成了消费者用以判断产品质量和产品能否满足自己需求的一种简单的工具和评判标准。因此，品牌反映了消费者和企业之间的关系，是一种联结消费者和企业的重要契约形式。

制度通过提供一系列规则界定人们的选择空间，约束人们之间的相互关系，从而减少环境中的不确定性，达到减少交易费用、保护产权、促进生产性活动的目的。对制度的构成或制度结构的剖析是制度分析的基本理论前提。新制度经济学认为，制度由社会所认可的非正式约束、国家规定的正式约束以及制度的实施机制所构成，这三个部分是制度构成的基本要素。契约视角的品牌也由非正式的契约、正式的契约以及契约的实施机制所构成。其中对于非正式的品牌契约，学者们多从心理契约的角度切入分析；对于正式的品牌契约，一般由国家相关法律法规以及企业对消费者的正式承诺构成；对于品牌契约的实施机制，可从消费者投票、企业驱动以及国家管制三个层面进行分析。

1. 非正式的品牌契约

对于非正式的品牌契约，学者们多从心理契约的角度进行分析。学术界大多认为阿吉里斯（Argyris，1960）最早将心理契约这一概念引入研究领域，他在其著作《理解组织行为》中，采用"心理契约"对雇员和雇主之间的关系做了进一步说明。该概念认为在组织中员工和雇主的相互关系除了正式的雇用合同约定的内容外，还存在着非正式的、未公开说明的、隐含的相互期望，它们都是影响和决定员工行为的重要因素。① 沙因（Schein，1965）认为心理契约对理解与管理组织行为很关键，提出心理契约是个人和组织间的一系列期望，虽然这些期望没有形成正式的协议，但却对员工和组织的行为决策起到很大作用。② 科特（Kotter，1973）对心理契约进行了定义，认为心理契约是一种隐含契约，它对个人与组织之间的期望进行了界定，规定了双方所能给予和所能接受的一些东西③。心理契约和期望两个概念的意思并不是完全一致的，心理契约不仅具有期望的性质，还包括有对责任与义务的承诺和互惠互利等意思。卢梭（Rousseau，1989）认为契约属于期望的范畴，但并不是所有的期望都能归属于契约的范畴，并对心理契约进行了定义，认为心理契约是个人跟其他方彼此进行

---

① Argyris C. Understanding Organizational Behavior [M]. Illinois: Dorsey Press, 1960.

② Schein E H. Organizational Psychology [M]. New Jersey: Prentice-Hall, 1980.

③ Kotter J P. The psychological contract [J]. California Management Review, 1973, 15 (3): 91-99.

互惠交换的协议条款与条件的信念①。卢梭（Rousseau，1990）进一步对心理契约做出了更狭义的定义，认为心理契约就是雇员与雇主之间相互义务的感知②。

根据社会交换理论和互惠原则，我们可以在其他一些涉及互惠交换的情境中运用心理契约理论及相关研究成果。例如，游士兵等（2007）用消费者与品牌替代心理契约概念中的雇员与雇主两大主体，并根据卢梭提出的心理契约定义，认为品牌关系中的心理契约可以理解为消费者对自己和品牌之间义务的感知与信念③。在品牌关系情景下，消费者心理契约的基本内容就是品牌对消费者做出的明显的或暗含的承诺，这种承诺与消费者的理解相结合就形成了一种品牌与消费者之间的契约关系。因此，在品牌关系里，消费者的心理契约概念可被定义为消费者对品牌给其所承诺的责任与义务的感知与信念。具体而言，在品牌关系里消费者心理契约的形成是基于品牌传递给消费者的承诺信息以及在消费者的信念中感知到的品牌对消费者承担的责任与义务。这些责任与义务既包括正式约定过的，也包括没有正式约定但按常理消费者认为品牌应该承担的责任与义务，但通常只有品牌所提供的承诺（包括明显的和隐含的）能让消费者感知到的期望才能构成心理契约。对于品牌关系里消费者心理契约内容的研究，罗海成（2005）在营销情境中对心理契约的维度进行了验证，结果显示营销情境中的心理契约也可以分为交易心理契约与关系心理契约两个方面④。游士兵等（2007）从交易心理契约与关系心理契约两个方面进一步对营销情境中消费者与品牌关系的消费者心理契约内容进行了验证，得出品牌关系里

① Rousseau D M. Psychological and Implied Contracts in Organization [J]. Journal of Employee Rights and Responsibilities, 1989, 2（2）: 121-129.

② Rousseau D M. New Hire Perception of Their Own and Their Employer's Obligations: A Study of Psychological Contracts [J]. Journal of Organization Behavior, 1990, 11（5）: 389-400.

③ 游士兵，黄静，熊巍. 品牌关系中消费者心理契约的感知与测度 [J]. 经济管理，2007（22）.

④ 罗海成. 营销情境中的心理契约及其测量 [J]. 商业经济与管理，2005（6）.

的消费者心理契约内容如图 4-1 所示。①

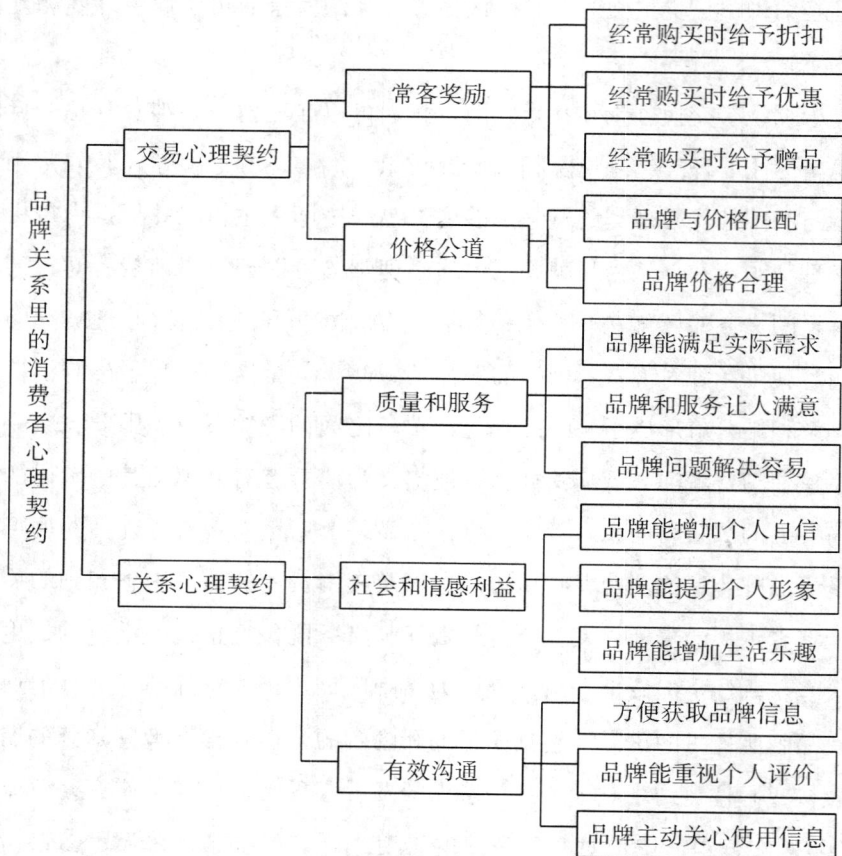

```
品                   ┌─ 常客奖励 ─┬─ 经常购买时给予折扣
牌      ┌─ 交易心理契约 ─┤           ├─ 经常购买时给予优惠
关      │              │           └─ 经常购买时给予赠品
系      │              └─ 价格公道 ─┬─ 品牌与价格匹配
里      │                          └─ 品牌价格合理
的      │
消      │              ┌─ 质量和服务 ─┬─ 品牌能满足实际需求
费      │              │             ├─ 品牌和服务让人满意
者      │              │             └─ 品牌问题解决容易
心      └─ 关系心理契约 ─┼─ 社会和情感利益 ─┬─ 品牌能增加个人自信
理                     │                  ├─ 品牌能提升个人形象
契                     │                  └─ 品牌能增加生活乐趣
约                     └─ 有效沟通 ─┬─ 方便获取品牌信息
                                   ├─ 品牌能重视个人评价
                                   └─ 品牌主动关心使用信息
```

图 4-1　品牌关系里的消费者心理契约内容结构

2. 正式的品牌契约

正式的品牌契约，一般由企业对消费者的品牌承诺以及国家的相关法律法规构成。

―――――――――

① 游士兵，黄静，熊巍. 品牌关系中消费者心理契约的感知与测度 [J]. 经济管理，2007 (22).

（1）品牌承诺

品牌承诺是一个品牌给予消费者的所有保证。一个品牌对消费者承诺的内容可以很好地反映一个企业的经营理念。一般而言，品牌承诺包含了产品承诺，但其内容又高于或比产品承诺更丰富。从产品整体概念的五层次论来看，一个产品整体应该包括核心产品、形式产品、期望产品、延伸产品、潜在产品五个层次的产品形态，一个产品的承诺应该包括这五个方面的标准。

企业的经营理念可以通过其品牌对消费者的承诺内容反映出来；企业决策者超越产品的品牌规划能力和对企业未来的规划能力，可以从其品牌的定位与终极追求中反映出来；而品牌对消费者做出的品牌承诺同样可以直观地通过品牌面向公众的广告用语得到反映。因此，要了解一个企业在品牌规划与建设方面的能力和过程，就可以通过持续跟踪其品牌广告用语的变化过程得以知晓。

品牌承诺可以为企业塑造独有的企业精神面貌，树立企业良好的形象和为企业的发展方向导航。品牌的本质代表了企业对交付给消费者的产品属性、利益、文化和服务等的一贯承诺，因此企业愿意和能够给予顾客的产品属性、利益、文化和服务等内容就对其品牌承诺的内容具有决定作用。品牌承诺的规格和形式非常灵活，承诺的表达可以用一句话，也可以归纳为几项要点或详尽的细节表述。但是，要特别注意品牌承诺的准确性与诚意，承诺的准确性与诚意相对它的形式来说要更为重要一些。另外，在制定品牌承诺的时候必须符合品牌所服务顾客所在地区的社会道德与法律法规，确保品牌承诺能得到顾客的认可和受到社会的认同。同时，必须切实保障品牌承诺由内到外落到实处，要使品牌承诺能为员工带来启发和推动——只有满意的员工才能带来满意的顾客，并最终落实品牌承诺。

（2）国家法律层面对品牌与消费者权益的保障

法律是国家权力机关制定的行为规则的总和。法律按照它的表现形式，一般可分为国内法和国际法、根本法和普通法、实体法和程序法、成文法和不成文法几个类别。法律为品牌与消费者权益提供基本的保障，任何品牌承诺都应该符合品牌所服务顾客所在地区的法律法规。任何品牌与消费者之间难以调解的权益纠纷问题都要诉诸法律途径加以解决，法律在涉及保障、调节、解决品牌与消费者权益方面的条文都可以理解为是正式的品牌契约。在现代市场经济中，直接对品牌问题进行详细规定的法律是商标法。商标法是确认商标专用权，规定商标注册、使用、转让、保护与管理的法律规范的总称。品牌法的作用主要是加强商标管理，保护商标专用权，促进商品生产者与经营者保证商品与服务的质量，维护商标信誉，以保证消费者利益，促进市场经济的健康、有序发展。

3. 品牌契约的实施机制

品牌契约的实施机制，可以从消费者投票、企业驱动以及国家管制三个层面来分析。

（1）消费者投票

在市场经济条件下，交换是自由的，消费者可以自由地选择他们喜欢的产品，特别是在买方市场条件下，消费者的需求对市场具有主导和决定作用，如果某品牌给消费者的承诺无法兑现或者损害了消费者的利益，消费者就不会对该品牌投票，那么该品牌终将面临无需求的局面。但在现实生活中，有些企业向消费者做了许多承诺，如百分百服务、彩虹服务等，但如果产品在使用中真正出现了质量问题，顾客需要退换或维修的时候，很多企业可能会找出种种理由加以拒绝，因此，现实情况大都是承诺容易兑现难，很多企业不能很好地为顾客解决问题。要让企业兑现品牌承诺，核心是要让企业树立正确的品牌塑造意识——企业练好内在的基本功是最重要的，要在保证产品与服务质量的基础上，进行品牌的宣传和承诺，倘若做不好这些，品牌的承诺就很难兑现。在品牌打造的过程中，要有足够的细心和耐心，绝不能产生丝毫的浮躁情绪，不能好大喜功，急于求成，要通过各种渠道多和消费者沟通，多关注消费者的价值诉求，切实满足他们的需求，只有这样，才能让品牌被消费者所青睐，享有更高的美誉度、忠诚度。

（2）企业驱动

品牌的打造和运用能给品牌的拥有者和品牌的其他利益相关者带来了巨大的经济和社会利益。商品经济发展到一定阶段就产生了品牌，人们最初使用品牌是为了使自己生产的产品便于购买者识别。随着近现代商品经济的快速发展，品牌受到世界各国企业的重视，得以迅速发展。品牌是企业塑造形象、提高知名度和美誉度的基石，经过注册之后的品牌可以受到法律保护，是企业的一种专有资源，如果发现冒牌商品就可依法追究其责任，并进行索赔，因此，可以有效防止他人损害品牌的声誉或非法盗用品牌。如果不进行品牌注册，品牌就不能受到法律保护。在产品同质化的今天，为企业和产品赋予个性、文化等许多特殊的意义，有利于在产品销售中使消费者熟悉产品，激发购买愿望。消费者选择商品时的一个重要依据是品牌效应，从现实而言，消费者在购买时不可能都先进行尝试。一个品牌如果具有较高知名度和美誉度，即便是消费者没有使用过，也会因品牌效应而购买。而品牌效应的产生一方面需要经营者自身的宣传，但更重要的来源是其他消费者对品牌的认可。总的来说，品牌是企业的一种重要无形资产，它所包含的价值、个性、品质等特征都能给产品带来重要的价值。即使是同样的产品，贴上不同的品牌标识，也会产生悬殊的价格。因此，企业有必要主动培育品牌，改造品牌契约。

（3）国家管制

品牌契约的保障和顺利实施离不开相关政府机构的管制和参与。在我国，有两种类型的政府行政部门保护消费者权益，它们分别是行政执法机关和行业主管部门。负责消费者权益保护的行政执法部门主要有：①卫生监督部门。该部门管理的范围与消费者密切相关，涉及饮食卫生、医疗、保健等许多方面。②质量技术监督部门。它的业务工作直接关系到消费者的人身和财产安全，是对质量、标准化和计量等进行统一管理的政府职能部门，也承担着保护消费者合法权益的重要职责。③工商行政管理部门。它是国家综合性的经济监督管理部门和行政执法机关，并依照《中华人民共和国消费者权益保护法》，查处和制止侵犯消费者合法权益的行为，维护消费者的利益，主要负责市场监督、企业登记注册、个体私营经济、经济合同、商标、广告和一些其他经济监督，如制止各种不正当的竞争行为等。④出入境检验、检疫部门。该部门的主要职责是对进出口商品依法实施检验，以保证进出口商品的质量。有关的行政执法机关均应依法切实采取有效的措施，保证消费者的合法权益不受到损害。对消费者权益进行保护的行业主管部门，主要用来强化对有关消费者权益保护的服务职能，履行对所属行业的经营者进行监督和管理的职责，对已经出现的问题进行积极的调查处理，以防止损害消费者利益行为的发生。

总的来说，品牌契约是权利和利益相结合而形成的。对消费者而言，品牌产品能给其带来利益和效用。品牌产品对消费者需求的满足包括两方面：一是能针对消费者的功能需求或物质需求创造出品牌的功能价值，二是能针对消费者的社会情感需求创造出品牌的情感价值。对于企业来说，品牌产品的利益主要是通过品牌的成功塑造，给企业带来持续的收益。从本质上来说，企业获得的持续利润是来源于顾客的忠诚，即消费者对品牌的重复选择。只有消费者从内心认可和喜爱某品牌，消费者才会长久地忠诚于该品牌，因此，顾客忠诚实际上也是一种消费者对品牌做出的承诺。因此，品牌特别是强势品牌能给企业带来巨大的无形资产，企业可以凭借品牌获得巨大的资本。

（二）品牌契约的不完全性及其治理

消费者与品牌是品牌契约的主体。从消费者的角度来看，消费者对品牌产品能否满足自己的需求具有完备的信息，然而对于企业而言，对这些信息的掌握是不完全的，特别是对于消费者的情感效用，企业是很难完全把握的。所以根据委托-代理理论，实际上品牌可以被看成是体现消费者与企业之间委托-代理关系的不完全契约。企业具有品牌产品的完备信息，而消费者对品牌产品的信息是不完备的，因此从这个角度来看，消费者是委托人，而企业是代理人。情感效用对于促进消费者重复购买和形成顾客忠诚是非常重要的，因此为了满足消费者的情感需求，企业会采取尽可能完美的营销策略，从这个角度来说，企业是委托人，而消费者是代理人。

在这个消费者与企业互为委托-代理关系的不完全品牌契约里，只有拥有完全信息的一方拥有剩余权，才能起到激励作用。从图 4-2 我们可以看出，消费者从自己拥有完全信息的角度享有品牌效用的剩余索取权与剩余控制权，在此处，品牌提供给消费者的功能效用可以被看成是品牌效用的剩余索取权，而品牌带给消费者的情感效用可以被看成是品牌效用的剩余控制权，并且消费者同时也享有部分的品牌剩余控制权，即消费者可以通过自己对品牌采取相关行为或干脆通过"买"与"不买"来对品牌施加影响；对于企业来说，企业从自己拥有完全信息的角度享有品牌的剩余索取权与剩余控制权，同时享有部分品牌效用的剩余控制权，即企业可以采取相关措施来影响品牌带给消费者的情感效用①。

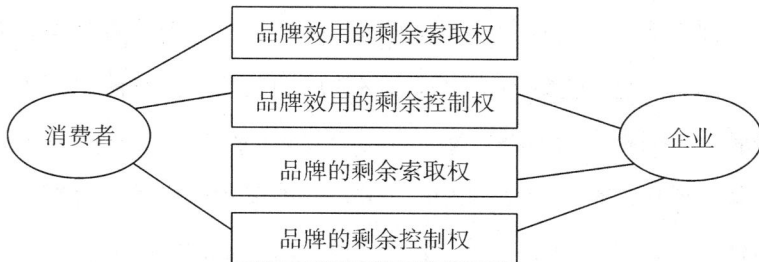

图 4-2 品牌契约治理关系中剩余权的分配

---

① 刘华军. 品牌的契约性质：品牌契约论 [J]. 太原理工大学学报（社会科学版），2006（3）.

　　对于品牌契约的安排，品牌效用中的功能效用和情感效用是不能分离的，消费者必须向企业进行购买以获取品牌效用的剩余控制权。消费者需要额外出资才能取得品牌效用的剩余控制权，因此，相对于无品牌的产品和一些同类产品而言，消费者往往愿意为自己喜爱的品牌产品支付更高的价格，以获得完整的品牌效用。这也就是品牌产品特别是强势品牌能获得品牌"溢价"的原因所在，品牌的提供者因为品牌的"溢价"才能比其他同类厂商获得更高的利润。不过，由于买方市场的形成，消费者不需要付费也可以获得品牌的部分控制权，"可口可乐"的案例很好地说明了消费者可以实施其拥有的部分品牌剩余控制权，它的配方改变后曾经引起了美国消费者的强烈不满，在消费者的抗议和指责声中，可口可乐公司不得不恢复老款可乐的生产。对于企业而言，要做的就是满足消费者的需求从而引导消费者运用其掌握的品牌剩余控制权做出对企业有利的决策。

（三）消费者的信任是品牌契约建立的基础

　　品牌契约得以建立的基础从本质上来说是消费者对品牌的信任。消费者因对品牌的忠诚而产生的连续性交易来源于消费者对品牌的信任，没有这种对品牌的信任，连续性的交易与消费者对品牌的忠诚就会中断。品牌是企业对消费者做出的承诺，品牌在企业与消费者之间的关系中能起到保证作用，即企业应向消费者承诺自己提供的品牌能给消费者带来相对于其他竞争者的差异化或更好的功能和情感效用的满足，而且能够真正履行好对消费者做出的承诺。如果品牌能得到消费者的认同，进而得到消费者的信任，就会增加消费者重复购买的概率，使消费者产生品牌忠诚。如果消费者信任并忠诚于某品牌，就意味着他们相信该品牌会在未来有良好表现，会保持产品的一贯性能，提供合理的定价、分销、促销计划与行动。因此，从企业的角度来看，品牌这种无形资产形成的基础是源于消费者对品牌的信任，而一旦消费者喜爱和信任一个品牌，对其产生了较高的品牌忠诚度，就能给品牌所属企业带来可观的收益与利润。

三、基于品牌契约的城镇经济成本降低机制

（一）品牌契约可降低交易成本

交易费用是一切鲁滨孙经济中不存在的费用，是由交易而产生的一种非生产性成本。降低生产者与消费者之间的交易成本是品牌商品的重要功能，这也是品牌产生的经济根源之一。通过成功的品牌运营建立的企业与消费者之间牢固的品牌契约，在避免繁杂的关于产权界定与价格谈判能起到重要作用，为发现交易对象和进行交易对象的选择营造了良好的平台，有效地保障了交易契约的执行与监督，从而可以使交易费用得到有效地降低。我们可从消费者和生产者两方面对品牌契约降低交易成本的机制进行详细分析。

1. 品牌可降低消费者的交易费用

通常情况下，在交易中，卖方对自己所提供的商品与服务的知晓程度要大大高于买方，这就造成了对消费者不利的信息不对称局面。因此，对消费者而言，信息缺乏是导致交易难以顺利进行的重要障碍。由于交易双方各自掌握的信息不对称，交易双方之间信息的沟通需要耗费大量费用，导致交易成本上升。在交易过程中，相对于拥有产品与服务完全信息的生产者来说，消费者往往要承担着更多的交易成本。通过降低消费者在交易过程中过高的交易成本从而增加顾客价值，更好地促成交易，能够为品牌的产生与发展提供了广阔的经济空间。

从现实的经济活动来看，之所以要设立制度，包括产权的选择以及合约的签订等都是为了能够节约或期望能够节约交易成本而由各方博弈出的结果。于是，品牌作为一种能协调生产者和消费者之间利益关系的调和器产生了。在产品市场上，品牌作为一种市场交易的媒介，使交易双方能简洁地实现信息交流，从而有助于实现市场交易，更好地得到价值保证和获取利润。品牌在生产者有目的的推介、展示以及在被消费者的多次选择与

比较中，最终为生产者和消费者两者达成共识。这种共识从本质上来讲就是基于品牌而形成的契约关系。品牌的出现，将品牌及所属载体的相关信息通过简洁的表达和行为尽量让消费者知晓，因此购买者可根据品牌提供的信息降低"搜寻成本"——一种消费者的交易成本。

2. 品牌可降低生产者的交易费用

品牌的产生与存在，在于它可以从整体上降低交易成本。在品牌创建的初期，消费者交易成本的降低往往需要以生产者交易成本的增加为代价。这是因为，生产者为了使其产品能够经受住消费者的比较与鉴别，并获得消费者的认可，它们需要支付很高的管理成本来确保产品的质量，需要花费更多的契约成本来获得优质的原料，此外，还需要付出比较高的销售成本来推广和宣传产品。但当品牌已经成功建立，进入维系阶段时，这种情况就会发生改变，这时品牌就会给交易双方带来更为明显的收益。健全的品牌管理体系和交易的规模效益可以给企业带来管理成本的节约，同时，与原料供应商和销售商的稳定关系也可以减少契约费用与信息费用，此时，生产者和消费者在交易成本上就能达到一个比较低位的均衡。在市场经济条件下，竞争日趋激烈，产品同质化日益严重，生产者对消费者施加影响以获得价格上的差别变得越来越困难，而能获得持续竞争优势的企业基本上都是通过高质量的产品、优质的服务以及良好的声誉来降低消费者的交易成本，并进而获得交易的规模收益。因此，交易成本的整体下降，是品牌的价值所在。根据威廉姆逊的理论，交易发生的频率是影响交易费用的重要因素之一。经过前面的分析，我们知道品牌作为一种契约关系在很大程度上增加了交易的稳定性与延续性，强势的品牌促进了交易次数的增加，这样，创建品牌的成本就被分摊到很多次的交易中，从而降低了生产者创建和使用品牌的成本。

(二) 品牌契约可降低消费者的选择成本

从品牌契约可降低区域经济成本的角度来看，品牌契约除了可以降低交易成本，还可以降低消费者的选择成本。孙曰瑶、刘华军（2006）认为选择成本是顾客在选购需求的时候，需要投入的时间费用与精神费用①。这里的时间费用就是消费者选购、鉴别自己需要的商品所花费时间折算成的收入损失；精神费用就是消费者因为选购商品所引起的精神压力和紧张感。刘华军（2007）进一步将选择成本界定为在消费者通过交易费用获取一组品牌信息后，从其中选择一个品牌所需花费的成本②。根据品牌经济学第二定理③——在选择成本为正的情况下，品牌是重要的，不同的品牌强势程度会导致不同的选择效率。可以知道，在降低消费者的选择成本与交易风险方面品牌契约起到了重要的作用。品牌对消费者选择成本的降低是通过改变品牌的信用度而起作用的，品牌通过逐步取得消费者的信任，慢慢与消费者建立起稳定的契约关系，一旦品牌取得了消费者的高度信任，就可以极大地降低消费者的选择成本。消费者选择成本的降低就意味着顾客价值的增加，此时，消费者的购买忠诚度就会自然地获得提升。

四、基于"制度变迁-经济绩效"视角的品牌创新与完善

（一）基于"制度变迁-经济绩效"视角的品牌形成机理

制度在社会中具有更为基础性的作用，它们是决定长期经济绩效的根本因素④。制度提供基础的结构，它与所采用的技术一起，决定了交易费用的形成和转型成本，进而决定了从事经济活动获利的可能性和可行性。人类历史是一个渐进的制度演化过程，制度将过去、现在与未来连接在一起，人们通过制度来创造秩序，以减少交换中的不确定性。制度是理解政治与经济之间的关系以及这种相互关系对经济成长（或停滞、衰退）影响

---

① 孙曰瑶，刘华军. 经济永续增长的品牌经济模型 [J]. 福建论坛（人文社会科学版），2006（2）.

② 刘华军. 新制度经济学与品牌经济学分析范式的比较研究 [J]. 天府新论，2007（5）.

③ 刘华军. 新制度经济学与品牌经济学分析范式的比较研究 [J]. 天府新论，2007（5）.

④ 道格拉斯·C. 诺思. 制度、制度变迁与经济绩效 [M]. 杭行，译. 上海：格致出版社，2008：147.

的关键，并且在这一过程中，历史上的经济绩效只能被理解为一个连续过程中的一个个片段①。制度变迁的来源有两种：一种是相对价格的变化，另一种是偏好的改变。相对价格的变化可以改变个人在人类互动中的激励，相对价格的根本性变化是制度变迁的最重要来源。制度变迁的来源，如要素价格比率的变化（即土地-劳动、劳动-资本或资本-土地等比率的变化）、信息成本的改变、技术的变化（包括重大的、重要的军事技术）等，皆属于相对价格的变化。这些相对价格的变化，有些是外生性的，但其中的大部分是内生性的，反映了企业家（政治的、经济的和军事的）持续的最大化努力，并进而引致制度变迁②。

制度变迁的过程可以表述为：一种相对价格的变化使交换的一方或双方（不论是政治的还是经济的）感知到：改变协定或契约将能使一方甚至双方的处境得到改善，因此，就契约进行再次协调的企图就出现了③。因此，可以说制度的制定与形成是由它的成本收益情况决定的，品牌这一契约形式的产生与变迁也是建立在对其成本收益比较的结果基础之上的。品牌净收益（品牌收益与成本的差额）的多少决定了其存在的可能性和发展的空间。品牌的净收益应该从两方面来理解：一是从生产者角度来理解，生产者重视品牌并对品牌进行持续的投资和建设的关键在于其对品牌净收益的良好预期；二是从消费者角度来理解，消费者选择某品牌产品的原因在于该品牌产品相对于无品牌产品或其他同类品牌产品而言能给其带来具有竞争力的净收益。品牌可给交易双方带来的制度收益主要表现在以下两方面：

---

① 道格拉斯·C. 诺思. 制度、制度变迁与经济绩效 [M]. 杭行，译. 上海：格致出版社，2008：162.
② 道格拉斯·C. 诺思. 制度、制度变迁与经济绩效 [M]. 杭行，译. 上海：格致出版社，2008：115-116.
③ 道格拉斯·C. 诺思. 制度、制度变迁与经济绩效 [M]. 杭行，译. 上海：格致出版社，2008：119.

1. 品牌能有效减少市场中的道德风险

交易过程中由于生产者相对于消费者来说拥有更为完全的信息，使得一些生产者有机可乘，往往会以较高的价格出售一些低品质的产品或做出其他一些欺诈消费者的事情来，从而造成社会财富和他人财产、生命的损失。品牌的产生和存在可以有效地减少这一问题的出现，品牌所有者（高品质产品）的收益可以通过诚实交易得到保障，而欺诈者的欺诈成本大于从欺诈中获得的潜在收益，特别是在信息化和网络化高度发达的现代社会，欺诈者一旦被发现将会无处藏身。

2. 品牌能有效防止市场中的逆向选择

在信息不对称的条件下，由于买方难以确定每个产品的具体质量，因此低品质的产品很可能会随高品质的产品一起销售。在消费者很难确定产品信息的情况下，选择价格低廉的商品就是理性的选择。这样，市场上就会最终出现劣质产品驱逐高品质产品的"柠檬"问题。显然，消费者的"逆向选择"会使高品质的商品面临从市场上消失的威胁，这就导致一方面偏好高质量产品的消费者无法得到满足，另一方面也会导致生产高质量产品的生产商的倒闭。为了避免这一问题，提升市场效率，就需要设计出一套畅行于生产者和消费者之间的契约安排与市场惯例来对具有不同质量的商品进行甄别。于是，品牌作为一种能提供和甄别供给方与需求方信息的载体就产生了。品牌能为消费者提供做出选择所需要的有效信息，从而能有效地防止逆向选择。

（二）基于"制度变迁-经济绩效"视角的品牌发展分析

品牌从最初用以识别产品的简单标志与符号发展到今天的品牌契约形式经历了一个漫长的过程。在这个漫长的过程中，品牌契约的发展大体可归纳为两个方面：一是消费者在品牌契约中的地位和作用越来越重要；二是品牌契约所覆盖的消费者范围越来越广，有些甚至扩展到了全球范围。在供小于求的短缺经济时代，消费者基本没有多少挑选和衡量的余地，消费者关注的是能不能买到自己所需要的产品，因此，消费者的选择相对简单，并且在选择过程中消费者一般只关注产品的功能。此时，在品牌契约中往往是生产者居于主导地位，消费者处于被动的接受地位。随着经济的发展，出现了供大于求的买方市场，特别是在竞争激烈的市场条件下，琳琅满目的商品多得让消费者难以选择，此时，生产者不得不开始重视消费者的需求，很多生产者开始站在创造顾客价值，甚至站在创造顾客终身价值的角度来满足消费者的需求。此时，在品牌契约中，消费者开始居于主导地位，生产者需要以消费者的需求为中心为消费者创造优于或特色于竞争者的品牌产品，才可能被消费者所选择。在品牌选择的过程中，消费者在关注产品功能价值的基础上，更加关注产品的情感价值，此时，品牌就越来越受重视，成了体现产品功能和情感价值的一个综合性符号。另外，随着技术的进步，产品的生产费用与交易费用都得到大幅度的降低，为品牌产品的全球化销售提供了可能。通过大众传媒工具，全世界的消费者可以同时或随时观看到品牌产品的广告，并能很便捷地表达出他们的品牌诉求。众多跨国公司的出现，能够快速地为全球消费者提供产品和服务。因此，现代品牌契约覆盖的消费者范围也越来越广，这使得企业创建品牌的成本被极大地分摊，很多品牌的收益甚丰，品牌本身也就具有了巨大的价值（如可口可乐）。

第二节　企业品牌对城镇经济发展的推动机理分析

一、品牌可增值和吸纳、积聚资本要素

（一）品牌资本及价值增值性

资本产生的历史前提是商品的生产与发达的商品流通体系产生。货币既是商品流通的产物，又是资本的最初表现形式。马克思曾指出："商品

流通是资本的起点。商品生产和发达的商品流通，即贸易，是资本产生的历史前提。"① 资本是在商品生产与商品流通中逐步发展起来的，只有在商品生产与商品流通发展到一定阶段的时候，资本才会产生。因此，资本是商品经济高度发展的产物。初始的资本含义往往是指能够增利生息的物质资本和金融资本。根据对资本主义工业革命开始后的资本理论的梳理，人们对资本的表述大概有三种不同的表达方式：一是从增值和获利的角度来对资本进行界定，典型的代表如 19 世纪苏格兰经济学家麦克鲁德。他提出了资本是可以用货币来计量的，并可通过买卖和交换实现价值增值的物品的相关观点。二是从财富获取手段的角度来界定资本，典型的代表如奥地利经济学家庞巴维克。他认为："一般来说，我们把那些用来作为获取财富手段的产品就叫作资本。"三是从生产要素的角度来界定资本，典型代表如美国经济学家萨缪尔森。他提出了资本是一种生产要素，并认为资本这种生产要素是一种经济产出的耐用投入品的观点②。

　　资本既包括物质形态的资本，也包括非物质形态的资本。资本形态的划分是根据生产力发展的状况，以各种资源在产业发展中的主导地位情况来进行分类的。从资本的载体形态或价值表现形态来看，有些资本是物质生产过程的结果，体现为物的价值体，是物质资本；有些资本则不是由物质生产部门创造的，其形态为非物质的，是无形资本。资本的常见形态有物质资本（又可分为生产资本、商品资本等）、虚拟资本（又可以分为货币资本、证券资本、金融资本等）、人力资本（又可以分为技术资本、知识资本等）与社会资本（以制度、网络、信任等社会资源的形式存在）等。获利性是资本的天然功能，不论资本的形态和所在的社会经济制度是怎样的，都以获利为目标。资本处于不断地运动之中，资本的获利和增值通过资本市场的竞争体现出其活力，在这一过程中资本不断变换其形态以

①　马克思. 资本论：第 1 卷 [M]. 北京：人民出版社，1975：167.
②　何娟. 品牌资本运营论 [D]. 成都：四川大学，2005：24-25.

进行循环与周转。

品牌是企业在长期的品牌培育和运营过程中形成的一种无形资本。企业在长期的经营活动过程中为了能与消费者建立良好的品牌关系，投入了大量的人力、物力、财力。通过品牌的塑造可以使消费者对品牌形成独特的认知与理解，从而使企业的产品或服务区别于市场中其他竞争对手的产品或服务，并通过品牌的知名度、美誉度、忠诚度来获取产品的赢利能力，实现品牌资本的增值功能。一般认为，品牌是企业的重要资本，除了具有一般资本的共同特征之外，品牌资本还具有与其他资本不同的一些特征。关于品牌资本的定义，有学者认为品牌资本是一种超越生产、商品以及全部有形资本以外的价值，是企业在生产经营活动垫付在商标上的本钱[①]。品牌资本的主要特征可以概括为以下几点：

（1）品牌资本具备资本的一般共性。主要包括：①运动性，即品牌资本是在运动中实现增值的。②竞争性，即品牌资本之间必然要展开竞争，竞争的目的是取得高利润率的投资项目。③独立性与主体性，即品牌资本要有独立的利益主体和产权界区。④扩张性，即品牌资本可以自由地进行输入与输出，从而实现品牌资本的积聚与集中，扩大品牌资本规模。⑤价值决定性，即品牌资本的价格受市场供求的影响，围绕价值上下波动。

（2）品牌资本具有强大的增值性。品牌资本增值能力的大小取决于其在市场上竞争功能与垄断功能的强弱情况。强势的品牌能使企业的产品占据相对较高的市场份额甚至垄断某种产品的某个细分市场，或使同样质量的产品能定一个更高的卖价，从而使企业获取更加丰厚的利润。品牌资本的增值表现为品牌价值的积累和提升，是一种典型的质量型资本增值方式。品牌资本的价值难以直接计量，只能根据消费者对品牌的价值感知以及由此外显出来的市场特征来进行评估和测算。从一些品牌价值评估机构

---

① 白光在其著作《品牌资本运营通鉴——理论、方法、案例》（中国统计出版社，1999年），晓钟在其著作《品牌资本运营之势》（经济管理出版社，1999年）中都对品牌资本进行了如此定义。

确立的评价指标来看，既包括企业产品的销售量、市场占有率、企业收益等具体的市场特征指标，又包括知名度、美誉度、忠诚度等消费者的主观认知指标。从以上评价标准来看，我们也容易理解品牌资本的价值增值具备质量型的特征，其价值会随消费者对品牌价值认知程度的增加而不断提升。

（3）品牌资本需依附于实体资产。品牌资本不是独立的实体资本，对其不能采用实物尺度进行直接的衡量，但品牌资本能使企业拥有某种特殊权利，企业借此可获取超额的利润。因此，品牌资本需要凭借一定的实体资产来表现自己，承载品牌资本的直接载体是品牌的名称与符号等品牌元素，间接载体是与企业和产品相关的品牌知名度、品牌美誉度、品牌忠诚度等品牌要素。从品牌资本的取得方式来看，大多数有形资本是通过市场交换的方式取得，但品牌资本的取得通常是通过企业的经营活动而不断积累的，只有少数是通过购买和兼并等方式取得。品牌资本在经营中需要与特定的产品（或企业）结合在一起，品牌资本只有和企业向市场提供的产品与服务紧密结合，才能完美地实现其使用价值与经济价值。但是，在企业资本的经营中，品牌资本在某种程度上又可以独立于有形资本的价值而存在，其他企业可以通过购买或接受转让等方式获得品牌的所有权和使用权，并且，通过品牌资本的作用也可以较好地盘活有形资本。

（4）品牌资本的价值具有弹性。有形资本在使用中大多遵循边际报酬递减规律，而品牌资本只要能合理使用，其投入、产出反而会出现边际报酬递增的现象。另外，品牌资本在价值创造的过程中不存在损耗现象，但如果品牌遭受伤害则会贬值。这样，品牌的风险性就导致了品牌资本的价值具有较大的弹性。如果企业能对品牌资本进行科学的使用和管理，则品牌资本就会不断增值；反之，如果企业对品牌的管理方式不当或对品牌保护不力，就会导致消费者对品牌的认可度下降，使品牌资本的价值迅速降低甚至消亡为零。

（5）品牌资本具有产权性。产权的本质是契约，即人与人之间合作就利益分配问题所达成的一系列协议。它是由所有权、经营权、收益权、处置权等组成的集合体。品牌资本所有者依法对自己的品牌享有占有、使用、收益与处分的权利，这些都是由商标法等相关法律赋予品牌所有者的权利，其中商标专用权是商标权的基本和核心内容，其他的权能都是由商标的专用权派生出来的。因此，品牌资本具有明显的排他性。品牌资本产权的排他性是从生产者或品牌提供者角度而言的，但对品牌的消费者而言，又不具备排他性的特点，品牌能同时为多个消费者享用，再加上品牌资本具有增值性的特点，因此品牌的产权很容易受到侵害。这就导致了保障品牌资本的不受侵犯变得非常困难，品牌资本的产权需要法律的支持以及政府的强力管制才能得到保障。

（二）基于资本要素的城镇经济增长模型

经济增长理论是经济学理论中最重要的内容之一，是以研究一个地区或国家的国民生产总值如何实现增长为主要内容的理论。从亚当·斯密开始，很多经济学家都扎根于研究经济增长问题这一领域，并进行了非常深入的研究和探讨，但真正现代意义上对经济增长理论的研究还是以哈罗德-多马模型为起点。现代经济增长理论按其内在逻辑和发展脉络可分为资本决定论、技术决定论、内生经济增长理论以及人力资本决定论四大主线。其中，资本决定论的典型代表就是哈罗德-多马模型。20 世纪 50 年代以后，学者们针对以哈罗德-多马模型为代表的经济增长的资本决定论中存在一些问题进行了批评和修正，提出了以索罗模型（该模型包含了技术进步因素）为典型代表的技术进步论。从此，技术进步论就开始在经济增长理论中占据主导地位，但是技术进步论把技术进步率当作外生变量，没能够解释技术进步的产生等问题。其后，保罗·罗默（Paul M Romer）提出了以内生技术进步为特征的知识积累模型（罗默模型），罗伯特·卢卡斯（Robert E Jr Lucas）提出了两部门的人力资本外部性内生模型（卢卡斯模型）以及以贝克尔等人为代表的一些经济学家提出的人力资本决定论，成了经济增长理论的主流。

（1）哈罗德–多马增长模型

哈罗德模型和多马模型从不同的角度出发得到的结果是相似的。其中哈罗德模型在假定一部门经济只有资本和劳动两种生产要素、外生劳动力增长率不变、资本–劳动比和资本–产出比不变、规模收益不变、没有资本折旧、没有技术进步等的前提下，提出的经济增长方程为：

$$gt = \frac{s}{c} \tag{4.1}$$

方程中 gt 是经济增长率。得出的均衡经济增长方程为：

$$g = N = \frac{s}{c} \tag{4.2}$$

方程中 s 是实际储蓄率，c 是实际资本–产出比。N 是劳动力的自然增长率。

哈罗德模型对实际增长率、有保证的增长率、自然增长率、均衡增长率等变量及其相互关系进行了分析。实际增长率是由 s 和 c 决定的实际发生的增长率，有保证的增长率是在均衡的条件下，资本获得充分的利用而产生的经济增长率，此时，资本与产出的增长率是相等的。自然增长率为劳动力在充分就业的条件下的经济增长率，该条件下，经济增长率与劳动力的自然增长率 N 是相等的。在该模型中，如果资本和劳动力都能得到充分利用，则资本增长率、劳动力增长率以及产出增长率三者相等，经济在此时实现均衡稳定增长。

由哈罗德模型可得到重要结论：资本的积累是经济增长的根本动力，经济增长的速度取决于资本积累的数量。由于模型中假设 c 为常数，因此资本的积累成为推动经济增长的唯一因素，同时，如果储蓄率 s 越大，有保证的增长率就会越高。

（2）索洛-斯旺模型

索洛-斯旺模型的最重要贡献，是在哈罗德-多马模型的基础上引入了资本和劳动能够完全替代的新古典生产函数[①]。索洛在其 1956 年的论文中，将一般的生产函数表述为 $Y(t) = F(K(t), L(t))$ [②]，则这一类函数中的新古典生产函数具有以下性质：第一，每一要素的投入都具有正的、递减的边际产品，即对于 $K > 0, L > 0$ 有：$\dfrac{\partial F(K, L)}{\partial K} \geq 0, \dfrac{\partial F(K, L)}{\partial L} \geq 0$，$\dfrac{\partial^2 F(K, L)}{\partial K^2} < 0, \dfrac{\partial^2 F(K, L)}{\partial L^2} < 0$。第二，$F(\cdot)$ 呈现出不变的规模报酬。即对任意的 $\lambda > 0$，有：$F(\lambda(K(t), \lambda L(t))) = \lambda F(K(t), L(t))$，其欧拉（Euler）方程为 $F(K(t), L(t)) = \dfrac{\partial F(K, L)}{\partial K}K + \dfrac{\partial F(K, L)}{\partial L}L$。由于新古典生产函数具有规模报酬不变的性质，因此厂商的经济利润在假设市场为完全竞争的条件下为零，此时，厂商的全部收益都被劳动力提供者和资本所有者占有。第三，当劳动或资本趋近于零时，劳动或资本的边际产品就趋近于无穷大；或者当劳动或资本趋近于无穷大时，劳动或资本的边际产品就趋近于零。即生产函数满足稻田条件（以保证经济增长的路径不发散）：

$$\lim_{K \to 0} \frac{\partial F(K, L)}{\partial K} = \infty, \lim_{L \to 0} \frac{\partial F(K, L)}{\partial L} = \infty \tag{4.3}$$

$$\lim_{K \to \infty} \frac{\partial F(K, L)}{\partial K} = 0, \lim_{L \to \infty} \frac{\partial F(K, L)}{\partial L} = 0 \tag{4.4}$$

新古典生产函数具有的规模报酬不变的假设允许我们利用紧凑形式（Intensive Form）的生产函数进行分析。设资本劳动比为 $k = \dfrac{K}{L}$，人均产出

---

① 左大培，杨春学. 经济增长理论模型的内生化历程 [M]. 北京：中国经济出版社，2007：86.

② Solow R M. A Contribution to the Theory of Economic Growth [J]. Quarterly Journal of Economics, 1956, 70：65~94.

为 $y = \dfrac{Y}{L}$ ，则生产函数可写为 $y = f(k)$ 。则有：

$$\frac{\partial \ y}{\partial \ k} = f(k)\ ,\ \frac{\partial \ y}{\partial \ L} = f(k) - Kf(k) \tag{4.5}$$

假定储蓄率为常数 s ， $0 < s < 1$ ，现有资本的折旧率为 δ ，则资本存量的变化为 $\dfrac{dK}{dt} = sF(K,\ L) - \delta K$ ；又假定劳动 L 按一个常数 n 的速度增长，即 $n = \dfrac{dL(t)}{dt}/L(t)$ ，则第 t 期劳动的数量为 $L(t) = L(0)e^{nt}$ ；若工作时间密度为 1 ，则 t 时的劳动投入为 $L(t) = e^{nt}$ 。将生产函数代入资本积累方程 $\dfrac{dK}{dt} = sF(K,\ L) - \delta K$ 并记为集约形式，可得索洛-斯旺模型的资本积累方程：

$$\frac{dk}{dt} = sf(k) - (n + \delta)k \tag{4.6}$$

它表明了人均资本存量的变动率是两项之差。第一项 $sf(k)$ 是人均投资； $(n + \delta)k$ 是能维持有效劳动平均资本存量不变又能防止资本存量下降的临界投资。如果 $sf(k) > (n + \delta)k$ ，则 K 上升；如果 $sf(k) < (n + \delta)k$ ，则 K 下降；如果 $sf(k) = (n + \delta)k$ ，则 K 不变。 K 不变，即 $k = 0$ 的情况是一种稳态增长。如果将 $sf(k) = (n + \delta)k$ 时的 k 记为 k^* ，那么由新古典生产函数 $f(k)$ 的性质 $f(k) > 0, f(k) < 0$ 可知：当 $k < k^*$ 时有 $k > 0$ ，当 $k > K$ 时有 $k < 0$ 。也就是说，不论单位有效劳动的初始平均资本存量 $k > 0$ 为多少，它均收敛于稳态水平 k^* 。

（三）基于品牌资本的索洛-斯旺模型扩展

在经济增长理论中，资本一般指物质与人力资本，包括有形和无形两种资本形态。品牌资本属于无形资本范畴，它和商誉、专利权等无形资本都是推动经济增长的重要因素。在企业兼并和品牌标志特许授权时往往需要考虑品牌资本并对品牌资本进行折价，品牌资本的货币化价值可以经由专业评估公司的评估而予以显现。品牌资本作为品牌所属城镇的一种重要无形资产将使该城镇的人均资本存量得到提升。根据索洛-斯旺模型，稳态的人均产出水平的抬升可以通过提高人均资本存量的途径得以实现。

城镇资本的存量应该包含品牌资本的数量，城镇内单个品牌企业的品牌价值可用货币表示成具体的数值，再将各品牌企业的品牌价值进行累加就可以得到城镇内品牌资本的存量总额。构建一个一般的新古典生产函数 $Y = F(K, L)$ 时，根据索洛原理，假设城镇内所有品牌企业的数量和形成的无形资本总量分别为 G 和 N，则品牌企业的平均无形资本为 $P_g = G/N$。通常情况下，品牌企业的无形资本总量 G 和城镇资本存量是呈正相关的关系，即随着城镇内品牌企业无形资本 G 的增大，城镇资本的存量 K 也会随之增大。如果设城镇内所有品牌企业无形资本的总量 G 和城镇资本存量的比例为 g，则 $G = gK$。另设城镇内的人口增长率为 n，则可将城镇广义资本存量的增量表示为：

$$\Delta K = sY - \delta K + gK \tag{4.7}$$

其中，s、Y、K、δ 分别代表储蓄率、城镇产出、城镇资本存量、有形资本折旧率。由于 $\frac{\Delta k}{k} = \frac{\Delta K}{K} - \frac{\Delta L}{L}$，且 $\frac{\Delta L}{L} = n$，其中 k 为人均资本量，因此可得 $\frac{\Delta k}{k} = \frac{sY - \delta K + gK}{K} - n$，即：人均资本存量增长率为 $r_k = \frac{sy}{k} + g - \delta - n$，其中 y 为人均产量。于是可得 $\Delta k = kr_k$，整理得到：

$$\Delta k = sy + (g - n - \delta)k \tag{4.8}$$

当经济处于稳态时有：$\frac{dy}{dt} = \frac{dk}{dt} = 0$。假定城镇产出满足柯布-道格拉斯生产函数 $Y = F(K, L) = K^\alpha L^{1-\alpha}$（$0 < \alpha < 1$），由于人均产出、人均资本分别为 $y = Y/L$ 与 $k = K/L$，则该柯布-道格拉斯生产函数又可表示为：$y = k^\alpha$，结合 $\Delta K = sY - \delta K + gK$ 和 $\Delta k = sy + (g - n - \delta)k$，可以将人均资本的变化量表示如下：

$$\Delta k = sk^{\alpha} + (g - \delta - n)k \qquad\qquad (4.9)$$

当经济处于稳态的时候，有 $\Delta k = sk^{\alpha} + (g - \delta - n)k = 0$，可解出稳态时的人均资本存量为：

$$K^{*} = \left(\frac{s}{\delta + n - g}\right)^{1/1-\alpha} \qquad\qquad (4.10)$$

同理，可解出经济稳态时的均衡产出为：

$$y^{*} = \left(\frac{s}{\delta + n - g}\right)^{\alpha/1-\alpha} \qquad\qquad (4.11)$$

根据方程 $y = k^{\alpha}$ 与 $\Delta k = sk^{\alpha} + (g - \delta - n)k$，可以很明显地看出随着城镇内品牌企业无形资本的增长，城镇的人均产出也会不断地增长。同时，从方程 $K^{*} = \left(\frac{s}{\delta + n - g}\right)^{1/1-\alpha}$ 与 $y^{*} = \left(\frac{s}{\delta + n - g}\right)^{\alpha/1-\alpha}$ 也可以看出，随着城镇内品牌企业无形资本总量 G 与城镇资本存量的比例 g 的增大，经济稳态时的人均资本存量 k^{*} 与人均产出 y^{*} 也会随之增大。一般而言，城镇内品牌企业无形资本的大小与单个品牌企业价值的大小成正比。因此，经济稳态时人均资本存量 k^{*} 与人均产出 y^{*} 也和单个品牌企业的价值成正比，即单个品牌企业的价值越大，稳态时人均资本存量 k^{*} 与人均产出 y^{*} 也就越高；反之，如果城镇内单个品牌企业的价值越小，则经济稳态时的人均资本存量 k^{*} 与人均产出 y^{*} 也就越低。

总而言之，在城镇经济发展的过程中，城镇内品牌企业无形资本要素的增加，可以扩大城镇的资本存量，增加人均资本拥有量，从而改变经济增长均衡时的均衡点，提高人均产出与总产出。

二、品牌可促进城镇经济结构的优化

（一）品牌企业促进经济结构调整的基本思路

经济结构包括产业结构、地区结构、分配结构、消费结构等内容。品牌企业对产业结构、地区结构调整具有积极作用。因为产业结构是区域经济结构的基础和主干，因此，下面将重点阐述品牌企业对产业结构调整的作用，并就品牌企业促进所属地区结构调整的作用进行研究。

品牌企业通过影响产品结构，进而对技术结构、企业组织结构、产业结构发生作用。例如，从产业结构调整来看，其具体流程大致可作如下概括：适应需求结构变化进行创新→产品结构、技术结构变化→企业组织结构变化→产业结构变化→经济结构整体性变化。简言之，即：产品结构调整→企业结构调整→产业结构调整→经济结构优化。在上述流程中，竞争是结构调整的动因，竞争必然要求创新，创新是品牌企业的灵魂和内在要求。创新既包括技术层面、观念层面，又包括制度层面，涉及观念、产品、市场、管理、技术等广泛领域。创新是结构调整的强大动力，既刺激有效需求，又影响供给数量和质量。

（二）品牌企业对产业结构调整的促进作用

为了分析的方便，这里的产业结构是广义的，包括生产结构、产品结构、技术结构、企业组织结构等内容。

品牌战略对产业结构调整发挥作用的突破口或切入点是产品。企业通过对其主导产品、重点产品的创新、选择与调整，促使产品结构发生变化，而产品结构的变化就必然会引起企业竞争力、规模、效益以及市场地位的变化。在这一过程中，一些名牌优势企业乘势崛起，并带动了一大批配套关联企业的发展，而一些劣势企业则被削弱或淘汰，从而推动企业组织结构的优化升级。企业组织结构的变化又会引起支柱、主导产业的变动，只要这些变化符合消费需求变化和科技进步方向，并且有利于经济总量的增长和生态环境的保护，那么就是产业结构的合理化、高度化过程。下面将从三方面对品牌战略推动产业结构优化升级的基本过程进行具体分析。

第一，品牌战略的实施有利于促进产品结构和技术结构的优化升级。

企业实施品牌战略的第一阶段目标是创立品牌。品牌的载体是质量优异的畅销产品，而产品都有一定的生命周期，同时消费需求会不断变化。因此，要创立品牌并将其培育成强势品牌，企业就必须在深入的市场调查研究的基础上，通过创新来调整产品结构，借助有特色的优质产品，拉近与消费者的距离，形成自己独特的竞争优势，从而获得较大的市场份额，打造出强势品牌。品牌创立后，为了持续地保持竞争优势、赢得消费者的青睐，企业就必须根据市场需求、科技发展、自身优势以及竞争对手的状况，持续地开展创新，使品牌产品成为市场主导产品并不断升级换代。因此，企业实施品牌战略的过程，就是不断创新的过程。而产品和技术的不断创新，必然使产品结构、技术结构逐步优化升级。

第二，品牌战略的实施有利于推动企业组织结构的合理优化。

企业实施品牌战略不仅能够促进产品结构、技术结构的优化升级，而且也能推动企业组织结构的合理优化。首先，企业实施品牌战略有利于形成优势企业主导市场、一般企业依附跟随、劣势企业退出市场的优胜劣汰市场格局。由于强势品牌拥有高质量、高知名度、高美誉度、高文化含量和鲜明个性等特征，因此，只要企业能通过持续的创新满足消费者需求，赢得消费者的喜爱和忠诚，培育出强势品牌，就能在竞争中取胜。其次，企业实施品牌战略能够促进企业规模结构的改善，加快企业集团的发展，同时推动企业之间合理高效的分工协作关系的发育和完善。因为企业可以利用强势品牌的强大效应，广拓融资渠道，吸引国内外资本，及时低成本地获得长期发展和扩大规模所需要的资金，从而迅速扩大生产经营规模；同时，拥有强势品牌的企业可以利用品牌效应迅速实现低成本的资本扩张，组建以拥有强势品牌的企业为龙头，以资产为纽带，以强势品牌命名的企业集团。

第三，品牌战略的实施有利于促进新兴和战略产业的发展与成长。

实施品牌战略是新兴产业发育成长的重要推进器。从根本上说，新兴产业的产生和发展是由社会需求和科技进步决定的。在社会已具备上述根本条件的前提下，以创新为灵魂的品牌战略则是直接推动新兴产业发育的强大动力。因为，以创新为基础的品牌产品既能够有效满足现实的市场需求，又能够创造或引发潜在的市场需求，并具有较高的科技含量。同时，品牌战略也有利于促进战略产业的转换与成长。战略产业是指对一国和地区经济长期发展，即对产业结构的升级转换和经济持续快速增长起根本性、全局性作用的产业，战略产业主要指主导产业和支柱产业。既然实施品牌战略是新兴产业发育和成长的重要推进器，那么从这些新兴产业中脱颖而出的支柱、主导产业的形成和发展，也必然受到实施品牌战略的有力推动。实践证明，在现代市场经济条件下，支柱、主导产业往往是由若干竞争力强、规模大、素质高的品牌企业支撑起来的，而这些品牌企业的崛起，又以其开发的品牌产品为基础。

（三）品牌企业是推动城镇内产业集群发展的强劲动力

波特（Porter，1998）认为产业集群是指以某主导产业为核心而在特定地域上集聚的相互联系的企业和相关支持机构[①]。产业集群除了包括专业化投入品的供应商、专业化的基础设施提供者、分销渠道以及补充产品的制造商等，还包括政府和一些其他机构，如大学、咨询机构、标准制定部门、技能培训部门以及贸易协会等。产业集群的发展及由此对区域经济产生的强大推动作用在近年来受到越来越多的地区、国家以及国际机构的广泛关注，培育产业集群成为提升区域竞争力的有效途径。

企业是产业集群发展的基础，集群内企业的发展水平对产业集群效用的发挥有着直接影响。一般而言，区域内企业的品牌越强势，聚集的企业就越多，产业集群就越有集聚力，产业集群的规模就越大，其发挥的效用就越明显。在我国地区经济发展的实践中，出现了大量品牌企业推动产业集群发展的成功案例。例如，温州鞋业集群的成长得力于红蜻蜓、奥康、

---

① Porter M E. Clusters and New Economics of Competition [J]. Harvard Business Review, 1998 (11)：77-90.

吉尔达等品牌的发展；台州缝纫机产业集群靠的是宝石与飞跃两大品牌的支撑；宁波服装产业集群的发展离不开雅戈尔、罗蒙以及培罗成等一批大品牌的推动；苏州纺织服装产业集群壮大的背后是波司登、好孩子、梦兰、紫荆花、欣欣等品牌的支撑。

品牌对王国式产业集群的推动作用尤其突出，王国式产业集群是一种以大企业为核心，大量中小企业根据生产上的垂直联系而卫星式地分布在核心大企业周围而形成的产业集群。这种产业集群的典型是汽车、轮船、飞机等技术与资本密集型产业。该产业集群是在核心品牌企业的发展下，能带动其他中小企业的迅速发展，从而形成产业集群，因而对区域经济的发展能产生很大的推动作用。例如，日本的丰田地区就是由丰田公司带动发展起来的，该集群是全球最富有活力与竞争力的汽车产业集群之一；中国广州花都区的汽车产业集群就是由广本、东风、丰田、宝龙四大品牌企业支撑起来的，众多汽车零部件企业以这四大品牌企业为中心，相继投资跟进，形成了实力强大的花都汽车城。

三、品牌是企业研发能力、生产能力与产品市场流通能力的统一

从品牌创建的微观企业视角而言，品牌以及品牌资产的创建一方面需要企业内部的通力合作，努力提高研发能力和生产能力，生产出优质的产品；另一方面，由于企业生产产品的目的是为了实现其价值，因此，产品必须进入流通环节，具备强大的市场流通能力才能完成从产品到货币的重大跳跃。品牌，特别是强势品牌，从本质上来讲代表了企业的综合能力，品牌是企业研发能力、生产能力与产品市场流通能力的统一。根据微笑曲线理论，在产业链中，附加价值更多地体现在研发和流通领域，处于中间环节的生产制造附加价值最低。但是对强势品牌的培育而言，研发、生产、流通三个环节都非常重要，任何一个细微的环节出了问题，都会使品牌遭受伤害，甚至可能使品牌面临死亡的威胁。因此，在创建和培育品牌

的过程中，首先要调查和研究市场的需求情况，再根据市场的需求情况进行产品的研发和生产，从而保证生产出来的产品进入市场流通后能得到消费者的认可。品牌产品是否具有竞争力，能否被消费者青睐，关键是品牌产品能够给消费者带来什么利益及利益的多少，这是品牌产品的核心层内容，而决定品牌产品核心层的是品牌产品的基础层，品牌产品的基础层包括质量、特色和创新等内容。品牌产品基础层的内容来源于企业对市场深度把握基础上而形成的企业研发能力和生产能力的统一，只有企业具有超越竞争对手的研发能力和生产能力，企业的品牌产品才能具备竞争力，才能畅行于市场。

从宏观区域经济层面而言，品牌，特别是强势品牌，是顾客、企业和国家价值的体现和代表，被大家公认为是一种重要的无形资产，其拥有者能够利用它在市场中获得竞争优势。关于品牌价值，学者们主要围绕品牌资产是什么，品牌资产的构成要素以及品牌资产的评估等几个方面进行研究，其目的是凸显品牌的作用和价值并探寻创建和提升品牌资产的有效途径。代表性观点有：艾克（Aaker，1991）认为品牌资产由品牌知名度、品牌联想、品牌忠诚、品质认知和一些其他专有资产（如商标、专利和渠道关系等）五个维度构成，体现了从顾客角度看待品牌并由此建设品牌资产的观点[1]。凯勒（Keller，1993）进一步认为品牌资产是一种基于顾客的品牌知识，品牌知识又包括品牌知名度和品牌形象两个维度，产生于顾客对品牌持有强烈、积极和独特的联想时，能引起顾客对该品牌营销的差异化反应[2]。贝茨（Bates，2005）认为品牌资产对企业、顾客以及中间商都有价值。它是有品牌的产品相对于无品牌所得到的更多的边际收入，在定性测量上表现为品牌理念和价值的传递，在财务测量上则表现为资产的增

---

[1] Aaker D A. Managing Brand Equity: Capitalizing on the value of a Brand Name [M]. New York: Free Press, 1991.

[2] Keller K L. Conceptualizing Measuring and Managing Customer-based Brand Equity [J]. Journal of marketing, 1993 (57): 1-22.

加。莱兹伯斯等（Riezebos，et al，2004）认为品牌对企业价值的高低取决于四个因素：市场份额的规模大小、市场份额的稳定情况、品牌给企业带来的利润空间以及品牌的所有权情况，并认为对品牌价值的评估就是用财务数字来度量品牌给企业带来的价值。他们给出了两种评估产品品牌价值的方法，一种是基于顾客感受的测量方法，另一种是基于企业财务数据的测量方法①。

众多企业创建品牌或集群品牌的形成过程就是一个价值创造的过程，但这个价值能否得以实现，还需要强有力的流通产业的支持。品牌"Brand"一词源起于市场交易，意思是"烙印"，人们用打烙印的方法在自己的家畜和其他产品上烙下标记，以便顾客识别产品的产地和生产者。由此可见，品牌产生和发展于市场流通的进程中，人们重视品牌是因为它能更好地促进市场流通的进行，并能为流通各方参与者特别是品牌的所有者创造价值。商品流通是商品生产的前提，流通和生产同样重要。社会生产力是生产力与流通力共同作用的结果，即"社会生产力=生产力×流通力"。在一定的时期内，生产力是相对稳定的，流通力的强弱不仅会直接影响生产力的实现，而且也会直接影响到市场的供应②。赵娴（2007）认为流通过程是商品价值运动和使用价值运用过程的统一，通过流通，商品才能实现价值和使用价值，并且，随着社会生产力和市场经济的发展，流通的作用会越来越重要，会决定生产以及国民经济的发展③。

第三节 区域品牌对城镇经济发展的推动机理分析

从国内外品牌经济发展的实践来看，农业集群区域品牌的创建对于推

---

① 里克·莱兹伯斯，等. 品牌管理：理论和实践的方法 [M]. 北京：机械工业出版社，2004：140-149.

② 黄国雄. 论流通产业是基础产业 [J]. 财贸经济，2005（4）.

③ 赵娴. 流通先导作用辨析 [J]. 中国流通经济，2007（10）.

动城镇经济发展和提升城镇经济竞争力具有重要作用。例如，荷兰花卉集群在"荷兰花卉"区域品牌带动下，使花卉成为荷兰农业的支柱产业；我国也出现了如新疆哈密瓜、杭州龙井茶、赣南脐橙等农业集群区域品牌。随着经济全球化进程的加快，农产品市场竞争变得日趋激烈，推进农产品区域品牌建设，是适应农业经济发展的新要求，是振兴我国农村和农业经济，增强我国农产品在国内外市场竞争力的重要途径。

一、区域品牌有利于发挥城镇绝对优势和克服经济结构趋同

区域品牌对于形成地区经济特色具有很大促进作用，因此是减轻与克服地区经济结构趋同矛盾的有力手段和重要途径。区域品牌能体现一个地区的资源状况和要素禀赋，有利于该区域内企业利用原料、劳动力、土地、区位、气候、文化等方面的绝对优势，生产出既具有低成本优势，又具有地区特色优势的产品。产品的特色从本质上来讲是一种稀缺性，特色越强，稀缺性就越高。稀缺性高的产品，在市场上一般都供不应求，而且具有易识别性，因此，区域品牌具有强大的市场竞争力。有了区域品牌，区域内企业也容易在区域品牌光环的笼罩下迅速发展壮大，成为强势企业。区域内某行业或产业如果有若干个强势企业的支撑和带动，就能较快地成长为支柱产业和主导产业，而随着支柱、主导产业的发展与转换，地区就能成功实现产业结构的优化和升级。因此，各地区政府在制定、引导和实施区域品牌战略的过程中，应该从全国经济结构调整和经济发展的大局出发，按照既符合全国生产力合理布局的要求，又有利于充分发挥本地区绝对优势的原则，引导广大企业合理选择自己的产品和产业发展方向。由于绝对优势主要是就不同产业或产品的关系而言的，从这个意义上可以说，绝对优势的典型表现就是"人无我有"的特色优势。由于区域品牌战略能够促进地区绝对优势的充分发挥，因而在这个基础上就会形成"特色资源优势→特色产品优势→特色品牌优势→特色产业优势→特色经济结构

→进一步开发特色资源优势……"的良性循环格局，从而有效地减少乃至避免地区之间产业结构趋同问题。区域品牌战略在上述系列转化过程中发挥了"催化剂"和"推进器"的作用。

当前，我国农业结构的突出矛盾之一就是区域结构高度趋同。这种过于单一、没有特色的农业经营方式，不顾资源分布的区域差异，不仅未能充分发挥我国资源供给的优势，限制了农业资源开发的深度和广度，而且在一定程度上破坏了农业的自然资源环境。农业发展的生态制约性和区域特色性，客观上要求区域内农业生产结构与资源结构相匹配，决定了在创建区域品牌的过程中，必须从客观实际出发，根据不同区域内自然、历史、经济、政治、宗教、风俗、民族、文化等因素的不同，合乎规律地确定不同地带的主导产品和支柱产业，实现农业生产的合理地域分工和自然生态平衡。同时，实施区域品牌战略所带来的规模经济效应也能够促进农业主导产品和支柱产业的区域化布局、专业化生产和基地化建设。因此，实施区域品牌战略，有利于突出特色，形成不同区域内的主导产品和支柱产业，消除区域内农业产业结构高度趋同的现象。例如，我国黑龙江省在实施区域品牌战略发展农业的过程中，就较好地遵循了自然和市场规律，充分发挥了区域特色和资源优势，围绕各具特色的产业体系，建立了一批特色农业产业基地——查哈阳、庆安、五常大米生产基地，完达山乳制品、望奎肉猪生产基地，讷河马铃薯、哈尔滨市郊蔬菜、东宁县果品生产基地。在这一过程中，也培育和涌现出了响水大米、古龙贡米、五常贡米、完达山乳品、北芪神茶、新三星啤酒等一大批知名的农业企业品牌，同时还基本形成了一村一品、一地一业，各具特色的农业生产格局。

二、区域品牌能提升农业发展的档次和市场竞争力

长期以来，受人口和耕地的双重压力，我国农业一直是以追求产量增长为目标的数量型农业，农产品品种结构单一，地区间结构趋同，品质普

遍不高，产后加工技术也相对落后。我国加入世界贸易组织以后，随着我国城乡居民收入水平和生活水平的提高，农产品的消费需求发生了以下变化：由追求农产品数量转向质量，由追求资源型农产品转向加工型农产品，由追求单纯的物质需要转向同时追求精神需求。因此，随着环境变化，对现代农业的发展就提出了新的要求，必须不断提升农产品的内在品质和形象档次。农业集群品牌的成功打造，能够以集群地域优势提升所在区域和相关农产品的形象和档次，从而带动区域农业的发展，有效地消除农业生产结构与农产品消费结构不相适应的矛盾，解决我国农产品普遍存在的"卖难"问题。

市场经济是竞争的经济，在市场经济条件下，国内外市场对农产品品质的竞争是非常激烈的，经济能力好一点的消费者在选择农产品时，一般首先是比较农产品的质量，然后才是价格的选择。在这种背景下，各国纷纷提高农产品的检测标准，提高农产品的"进口"门槛。例如，日本就实行了严格的"列表制度"；近年来，我国山东苹果在国内许多市场遇到了陕西苹果的强有力竞争；山东寿光蔬菜在北京市场的份额由 20 世纪 90 年代的 40%，下滑为 21 世纪的百分之十几；国内水果在香港市场被泰国水果"挤出"；国内外农产品市场越来越青睐有机产品、绿色产品和无公害产品；等等，这些都向我们昭示，必须高度重视农产品的内在品质，着力打造农业集群品牌，以集群品牌提升区域农业产业的市场竞争力，才能稳定和增强我国农业的市场竞争力①。

区域品牌建设是"家庭农场"的重要支撑，是稳定和壮大农业产业化各种组织的载体。在 2013 年的中央一号文件中首次提到了"家庭农场"的概念，文件称要"努力提高农户集约经营水平。按照规模化、专业化、标准化发展要求，引导农户采用先进适用技术和现代生产要素，加快转变农业生产经营方式。创造良好的政策和法律环境，采取奖励补助等多种办

---

① 熊爱华. 农业集群品牌建设模式研究 [M]. 北京：经济科学出版社，2010：5.

法，扶持联户经营、专业大户、家庭农场"。家庭农场等各种农业组织能
否生存和发展，关键在于其生产的农产品是否具有市场竞争力，因此，依
托区域品牌建设家庭农场等农业组织，能够提升家庭农场等农业组织生产
的农产品的市场竞争力。同时，家庭农场等农业组织相对于一般的农户而
言，也更有利于政府的监管，能够提供更优质和安全的农产品，反过来又
能更好地促进区域品牌形象的提升。

三、区域品牌可以扩大农产品的出口

目前，虽然我国已成为贸易大国，但却不是贸易强国——同样的产
品，由于我国没有知名品牌，导致我国产品的价格远远低于发达国家。特
别是现在，我国传统的低劳动力、土地成本等优势正在逐步丧失，并且我
国产品在国际市场上已有较大的占有率，再靠低价竞争已无利可图，且容
易引发更多的贸易摩擦。因此，我国必须努力转变对外贸易增长方式，从
多方面加大对我国民族品牌发展的扶持力度，引导我国对外贸易走有中国
特色的品牌经济发展道路，逐步与其他国家形成错位竞争，尽量减少经济
贸易纠纷，推动建设和谐世界。

农业集群品牌作为一种发展区域品牌经济的有效工具，能极大地促进
农产品出口的扩大。拿我国山东省来说，山东是个农业大省，也是农产品
的出口大省。据有关统计，2007 年的前 7 个月，山东省农产品出口额是
42.8 亿美元，占到全国农产品出口总额的 25.8%，同比增长 14.2%。但
是，山东省农产品出口增幅却比去年减少 15.8 个百分点，其中作为山东省
出口优势产品的水海产品出口增幅回落 20.1 个百分点，肉食品出口增幅回
落 37.4 个百分点，花生出口同比下降 18.6%①。这些农产品出口的下降并
不是因为产品质量的下降，而是因为在国际市场上，山东省尚缺乏具有较
大影响力的农产品品牌，还没有培育出忠实的消费者群体。由于农产品生

---

① 熊爱华. 农业集群品牌建设模式研究 [M]. 北京：经济科学出版社，2010：5.

产经营的分散性，因此，就我国目前的现实情况，打造农产品区域品牌以及培育农产品企业品牌就成为推动我国农产品出口的迫切需要。

四、区域品牌能促进农民收入的增加

解决"三农"问题的核心点之一是如何增加农民的收入。在现实中有很多因素影响和制约了农民收入的增加，其中，缺乏品牌，尤其是名牌是农产品在市场上难以卖到好价钱的重要原因。同样的产品，在市场上价格的差异却很大。比如苹果，有的在市场上只能卖每千克 2 元，有的收购价就已达每千克 6~8 元；又比如葡萄，有的在市场上只能卖每千克几毛钱，有的卖到每千克 10 元还供不应求，山东平度大泽山的稀有优质葡萄竟能卖到每千克 200 多元。农民们都明白，在成本既定的情况下，售价越高则利润越大。从供求关系来看，强势品牌最受市场的欢迎，在国内外市场上，一些农产品强势品牌大多都供不应求，而且，一般还可以卖到相对较高的价钱。据调查，由于"大泽山葡萄"集群品牌的品牌效应，促进了当地果农收入的稳定增长，山东省平度市大泽山镇谭家夼村的果农仅种植葡萄这一项的收入就能达到人均 8 000~10 000 元。此外，"西湖龙井"集群品牌也使杭州以龙井村、狮子峰、翁家山、云栖、梅家坞一带为中心，周围甚至邻省地区的茶农都获得了较高的收入。很多成功的案例表明，打造农产品区域品牌，是增加农业利润、提高广大农民收入的新增长点。

第四节　企业集群品牌对城镇经济发展的推动机理分析

企业集群品牌是在产业集群与城镇经济发展过程中形成的重要经济成果。而企业集群品牌一旦形成，又会对产业集群与城镇经济的发展产生逆向促进作用。这些促进作用可从以下三方面进行分析：企业集群品牌可促

进城镇产业集群结构的优化，企业集群品牌可增强产业集群与城镇经济的竞争力，企业集群品牌可加快城市化的进程。

一、企业集群品牌可促进城镇产业集群结构的优化

吕丙（2009）从外部聚集效应与内部整合效应分析了企业集群品牌对区域产业结构升级的促进作用，认为打造企业集群品牌是推动区域经济转型的可行途径[①]。企业集群品牌可以为产业集群吸纳更多的优质投入要素，并且有效降低集群内企业的生产和交易成本，使产业集群实现规模经济优势和市场范围优势，惠及集群内企业。企业集群品牌是一种准公共物品，它可以有效防范集群内企业的道德风险，提高企业的败德成本，激发集群内企业自发开展内部整合和结构优化的积极性[②]。企业集群品牌是对消费者提供的价值与承诺，因此就需要高品质的集群产品作为支撑，这就给集群内企业进行技术创新的压力和动力。产业集群内部组织结构在企业集群品牌的影响下逐步进行优化整合——企业间实现高效的专业化分工，生产工艺和产品质量逐步标准化；这些都有助于市场准入门槛的提高和行业整体标准的形成，从而可以遏制行业内部的粗制滥造现象，净化整个行业的风气。产业集群内企业分工专业化的细化，将引领产业链上下游企业的协同创新，提升集群的技术水平和产品质量，形成集群的持续创新能力。在产业集群的形成和发展过程中，集群内企业为了获取更多的利润和更大的发展空间也会展开竞争，这就会促使集群内企业致力于技术创新、市场开拓以及品牌营销等获取竞争优势的工作，同时一些强势企业也会通过兼并、重组等方式来发展壮大。最终，在产业集群内就会形成主导企业、支撑企业、中介机构等共同组成的区域协同创新系统，使产业集群和所属区域获得更强的竞争优势，推进集群组织的优化和产业结构的升级。

---

① 吕丙. 产业集群的区域品牌价值与产业结构升级——以浙江省嵊州市领带产业为例 [J]. 中南财经政法大学学报，2009（4）.

② 李宁，杨蕙馨. 集群剩余与企业集群内部协调机制 [J]. 南开管理评论，2005（2）.

产业集群内主导企业的形成有助于集群内生产经营程度的集中，而集群集中度的提升又会使主导企业和产业集群在激烈的市场竞争中进一步确立和巩固地位，形成垄断优势，从而使产业集群的市场话语权提升，增强集群产品的国际贸易地位和增加集群企业的整体收益率①。主导企业在市场、信息、创新与专利等方面的优势，会引领集群在价值链的高附加值环节确立指导与控制地位，使产业集群成功实现在生产工艺、技术水平、产品质量和组织结构上的换代升级，引导集群逐步由劳动密集型转向技术密集型、资本密集型和知识密集型产业，实现产业集群结构的不断优化②。一般而言，产业集群的创新能力是获利能力的基础，集群的持续创新能力决定了集群产品能够不断迈向全球价值链的高附加值环节，同时，集群的创新活动还能带动集群相关支持机构与辅助企业的发展，共同推进产业集群的技术创新和结构升级。

二、企业集群品牌可增强产业集群与城镇经济的竞争力

在世界经济一体化和全球化竞争的当今社会，优秀的产业集群和城镇跟优秀的企业一样，都需要培植出自己的核心竞争力。企业集群品牌的形成实现了产业分工与区域分工的有效结合。区域特色的产业基础、本地化的生产组织网络、市场占有率等都可能形成产业集群的核心竞争力。产业集群中的企业大多都是中小企业，它们在资本、劳动力、技术、影响力等方面的综合实力都不强，因此，集群形成之初，集群内的单个企业创牌的能力往往比较低下，很难在激烈的市场竞争中树立起较大的品牌影响力。企业集群品牌是由集群内企业共同来创建品牌，它相对于企业独自创建品牌，能大大地降低各方面的成本，极大地提高集群企业的市场影响力和竞争力。因此，企业集群品牌无论是在权威性，还是在规模范围内的市场影

---

① 迈克尔·波特，竹内广高，等. 日本还有竞争力吗？［M］. 北京：中信出版社，2002：258.
② Gereffi G. Global Production Systems and Third World Development ［M］. New York：Cambridge University Press，1995.

响力上，都能超越单独的企业品牌，成为一种独具特色且难以模仿的区域竞争力。企业集群品牌可以提升集群内企业的整体形象，随着产业集群的发展，企业集群品牌的品牌价值、集群产品与服务的公众形象都会得到不断提升，使集群内所有企业受益。因此，企业集群品牌能够在传播信息、树立形象、吸纳要素、满足市场需求等方面为产业集群和城镇构筑竞争优势。

具体来说，企业集群品牌相对于企业品牌而言对产业集群竞争力的提升作用主要体现在两方面：一是企业集群品牌的影响力更大。企业集群品牌是产业集群内众多企业品牌的提炼和浓缩，因此与单独的企业品牌相比，其品牌效应会更加显著——品牌价值相对更高，品牌影响力更大，拥有更广泛、更直接、更形象、更持续的品牌效应。二是企业集群品牌的生命周期更长。单个企业在激烈的市场竞争中，优胜劣汰现象在所难免，因此单个企业的生命周期相对于整个产业集群来说往往要短一些。相比之下，企业集群品牌的生命力就更为顽强，品牌效应就更为持久。因此，对于城镇而言，企业集群品牌就是一种重要的无形资产，能推动产业集群与城镇经济的不断发展。

三、企业集群品牌可加快区域的城市化进程

在企业集群品牌的发展过程中，同类企业以及相关辅助、支撑企业和机构逐渐在特定区域内集聚。企业在特定空间集聚促使商业、人口以及配套生活设施的集聚，这些要素达到一定的规模就形成城市。我国目前正处于工业化进程的快速发展阶段，工业化必将快速推进城市化的进程。由于产业集群有利于优势产业的培育与形成，从而能有效提升城市的经济实力和城市的辐射作用，因此产业集群就成了发展城市工业和进行城市布局的重要形式。随着产业集群的进一步发展，产业集群地区人口不断集中以及企业不断集聚，城市规模逐步扩大，这就带动了城市基础设施的建设，使

交通运输、邮电通信、供水、供电等获得发展，全面提升教育、科技、文化、体育、金融、商贸、餐饮等事业的发展水平。企业集群品牌的形成或一个优秀的企业集群品牌能对其载体产业集群的进一步发展产生强大的促进作用，因此，企业集群品牌可加快我国的城市化进程，众多产业集群和集群品牌的形成也有利于城市群的形成和发展。

在我国，企业集群品牌推动城市化进程的成功案例很多。例如，福建省的泉州市，各县纷纷以工业立县，发展产业集群，打造企业集群品牌，推动人力、物力、财力向小城镇集中，据调查，泉州市的中国驰名商标和中国名牌数量均居福建省第一位，位居全国城市前列，也是全国地级市第一，有中国名牌产品 46 项，有全国驰名商标 49 件①。泉州市产业集群的发展带动了一批新型小城镇的崛起，全市的建制镇从 1990 年的 45 个发展扩充到了现在的 115 个，占到了乡镇总数的 81%，其中有 55 个镇的企业产值超过了 10 亿元。福建的德化县和永春县，虽然地处山区，条件比不上沿海地区，但它们都取得了很好的发展。它们发展的路子是把各自的优势产业都聚集到城区，发挥"小县大城关"的效应。德化县在其城郊建成了 6 个面积上千亩的工业园区，形成了陶瓷产业开发的规模效应，成了推动城市经济发展的主力军；永春县前后 7 次，尤其是从 1998 年起连续 5 次都跻身到了"福建省经济发展十佳县"的行列，还曾跃升到了十佳县的龙头地位②。

① 百度百科. 泉州 ［EB/OL］. （2016 - 07 - 21）［2016 - 12 - 25］. http://baike. baidu. com/view/32605. htm.

② 傅抱. 区域品牌经济拉动大泉州提速 ［EB/OL］. （2003 - 05 - 21）［2016 - 12 - 25］. www. xmagri. com/xxzx/fjnx/200305/t20030521_242807. htm.

第五节 城镇经济发展对品牌化进程的推动机理分析

一、品牌化是经济发展过程的必然选择

根据考证，品牌"Brand"一词源起于市场交易，意思是"烙印"，人们采用打烙印的方法来标识他们自己的家畜，以方便顾客识别和挑选，后来这种方法被用作区分不同生产者产品的工具①。因此，品牌的产生是经济发展到一定阶段的产物，品牌作为商品交换过程中一种有用的工具被人们广泛地加以运用。随着市场经济体系的建立，整个社会经济体变成了一个由生产、消费和市场流通所构筑的循环体系。品牌成为生产和消费更好的对接并实现各方价值的有用工具。成功的品牌既能给顾客创造价值，又能为企业实现价值。因此，在商品和市场经济时代，品牌因其价值属性倍受各方人士的青睐，在世界各地特别是发达国家，最早掀起了品牌化运动。在 1927 年，宝洁公司就开始实行品牌经理制，并取得了巨大成功。加德纳和利维（Gardner & Levy，1955）发表了品牌领域的第一篇专业性学术论文《产品与品牌》，在该文里，他们探讨了品牌的本质，提出了品牌不仅具有功能价值，还具有社会和情感价值，且后者是更应受到重视的地方②。从此以后，对品牌的研究就成为学术界最关注的领域之一。当社会分工不断演进，生产效率持续提高，市场竞争愈加激烈，产品过剩成为基本的经济现象；与此同时，市场范围也在不断拓展，市场竞争呈现出国际化、全球化的趋势。因此，需求方对产品的选择就成了决定产品和企业价

---

① Interbrand Group. World's Greatest Brands: An International Review [M]. New York: John Wiley, 1992.

② Burleigh B Gardner, Sidney J Levy. The Product and the Brand [J]. Harvard Business Review, 1955 (03-04): 33-39.

值实现的关键环节，并进而能决定企业所属地区和国家经济的增长；同时，需求方的选择效率也成为制约经济增长的关键因素，而品牌可以有效降低消费者的选择成本，提高选择效率①。因此，品牌化就成为经济发展过程中必然的选择。

二、经济发展为品牌化奠定经济基础

对品牌的定义，人们大多认同美国市场营销协会（AMA）的观点："品牌是一个名称、术语、记号、象征或设计，抑或是它们的组合，目的是用来识别一个或一群销售者的产品和服务，并使它们与其竞争者的产品和服务区别开来。"（Kotler，1991）从品牌的定义来看，创建一个品牌并不困难，但是，如果要将品牌打造成强势品牌，或者打造成人们通常所说的名牌，特别是具有相当影响力的名牌，如中国名牌、世界名牌，却是很困难的。特别是在企业的初创期，由于资金的有限，创建强势品牌并不一定是企业优先考虑和现实的事情②。打造强势品牌需要强大的经济实力等条件。郭克莎（1995）对我国召开的"企业名牌战略及其实施条件"研讨会上的观点进行了综述，认为推行名牌战略需要社会各界和政府部门的支持，需要以加快经济发展、改革开放以及法治建设为基础③。邱建康（1997）认为名牌的打造需要强大的企业实力作为支持条件，并且认为市场经济体制是产生名牌的先决条件，计划经济体制下不会产生名牌④。萧灼基（2006）提出了打造世界品牌最主要的宏观条件是强大的国家经济实力的重要观点，认为世界品牌的打造，必须有一批在世界市场上占有较大份额的企业、必须有广阔的国内市场、必须具有创新人才，同时要有较强的对外贸易地位和高效率低消耗的企业经济。⑤ 影响品牌建设和品牌化进

---

① 刘华军. 现代经济增长的综合分析框架：分工-制度-品牌模型 [J]. 财贸研究，2006（4）.
② Eversheds London. Building strong brands [J]. Journal of Brand Management，2003（10）：115-118.
③ 郭克莎. 企业名牌战略及其实施条件研讨会综述 [J]. 经济学动态，1995（7）.
④ 邱建康. 论"名牌"的特征及产生的条件 [J]. 世界经济，1997（9）.
⑤ 萧灼基. 增强国家经济实力　打造世界品牌 [J]. 新金融，2006（7）.

程的区域经济条件包括宏观和微观两方面，宏观方面的条件包括市场经济的发展和完善情况、产权制度的界定状况、法治的健全程度、市场结构的状况等，微观方面的条件包括企业的实力和规模、产品本身的特性等。从整个经济系统来看，虽然企业是品牌打造的主体，企业实力对强势品牌的打造很重要，但是，品牌必须最终要为消费者所认可，所能消费得起，才能实现马克思在《资本论》中所说的商品到货币的惊险的"跳跃"，因此从根本上来说，只有人们的消费能力不断提升，企业实力的增强和强势品牌的打造才能有市场和消费保障，另外，健全的法治也很重要，它保障了市场竞争的顺利进行。

三、我国经济发展对品牌化进程的推动

我国近几十年的经济发展与经济体制改革是紧密结合在一起的，经济体制的改革可以解决经济发展的动力问题，更好地促进经济发展①。我国于 20 世纪 70 年代末开始实行改革开放，改革开放以后，我国逐步提出并着手建立了社会主义市场经济体制，相关重要观点可参见党的十二大、十三大、十四大报告以及 1993 年党的十四届三中全会通过的《中共中央关于建立社会主义市场经济体制若干问题的决定》。时至今日，我国已基本建立了比较完善的社会主义市场经济体制②。随着我国经济体制的改革，我国经济得到了快速发展，对外开放程度不断提高——年国内生产总值由 1979 年的 4 063 亿元增长到 2010 年的 401 202 亿元，绝对数量上增长了接近 100 倍；年货物进出口总额由 1979 年的 455 亿元增长到 2010 年的 187 162 亿元，绝对数量上增长了 400 多倍（数据来源于 2011 年《中国统计年鉴》）。在经济发展的过程中，我国民族企业在彼此之间特别是与国外企业的市场竞争中，逐步认识到了品牌在价值创造和占领市场上的重要

① 孙剑. 经济体制、资源配置与经济发展模型 [J]. 经济体制改革，2010（5）.
② 李兴山. 社会主义市场经济体制的提出 [J]. 瞭望，2010（9）.

作用；同时，在国外强势品牌的重大压力下，国内品牌的缺乏及现有品牌的弱势也引起了各级政府的关注。于是各界人士纷纷呼吁要努力将"中国制造"转化为"中国品牌"。为了更好地创建中国品牌、打造强势品牌，从 1992 年开始，由政府、新闻媒体和各界知名人士联合策划了"中国质量万里行活动"；1994 年，"中国质量万里行促进会"成立，由国家质量监督检验检疫总局主管；2001 年开始，质检总局每年举办一次"中国名牌产品"的评选，启用了"中国名牌"标志，并于 2005 年推出"中国世界名牌产品"的评选活动；与此同时，国家工商总局也于 2003 年颁布和实行了《驰名商标认定和保护规定》；2006 年，商务部响应党中央、国务院号召，组织启动了全国规模的"品牌万里行"活动，大力推进中国的品牌化进程。从 1979 年开始，截止到 2010 年年底，我国在国内、国际与马德里商标有效注册数总和达到 3 927 116 件，仅 2010 年一年时间我国在国内外商标核准注册数就达到 1 349 237 件（数据来源于 2011 年《中国科技统计年鉴》）。

第五章　品牌企业推动城镇
经济发展的途径分析

本章将分别从品牌企业对支撑城镇经济发展的三大产业，即农业、工业、服务业发展的推动路径展开研究。品牌企业可推动我国农业产业化、工业化、服务业的发展，从而推动城镇化的进程。

第一节　品牌企业对农业产业化发展的推动

农村的发展需要农业产业化和农村城镇化。一方面农村城镇化以农业产业化发展为基础，农业产业化可结束长期以来低效的散户经营模式，实现农业生产的规模化效益，提高农民收入，有利于解决城镇化过程中的三农问题；另一方面农村产业化也需要农村城镇化，农村城镇化带来要素集聚，为农业产业化发展提供契机，为农业产业的发展提供充足的劳动力资源和市场空间。实施农业品牌化可推动农业产品的标准化与规范化、差别化与特色化、提高附加价值、提高市场竞争力和农业整体竞争力，推动农业产业化的发展。

一、农业产业化的内涵

农业产业化作为一种产业的组织形式，本质上是对传统农业产业组织的创新，它是以市场为导向，以家庭承包经营为基础，依靠龙头企业或各种中介组织的带动与连接，将农业的产前、产中、产后诸环节连接为完整的产业链条，实行多种形式的一体化经营，形成系统内部有机结合、相互促进的利益机制，在更大范围内实现资源优化配置的一种新型农业生产经营形式。它综合地发挥了生产专业化、布局区域化、经营一体化、服务社会化、管理企业化等诸多优越性，为有效解决农户小规模经营与社会化大市场、农业生产比较效益低与提高农业劳动生产率以及农业科技含量低、剩余劳动力转移等农业深层次矛盾的问题，提供了符合我国国情的重要现实途径，对于促进农业现代化和农村社会主义市场经济体制建设具有深远意义。

农业产业化是 20 世纪 90 年代中国农村改革与发展中出现的伟大创举，是中国农民的伟大创造。农业产业化的产生不是偶然的，是市场经济条件下由传统农业向现代农业转型的必然过程，也是农业产业组织和经营管理方式的创新。随着我国农村经济体制的变革，农业产业化经营也经历着一个逐渐发展的过程。早在 20 世纪 50 年代，在我国农垦系统的一些大的垦区，就实行了农工商综合经营。进入 20 世纪 70 年代末期，一些乡合作经济和工商企业发展农工商一体化的经济实体，在生产组织形式上进行探索。但在当时的计划经济体制下，这种联合是依靠行政命令，将从事农产品生产和从事农产品加工、销售的部门依据计划安排进行简单的组合，既缺乏内在的利益联结机制，也没有相应的外部市场环境，因而这种探索在当时并未取得显著进展。进入 20 世纪 80 年代后，中国农村经济体制发生了彻底的变革，农民作为独立自主的生产经营主体登上了发展商品经济的舞台，在实践中他们创造了公司加农户等经营组织形式。20 世纪 80 年代末期，随着改革开放事业的进一步发展，东部沿海地区率先提出积极参加国际大循环发展外向型经济的思想，一大批以国际市场为导向的"贸工农"组织应运而生。而此时的"贸工农"组织形式与计划经济体制下的农工商联合企业迥然不同。党的十四大提出了建立社会主义市场经济体制的目标，进一步明确了发展市场经济的指导思路，推动了农民按照产业化的方式在组织形式和运行机制上的进一步创新，其运作方式更符合市场经济的要求，在实践中表现出强大的生命力和广阔的发展前景。

二、农业产业化的主要组织形式

由于各地自然、经济状况存在较大的差异，其主要产业或产品也不同，农业产业化经营的组织类型也不尽相同。依据联结农户的龙头组织的不同类型，可将农业产业化组织形式划分为以下6种形式：一是"公司+协会+农户"。其特点是以专业开发公司为龙头，以农民专业协会为纽带，以众多的专业农户为基础，通过有效的利益连接机制，结成经济共同体。二是"专业批发市场+农户"。围绕优势产业的发展，发育专业批发市场，拓宽商品流通渠道，运用市场的导向作用，带动优势产业扩大规模，并发展与其相配套的加工、运输业等，进而形成一体化经营格局。三是"公司+市民+农户"的双加模式。即以公司为龙头，公司负责提供部分资金、良种、技术指导、疾病防疫和产品销售以及信息服务，市民出资或出人，农户负责提供场地和劳动力，三方通过契约关系联合成为利益共享、风险共担的共同体。四是"合作组织+农户"。即以社区合作组织或农民专业协会为龙头，以从事农副产品经销为主，通过契约将从事某种专业生产的农户与加工或经销企业联系起来。五是"企业+农户"。以加工企业为龙头，以农副产品精、深加工为主，以契约、服务等不同形式将基地农户联系起来，以企业发展带基地，基地壮大企业，互相促进，共同发展。六是"大龙带小龙"。即以同一种农副产品为加工原料，通过主体企业的辐射建立分厂，把不同区域的专业农民联系起来，分家联销，共同面向市场。

另外，我们在总结农业产业化实践的基础上，也可将以上六种农业产业化组织形式归纳为"龙头企业带动型、中介组织带动型和批发市场带动型"三种模式。龙头企业带动型是以农副产品加工或流通企业为龙头，通过合同契约、股份合作制等多种利益联结机制，带动农户从事专业生产，将生产、加工、销售有机结合，实施一体化经营。该类型一般以"公司+农户"为基本组织模式，是当前的主要形式。中介组织带动型是以专业性合作经济组织（含农民专业技术协会）、供销合作社等为中介，通过合作制或股份合作制等利益联结机制，带动农户从事专业生产，将生产、加工、销售有机结合，实施一体化经营。该类型一般以"合作经济组织+农户"为基本组织模式，近年来也出现不少"公司+合作经济组织"的模式。批发市场带动型是以专业批发市场为纽带，带动主导产业，并通过合同契约或其他较稳定的经济关系，连接广大农户，实施产销一条龙经营。

上述各种不同的农业产业化组织形式，都需要突破计划经济体制下形成的部门封锁、行业垄断的旧格局，遵循市场经济运行的规律、原则，把农业生产、农产品加工和农产品流通等诸环节有机结合起来，发挥各种"龙头组织"与农户结成的或松散或紧密的经济利益共同体，对农户发挥引导、组织和服务的功能。

三、农业品牌化的含义

农业品牌化应该包括五大要素或者说五大环节：品牌注册、品牌整合、品牌战略实施、品牌价值评估和名牌带动推进。这五大环节是相辅相成、缺一不可的。品牌注册是农业品牌化的基础，品牌整合是农业品牌化的纽带，品牌战略实施是农业品牌化的核心，品牌价值评估是农业品牌化的衡量标准，名牌带动推进是把品牌做大做强及实现农业品牌化的目的。农业品牌化是传统农业通过不断应用现代先进科学技术，不断提高生产过程的物质技术装备水平，不断调整农业结构和农业的专业化、社会化分工，以实现农业总要素生产率水平的不断提高和农业持续发展的过程。简言之，农业品牌化即是由传统农业向现代农业转化的历史过程。这里强调把农业视为一个历史发展的过程，是因为农业品牌化的诸要素都是在品牌化过程中逐步实现的。也就是说，这些条件的逐步实现也为农业的逐步品牌化创造了条件。

　　农业品牌化是由传统农业向现代农业转变的过程。因此现代农业作为对传统农业扬弃的产物，具有深刻的传统性和继承性。舒尔茨在研究农业发展问题时，抽象地描述了两种农业经济形态：传统农业经济形态和现代农业经济形态。他认为传统农业有三个方面的特征：一是不存在土地的替代因素，再生产性物质资本从祖辈那里继承下来，尽管年年在更新，但历年几乎未变，劳动者所拥有的技能和知识完全是经验性的；二是人们对再生产物质资本的购买偏好长期不变，投资服从于边际需求偏好和资本边际生产力相等的原则；三是长期内传统农业处于稳定均衡状态，社会无净储蓄或净投资，农业生产停滞落后，农民十分贫穷。在舒尔茨看来，传统农业是一种特殊类型的经济均衡态，技术状况是不变的，生产形成定局，进一步增加产量已不可能。但这一概念并不完全符合中国传统农业的实际。

　　农业品牌化是一个综合的、世界范畴的、历史的和发展的概念。它作为一个动态的、渐进性的和阶段性的发展过程，在不同的时空条件下，随着人们认识程度的加深而不断被赋予新的内容。经过相关历史方面的考察，人们发现：品牌化是历史从长期停滞的中世纪进入急速变化的现代化社会而获得普遍应用的一个概念。在这个时期，一个又一个思想、社会、经济和政治的革命，使得人们对自然、对人自身及其所处的社会的认识出现了突破性的进展，品牌化概念正是为了概括这一系列变革而获得了普遍应用，农业品牌化的名词也随之出现，用来描述工业革命以后农业历史发展过程中带有普遍性的特征以及具体过程。

　　可以说，2005年中央1号文件关于"由传统农业向现代农业转化""整合特色农产品品牌，支持做大做强名牌产品""发展特色农业"的精神，是对农业品牌化内涵的高度概括。中国的农业品牌化过程有其自身的特色，是以实现农民富裕、缩小工农差别与城乡差别为目标，以现代科学技术、现代管理手段、现代物质技术装备武装农业为支柱，通过建立完善的社会主义市场经济体系、实行集约化经营、调整优化产业结构、发展农业工业和小城镇建设、加强基础设施和服务体系建设等途径，在国家对农业实施有效保护政策和协调工农业顺利发展的条件下充分发挥农民的主体作用，分阶段、分地区、分类型逐步把传统农业建设成为适应整个国民经济协调发展的现代基础产业，提高农业综合要素生产率和农业综合生产能力，实现工农一体化和城乡一体化，不断满足人民日益增长的物质文化需要。

四、农业品牌化的必然性

从世界范围和中国农业发展的趋向上看，中国的农业品牌化有其必然性，这主要表现在以下几个方面：

第一，农业品牌化是农业可持续发展的需求。迫于日益增长的人口所带来的对农产品需求的巨大压力，在现代科学技术的支撑下，人类社会以追求农产品产量的最大化目标来组织农业生产活动。然而，由于人们没有正确地认识到农业生产与生态环境之间的相互依存关系，在人们充分运用机械化、化学化的农业生产技术大力垦荒及掠夺地力而使得农产品总产量和单产获得很大提高的同时，却发现农业生产目标与生态环境目标之间的矛盾日益突出，农业生态系统日趋脆弱，植被被破坏、水土流失、土壤盐碱化、沙漠化、物种减少、环境污染、资源枯竭等问题日趋严重。而推进农业品牌化，可有效地管理和保护农业自然资源基础，增殖可再生资源，建立农业资源可持续开发利用的生态经济运行系统，并重新选择农业生产的技术，以解决由于大量使用化肥和农药所引起的环境污染和昆虫抗药性等问题，实现农业可持续发展。

第二，农业品牌化是国际农业大市场的需求。自从加入世界贸易组织（WTO）以后，我国经济在更大范围内和更深程度上参与国际竞争与合作，农产品关税较大幅度降低，非关税措施和出口补贴基本取消，实行关税配额的几项大宗农产品的配额量也大于国内市场进口产品的实际需求量，我国农产品不仅将直接参与国际市场竞争，而且将在国内市场上与国外农产品竞争。由于我国农产品总体质量、安全水平不高，农业生产规模小、成本高，加之许多农业发达国家还保留高额的农业补贴，我国农业面临的竞争形势是空前严峻的。在这样的形势背景下，采取农业品牌化发展战略，明确主要目标市场，确定发展思路，集中力量进行重点培育，打造农业品牌，发挥品牌效应，尽快形成一批具有国际竞争力的农业产区和优势农产品，辐射和带动全国农业整体竞争力的提高，是我们积极应对挑战，主动参与国际竞争的现实选择，也是尽快提高我国农业竞争力和生产力水平，促进新阶段我国农业发展的战略措施。

第三，农业品牌化是人们消费取向发展变化的需要。在社会生产力水平低下的情况下，迫于解决温饱的需要，人们通过农业生产技术的创新和应用，最大限度地提高农产品产量，达到在农产品数量上使人们得到满足。但是，随着经济的高速发展，城乡居民物质生活由温饱逐步走向全面小康，消费者对农产品的消费倾向于品质好、无污染、无公害、安全性强等。而由于同类农产品的同质性较高，消费者无法用肉眼进行识别，消费者只能凭肉眼识别农产品的清洁度、新鲜度，无法了解农产品的品质特征等情况。推进农业品牌化，向市场提供品牌农产品，突出了农产品的差异性，有利于消费者区别农产品，方便选购，满足他们的消费需求。

第四，农业品牌化是农业产业化发展的要求。目前，发达国家农业产业化经营的水平越来越高，已基本实现了农产品产、加、销一体化经营，具有生产基地化、加工品种专业化、质量体系标准化、生产管理科学化、加工技术先进化及大公司规模化、网络化、信息化经营的特点，产生了像瑞士雀巢、美国菲利浦-莫里斯和英国荷兰联合利华等跨国公司。当前，我国农业经营组织化程度还较低，农业小生产与大市场的矛盾还十分突出，一家一户的生产方式很难适应市场的变化，农业产业化、市场化程度低严重削弱了农产品竞争力，直接影响农产品供给及价格的稳定性。推进农业品牌化时，通过开发具有国际比较优势和较强竞争力的品牌农产品，既可以帮助农民解决与市场的衔接问题，解决农业生产结构和产品结构偏离市场需求而不断导致农民增产不增收的矛盾，又能带动生产、加工销售、服务等相关产业的发展，实现农工贸一体化，产加销一条龙，延伸产业链条，从而推动我国农业产业化发展的进程。

第五，农业品牌化是提高社会整体效益的要求。推进农业品牌化是农户、企业、政府的联合经济行为，它既能根据市场导向发挥产品优势、产业优势、特色优势，创出农业名牌产品，又能在国家产业政策不断完善，宏观调控能力不断增强的情况下，避免农业的重复建设，进而真正提高多层次需求的有效供给，通过规模化经营，化解市场风险及农业投资风险，提高农业经济的整体效益。对农民来说，可以将农产品卖出去，有效解决"卖难"的问题，取得稳定的收益；对企业来说，能使其原料供应稳定可靠，规模经营成本降低，名牌产品竞争力提高，企业效益相对提高；对政府来说，可以增加财政收入，从中受益。

五、农业品牌化的作用

实施农业品牌化可推动农业品牌的标准化与规范化、差别化与特色化，提高农产品的附加价值、农业品牌的信任度和忠诚度，提高其市场竞争力和农业整体竞争力，挖掘其文化内涵。实施农业品牌化，能够确定我国各地区农业产业的发展方向，更好地部署人、财、物力资源，以实现国家及各地区的目标。

（一）可推动农业品牌产品生产经营的标准化与规范化

实施农业品牌化，有利于保护农业企业生产者和经营者的合法权益，有利于维护消费者利益，有助于政府调控市场。

（1）有利于维护消费者利益。有了农业品牌，农业企业以品牌作为促销基础，消费者认牌购物。农业企业为了维护自己的品牌形象和信誉，都十分注意恪守给予消费者的利益，并注重同一农业品牌的农产品质量水平同一化。因此，消费者可以在企业维护自身品牌形象的同时获得稳定的购买利益。

（2）有利于保护品牌所有者的合法权益。农业品牌经注册后获得商标专用权，其他任何未经许可的企业和个人都不得仿冒侵权，从而为保护农业品牌所有者的合法权益奠定了客观基础；同时也促使生产经营者保证商品质量，维护品牌信誉。在与品牌有关的利益受到或可能受到侵犯的时候，品牌显现出了法律规范的庄严与不可侵犯。

（3）有利于约束农业企业的不良行为。农业品牌是一把双刃剑，一方面因其容易为消费者所认知、记忆而有利于促进农产品销售，注册后的农业品牌有利于保护农业企业的利益；另一方面，农业品牌也对品牌使用者的市场行为起到约束作用，督促农业企业着眼于企业长远利益、着眼于消费者利益、着眼于社会利益，规范自己的营销行为。

（二）可推动农业品牌的差别化与特色化

农业品牌的差别化与特色化是农产品营销战略的核心，是农产品市场营销的切入点，可以为消费者选购产品提供依据。随着市场经济的发展，买方市场的特征越来越明显，面对市场上种类繁多的商品，消费者的选择余地越来越大。但是，受市场竞争的影响，同一种商品的质量在不断提高（性能不断改进、功能不断增加、服务不断完善），加之商品科技含量越来越高，使得人们辨识商品的能力相对地越来越低。资料表明，消费者在市场上购买食用油，可供选择的种类至少有20多个；消费者购买大米，可供选择的种类达到百种之多。如果仅靠消费者自身依据农产品本身的特征去辨识产品质量好坏进而决定是否购买，那几乎是不可想象的工作量，而且还难以使自己满意。这就客观地需要外来信息提供支持。农业品牌就是一个重要的消费者接受得到的（通过品牌传播）对选购商品有支持作用的信息源。借助农业品牌的差别化与特色化，使消费者对处在不断发展变化中的商品信息及其相关信息能够做到及时的、全面的、动态的了解。由此，也使得消费者的选购由选择哪一种农产品变成了选购哪一个农业品牌的农产品，或者说，借助农业品牌的差别化与特色化，人们实现了从一般的农产品选择进入了农业品牌选择发展阶段。实施农业品牌化，可促使农业生产者和经营者认真从事农业品牌运营，塑造农业品牌的差别化与特色化，引导消费，与市场需求更好地对接。

（三）可推动农业品牌提高附加价值

同种同质的农产品给消费者带来的利益是相同的，理应确定相同的价格。可是，由于高知名度品牌能够改变和提升消费者的价值感知，从而使得高知名度品牌农产品的价格可以高于其他品牌农产品的价格。实践证明，这是消费者能够认同的，自然也是农业企业的愿望所在。

高知名度农业品牌之所以具有增值效应，在于具有高知名度品牌的农产品异常走俏。现代社会，以高知名度品牌为时尚，追求高知名度品牌商品消费的潮流已经兴起。与其说是商品给生产经营者带来财富，倒不如说是品牌的知名度给他们带来了财富。高知名度品牌满足了消费者心理和生理多方面的需求，迎合了人们的求名偏好。高知名度品牌能给生产经营者带来财富，就是因为它们比同行业、同类商品的其他品牌更有名气。不少人心甘情愿地将"名声费"付给他们喜欢、渴求或向往的高知名度品牌商品，以奖赏名牌创造者因奋斗、冒险而获得的名声。这也是名牌刺激人们购买的一个原因。基于这一动因，实施农业品牌化战略，可促使农业生产者和经营者不断在创高知名度品牌上下功夫，以便获取或增加高知名度农业品牌的附加价值。

（四）可推动农业品牌信任度与忠诚度的提高

农业品牌有助于促进农产品销售，树立农业企业形象。农业品牌以其简洁、明快，易读易记的特征而使其成为消费者记忆农产品质量、农产品特征的标志，也正因如此，农业品牌成为农业企业促销的重要基础。借助农业品牌，消费者了解了农业品牌标定下的农产品；借助农业品牌，消费者记住了品牌及农产品，也记住了农业企业（有的企业名称与品牌名称相同，更易于消费者记忆）；借助农业品牌，即使农产品不断更新换代，消费者也会在其对农业品牌信任的驱使下产生新的购买欲望，在信任农业品牌的同时，农业企业的社会形象、市场信誉得以确立并随品牌忠诚度的提高而提高。实施农业品牌化战略，可促使农业生产者和经营者认真从事农业品牌运营，不断通过产品质量的改进与创新来提高自己农业品牌的信任度与忠诚度，更好地满足市场需求。

（五）可推动农业品牌提高市场竞争力和农业整体竞争力

实施农业品牌化，发展农业名牌产品能促使生产要素资源和消费品资源按照市场化原则进行流动，可以形成较好的市场机制。在市场经济中，市场机制在生产领域是通过生产者之间的市场交换实现生产要素资源的最有效配置的，在消费领域则是通过消费者之间的市场交换实现消费品资源的最有效配置的，而农业品牌化战略把两者综合起来，市场机制则是通过发展名牌实现社会资源的优化配置。在这其中，无论是名牌企业生产要素的组合，还是名牌产品的流通，在一定程度上都能打破地区、部门的分割和封锁，限制不正当竞争，创造平等公正的竞争环境，从而有利于形成一个开放的、竞争有序的大市场，促使市场经济迅速发展。

由于我国农产品总体质量、安全水平不高，农业生产规模小、成本高，加之许多农业发达国家还保留高额的农业补贴，我国农业面临的市场竞争形势是空前严峻的。在这样的形势背景下，实施农业品牌化，明确主要目标市场，确定发展思路，集中力量进行重点培育，打造农业品牌，发挥品牌效应，尽快形成一批具有国际竞争力的农业产区和优势农产品，辐射和带动全国农业整体竞争力的提高，是我们主动参与国际竞争的现实选择，也是尽快提高我国农业竞争力和生产力水平，促进新阶段我国农业发展的战略措施。实施农业品牌化，树立农业品牌信誉，在市场上创名牌、保名牌，使众多的农业名牌进入市场，有利于提高农业和农村经济的整体竞争力，促进农业和农村经济的发展。

（六）有利于挖掘农业品牌的文化内涵

品牌是人类创造的一种文化符号，具有特定的标志意义和丰富深刻的象征意义。品牌的文化象征是由人的文化创造所决定的。同时，不同民族不同社会不同时代的品牌，又具有不同的象征特点和象征形象，这是由人类社会的丰富性、多样性的文化类型所决定的，从而反映出不同民族不同社会不同时代的文化心理特征。农业品牌的命名也凝结着农业生产者或经营者的追求，品牌主题成为这些企业的象征，构成这些企业文化的组成部分。农业品牌的选择也反映出人类理想、民族传统、国家历史、宗教信仰、道德倾向、社会心理和区域文化的特点。实施农业品牌化战略，培育农业品牌的企业文化、区域文化，挖掘农业品牌丰富的文化内涵，这反映了品牌诞生所应具备的一般条件和形成名牌的某些规律性。名牌创立全过程所依循和形成的民主的、科学的精神，那些既富于想象，又注重实际，既有严格的现代化管理，又充满文化气息的，代表着经济发展趋向的品质，对于社会风气及人们的思想观念的转化和更新，都会起到积极的作用。

六、品牌企业推动农业发展的机制

品牌企业推动农业发展的机制指的是一定农产品品牌带动机体内各构成要素之间相互联系和作用的关系及其功能。农业品牌推动机制就是要利用农产品品牌来开拓和争夺市场。其目的是实现农产品的规模生产，进而带动关联产业的发展。农业品牌带动机制的建立，一靠体制，二靠制度。所谓体制，主要指的是农产品品牌带动组织职能和岗位责权的调整与配置。所谓制度，广义上讲包括国家或地方涉及农产品品牌带动战略实施的法律、法规以及任何组织内部的规章制度。农业品牌带动机制的构建是一项复杂的系统工程，各项体制和制度的改革与完善不是孤立的，也不能简单地以"1+1=2"来解决，不同侧面、不同层次必须互相呼应、相互补充，这样整合起来才能发挥作用。

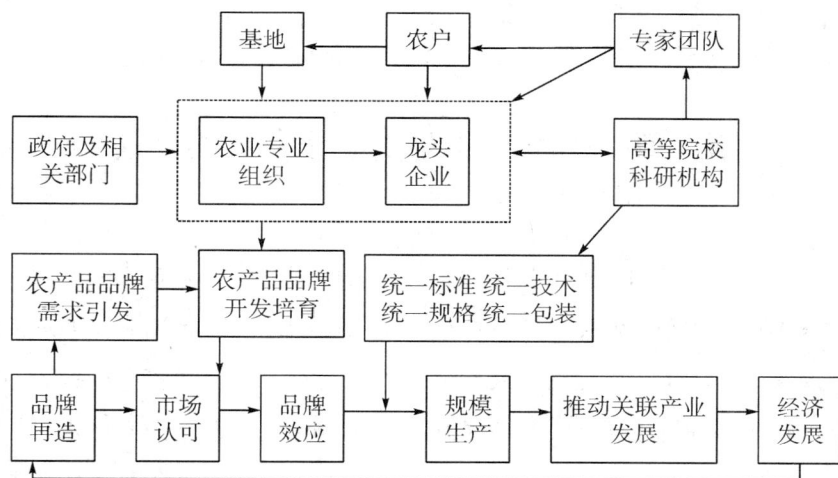

图 5-1 品牌企业推动农业发展模型

从图 5-1 的品牌企业推动农业发展模型图可知：

（一）农业品牌推动的过程

从市场需求引发到农产品品牌开发与培育，到市场认可，到农产品品牌效应，到农产品规模生产，到推动关联产业，到经济发展与提升，最后到新的市场需求引发。农产品品牌推动中的品牌必须源于市场的需求，农产品品牌效应的产生必然促进农产品生产的规模运作，进而带动其他关联产业的发展，最终促进经济的发展与提升，农产品品牌推动的过程是一个动态循环的过程。

（二）参与农产品品牌推动的活动主体类型

由于农产品品牌特殊性的存在，决定着农产品品牌带动的参与活动主体存在着多样性的特征，主要有政府及相关部门（农业部门、质量与技术监督部门等）、高等院校与科研机构、农户、农产品加工企业、农业专业组织等。在实际中还会有其他的行为主体介入，如银行与信用组织、市场组织、咨询和服务机构，它们各自发挥不同的职能和重要作用。同时，一些活动主体履行多样化的职能。如科研机构可能既承担基础与应用的研究，也承担相应的教育与培训工作。

第二节　品牌企业对工业化发展的推动

品牌企业可推动我国工业化的发展，进而推动我国城镇化的进程。当前，我国城镇化和工业化发展虽然存在不均衡的状况，城镇化发展远滞后于工业化，但我国工业化的发展水平并不高，存在不掌握核心科技、高污染、低产出等问题，因此，亟须提升我国城镇化和工业化的质量水平。大力培育品牌企业、发展品牌经济是推动工业化和城镇化发展，提高工业化、城镇化质量的有效途径。

一、工业化的含义

对于工业化的含义，历来有着不同的理解。我们一般把英语词汇 Industrialization 译为"工业化"。日本经济学家富永健一把它译为"产业化"。他认为"产业化就是指从产业革命开始一直不断地进行到今天的、使人类的生活形态同以前发生了根本变化的技术上经济上的变迁过程"①。由此可见，不论是"工业化"还是"产业化"，关键是如何理解"化"。在汉语中"化"一般有两方面的含义：一是指事物发展的一种目标或结果。作为一种目标显然在内容上要有全面贯通性、在程度上要有完全彻底性、范围上要有广泛覆

① 李必祥. 工业化、城市化与信息化的关系略述 [J]. 发展战略，1999 (7).

盖性，即通常所说的"彻头彻尾"的意思。二是指事物向着某一特定目标不断演进和发展的一个动态过程。作为一个趋向目标的过程，"化"的过程只能是一种趋势或趋向，而不可能是绝对"化"的。从这一汉语意义来讲，工业"化"就是指以工业文明取代农业文明的一个发展过程，目的是以大机器替代手工技术和自然力，创造更加丰富的物质财富。

工业化起始于18世纪中叶的英国工业革命，可是在经济文献中一直到20世纪初以后才出现"工业化"一词。[①] 由于工业化所涉及的范围有宽有窄、有大有小，国内外学者对工业化的定义也存在一些差异。有学者曾对国内外有关工业化的不同定义进行了梳理，见表5-1和表5-2。

表 5-1　　　　　　　　　　　国内学者对工业化概念的不同观点

序号	内涵	资料来源
1	工业化指的是一个国家由落后的农业国向现代工业国转化的一种过程	辜胜阻 （1991）
2	工业化是指一系列基要生产函数连续发生变化的过程	张培刚 （1984）
3	工业化一般是指工业（或者制造业、第二产业）在国家收入和劳动人口中所占的比重持续上升的过程	简新化 （2001）
4	工业化一般是指一个国家由生产技术落后和生产力水平低下的农业国过渡到具有先进的生产技术和高度发达的社会生产力的先进工业国的过程	方甲 （1996）
5	工业化是指一个国家地区工业活动持续增长及其中一系列生产函数（或生产要素组合方式）连续发生由低级到高级的突破性变化（或变革）的过程	苗长虹 （1997）
6	工业化就是机器大工业在国民经济中发展成为占统治地位的过程	辞海经济分册 （1980）
7	工业化就是使大工业在国民经济中取得优势地位的过程	许涤新 （1980）
8	工业化就是在经济发展过程中机器大工业占据统治地位的发展过程	于建顺 （1989）

---

① 龚唯平. 工业化范畴论［M］. 北京：经济管理出版社，2001：38.

表5-1(续)

序号	内涵	资料来源
9	工业化是指一国通过发展制造业，并用它去影响和装备国民经济其他部门，使国民经济由农业国转变为工业国的过程	吴敏一（1991）
10	工业化是近代工业通过自身的变革在经济中占据主导地位并使国民经济乃至整个社会都得到改造的过程	吴天然（1997）
11	狭义的工业化是指一个国家由农业国向工业国转化的过程，广义的工业化则是发展和现代化	蔡思复（1992）
12	工业化就是借人才资源和资本货物之助，将原料变成消费品、新资本货物及一般社会资本等各项新货物和服务的过程	杨敬年（1988）
13	在市场经济体制下，所谓工业化，就是以市场交换为基础的，以工厂或企业为组织形式的，以机器大规模生产为特征的生产过程	丁焰辉（1999）

资料来源：姜爱林. 工业化的含义及中国工业化发展的特征［J］. 河南师范大学学报（哲学社会科学版），2003（2）.

表 5-2   国外学者对工业化概念的不同观点

序号	内涵	资料来源
1	工业化是经济中各行业企业的生产组织，按照专业化和劳动分工，运用技术、机械、电力来补充和代替人的劳动的过程	科帕垂克（1983）
2	工业化是指以各种不同的要素供给组合去满足人类不断增长的物质需求的一种途径	钱纳里（1996）
3	工业化就是以机器生产取代手工操作的现化工业的发展过程	吕贝尔特（1983）
4	一种明确的工业化过程的一些基本特征是：首先，一般说来，国民收入（或地区收入）中制造业活动和第二产业所占比例提高了，或许因经济周期造成的中断除外。其次，在制造业和第二产业就业的劳动人口的比例也有增加的趋势，这两种比率增加的同时，除了暂时的中断以外，整个人口的人均收入也增加了	新帕尔格雷夫（1992）
5	工业化是产品的来源和资源的去处从农业活动转向非农业生产活动的一种过程	西蒙·库兹涅茨（1989）

表5-2（续）

序号	内涵	资料来源
6	工业化是脱离农业的结构转变，即农业在国民收入和就业中的份额下降，制造业和服务的份额上升	撒克（1985）

资料来源：姜爱林. 工业化的含义及中国工业化发展的特征［J］. 河南师范大学学报（哲学社会科学版），2003（2）.

事实上，有关工业化的定义远不止这些。例如，马克思虽然没有明确给出工业化的定义，但他有关于资本主义机器大工业发展的论述，即对资本主义工业化发展及其特征的系统阐述；而曾经被社会主义国家广为推崇的斯大林的观点则认为，只要一国的工业经济产值占到了国民经济总产值的70%以上，就应该被认为是完成工业化了。

上述对工业化定义的诸多不同见解说明了人们对于什么是工业化的认识还有待进一步的研究。但是，仔细对比研究，可以将上述关于工业化的定义分为四种类型。

第一类定义是从历史社会的发展进程这一更加宽阔的视野看待工业化，认为工业化作为一种特定的历史进程，不仅促进社会经济的发展，而且还影响并导致社会、政治发生一系列的变化。也就是说，由于生产技术、经济、社会、政治和文化事件都处于紧密的相互作用、相互依赖、相互依存的关系之中，不仅非经济因素会对工业化发展产生直接或间接的影响，而且工业化也会对社会的政治、文化等各方面产生影响。第一类定义对于工业化的理解有着理论的与实践的依据。从理论上讲，在经济基础与上层建筑的关系中，它们相互依赖、相互依存、相互作用，工业化的进行总是要依赖于一定的经济体制和政治制度。在二者的相互作用中，工业化过程一方面表现为技术的变革、经济的发展、生产力的提高过程，另一方面又表现为社会经济制度和社会政治制度的变革。换句话说，工业化就是由现代工业变革所引发的经济制度、社会结构的转变过程。从实际看，世界各国的工业化过程导致了社会结构和政治体制的一系列变化，导致了由传统社会的经济结构向现代社会的经济结构转变。特别是广大发展中国家，在工业化进程中所发生的社会政治的变革，都直接或间接地源于工业化的变革。

第二类定义是从工业自身发展的角度加以规范的，认为工业化就是工业发展的过程。这类定义以工业的发展来解释工业化，实质是强调工业"化"。这里，所谓"化"含有"变化""过程"之意。按照这种意思来理解，则工业化就是工业在国民经济中持续扩张的过程。伴随这一扩张过程，工业经济在国民经济总体演进中获得优势地位，其产值占总产值的比重以及就业人数占总就业的份额都会上升。这些数量比率的变化可用于衡量工业"化"的程度。撇开具体的数量比率看，这种定义实质上是把工业化与工业发展当成了同一过程，其目的是想强调工业化与工业发展这二者之间的相互联系。

这种把工业化等同于工业发展的观点，似乎在历史上和逻辑上都能找到足够的依据。从历史上看，工业化自起源于英国工业革命以来，一直就反映着工业发展的水平和程度。从逻辑上看，没有工业的发展就不会有工业化，因此工业"化"应当包括工业的发展。然而，"工业发展"与"工业化"毕竟是两个不同的概念，否则就没有区分这两个不同词汇的必要。而且，把工业化等同于工业发展，实质上是降低了农业在工业化过程中的作用和意义。这也不符合实际情况。因为农业劳动生产率是进行工业化资本积累和发展的基础，即使在发达国家的工业化进程中，农业的现代化也始终是工业发展的重要支撑。

第三类定义是着眼于生产要素的投入组合与产出关系（即生产函数）的变化来定义的，强调生产的物质技术结构的变化。与第二类定义相比较而言，这类定义能够深入到微观领域考察生产要素组合变化及其产出关系的变化，不仅有利于分析生产领域中物质技术条件的变化，而且还能够跳出就工业论工业的圈子，将工业发展与农业乃至其他产业的发展联系起来。这既方便于经济学家进行结构和数量的分析，又可使经济学家们避免忽视对工业化素质分析的缺陷。张培刚先生就特别注重经济发展过程中那些"基要生产函数"的变化，认为只有"基要生产函数的连续变化的过程"才是工业化过程。所谓"基要生产函数"是指整个经济中居于支配地位的函数，或是"联系效应"很大的生产函数。"基要生产函数的变化，最好是用交通运输、动力工业、机械工业、钢铁工业诸部门来说明。"① 然而，这类定义的缺陷同样是明显的，因为"一系列基要生产函数发生连续变化"只是工业化的必要条件，但不一定就是工业化的充分条件。因为如果贫穷国家由于缺乏必要的资本积累，或者存在制度环境的不完善，就很难实现"基要生产函数的变化"。

第四类定义着重于国民经济的整体结构转移，认为工业化不仅仅是工业的发展过程，而且是通过发展工业，实现资源由农业部门向非农业部门转移以及国民经济中以农业为主的经济向以工业为主的经济转换的过程。这一定义把工业发展作为手段，目的是强调工业化进程中经济总体结构的转换。按照这种理解，"发展工业是手段，国民经济结构转变是目的，工业化则可看成这种目的与手段的统一"。虽然这一定义能够从深层次的结构上去把握工业化的实质，而且以经济结构变动结果为依据可以衡量工业化的程度，为工业化提供一个客观的计量尺度。但是，问题也出在如何以结构变化来衡量工业化程度上。过去一般认为，如果一个国家或地区的工业化率（即工业产值占国民经济总产值的比重）占到50%以上，就可以被认为实现了工业化。例如，斯大林就曾经把国民经济中工业化率达到70%以上视为工业化的实现标准。然而，工业化率仅仅是数量指标，其标准究竟该定在何种程度上仍有进一步讨论的余地。这是因为，不仅工业化率本身是不断变化的，特别是随着工业化水平的不断提高，发达国家的工业化率随经济发展呈现出"先递增后递减的拐折现象"，即工业化率通常会出

---

① 张培刚.农业与工业化：上卷［M］.湖北：华中科大出版社，2002：65.

现"倒 U 形曲线";而且世界各国的具体情况千差万别,像新加坡那样的国家完全可以依靠粮食进口来发展本国经济,农业在国民经济中处于可有可无的地位。这样就不能单纯用反映经济结构变化的工业化率或农业产值及其就业比重来衡量其工业化的程度。

二、工业化对社会经济的作用

一般来说,工业化会带来两方面的显著变化:一是收入的迅速增长,二是经济结构的快速转变。这两方面的作用正是经济发展的主要内容。

工业化与经济增长之间存在明显的联系。在传统农业社会,人们的收入水平是十分低下的,且这种低收入水平会维持很长时间而不变。只有经过工业化,人们的收入水平才会有大幅度的提高。不仅如此,工业增长与国内生产总值(GDP,下文简称 GDP)增长之间还存在着密切的相关关系。一般而言,如果工业在 GDP 中的份额上升得越快,GDP 就增长得更快。工业化对经济增长的促进作用来自工业本身的性质。经济理论认为传统农业是边际报酬递减的,因为可耕土地数量是有限的,而人口数量却是不断增长的。这样,当劳动增加达到一定限度之后,由于单个劳动力平均使用的耕地面积不断减少,增加的劳动所带来的产出量的相应增加值就会呈现递减趋势。同时,受恩格尔系数变动规律的作用,当人们的收入水平达到一定程度时,人们花费在食物消费支出上的增加额占收入增长值的比例就会随收入水平的增长而逐步降低。也就是说,人们对食物的需求是有限的,有限的食物消费需求不足以支撑长期的经济增长。当工业在 GDP 中的份额增加时,意味着经济资源正在从传统农业向工业转移,经济就会以较快的速度增长。卡尔多在 1967 年提出"经济的高速增长几乎总是与第二产业,主要是制造业的高速增长联系在一起的",并且以后的经验研究也对这一观点予以了支持。

在工业化过程中,经济结构的各方面都会发生显著变化。著名的配第

-克拉克定理——伴随着经济发展，一个社会就业结构的重心有从第一产业向第二产业，进而向第三产业推移的趋势。我们知道，工业化内含工业的发展，即工业在国民收入和就业人口中所占的比重上升。由于工业的发展会引起并促进商业、服务业、金融保险、交通运输、邮电通信等行业的快速发展。因此，工业化的过程也就是产业结构的变化过程。霍夫曼（Walther Hoffman）于1931年在《工业化的阶段和类型》中分析了工业化进程中工业内部结构的变化问题。他把工业划分为消费品工业和资本品工业，把两者产值之比叫作"霍夫曼系数"。通过对近20个国家时间序列数据的研究，霍夫曼得出结论，认为在工业化过程中，霍夫曼系数是不断下降的。工业化与城市化之间存在着互相促进的内在联系。一方面，工业化使资本和人口向城市集中，加速了城市化。虽然说城市的出现并不是工业化的结果，但是自工业革命以后，由于城市工业经济实力逐渐强大，从而取得了对社会生活的主宰地位；另一方面，城市化又推进了工业化。城市是劳动力与资本高度集中的地带，生产要素的聚集产生的规模经济效应，能降低工业企业的生产成本，有利于企业开拓销售市场。此外，城市还能够为工业企业提供高效的基础设施服务、市场信息服务和文化生活服务。因此，城市化使工业化得到聚集效应和规模效应。

三、我国工业化发展的转变

经过几十年建设，特别是改革开放以来的高速发展，现在我国工业已经发展到了由数量扩张向提高素质转变的关键时期。关于这一时期的开始时间：有学者认为是20世纪80年代中期，因为机械、纺织等行业在那时的生产能力已经扩张到很大的规模；也有学者认为是从20世纪90年代初开始的，1990—1992年的调整是其重要的标志；还有学者认为应该从提出"两个根本性转变"开始。但不管大家看法如何，这一转折时期的到来已经是一个毋庸争议的事实。

现在，我国工业的整体规模已经比较庞大，数量扩张阶段已经基本完成。其主要表现是：第一，我国的许多工业部门从无到有，由弱变强，现在已经形成了以能源、机械、汽车制造、采矿、冶金、电子、化工、石化、航空航天、造船、建筑建材、医药、纺织服装、家用电器、食品饮料等为主体的门类齐全、完整的工业体系。第二，我国多数工业品已经供大于求，使许多企业的产销率下降，库存增加。统计资料显示，目前纺织、轻工、家电、包装、钢铁、汽车等行业的产品积压严重。第三，我国主要工业品的产量已经达到很高的水平，其中，粗钢、原煤、水泥、棉布、电视机等的产量已经位居世界第一，发电量和化肥、化学纤维等的产量也已经上升到世界第二位。第四，我国已经形成了庞大的工业生产能力，但是多数工业行业的生产能力利用率很低，使大批设备闲置，造成了很大浪费。但是，我国工业的整体素质却不高，集中表现是：第一，产品的品种还不多，质量还不高，更缺少技术含量高的产品和被消费者广泛认可的名牌产品，产品在国际市场上的竞争力还不强。第二，产业结构不合理。能源、原材料等基础产业还比较薄弱；传统产业占的比重大，高技术产业还处在发展阶段；加工工业能力过剩，但是水平低，低水平重复的现象比较普遍。第三，产业组织结构不合理。产业集中度低，在一些经济规模要求较高的行业，企业规模小而分散，多数企业没有达到合理的经济规模，规模经济效益差。

上述情况说明，我国工业经济的确已经发展到由数量扩张到提高素质的转折时期。进入这个时期后，我国经济发展将会出现一些新特征。这些特征有的已经初步显示了出来，有的即将显示出来。其一，商品短缺的现象基本结束，供大于求的买方市场逐步形成。数量扩张的积极成果就是使人们的基本需要得到了满足。商品短缺的现象已经成为历史，随之而来的是人们要求改善生活质量。因此，对商品的供给提出了较高的要求。其二，企业的生存和发展环境将变得更加险峻。从企业的外部环境看，由于商品供给的充足、买方市场的形成、市场机制作用的增强和我国经济国际化程度的提高，企业之间的竞争将加剧。这种竞争不仅来自国内各类企业，而且也来自于国际大型跨国公司。从企业内部看，由于能源原材料的涨价、职工工资的提高，产品成本出现了大幅度上升的趋势，如何加强管理、降低成本是对企业的严峻考验。其三，对外贸易的难度加大，增长速度趋缓。随着劳动力成本的增加和其他第三世界国家的竞争，初级产品和劳动密集型产品的出口优势将逐步丧失，出口的难度加大，增长速度放慢，出口产品的升级换代不可避免。进口产品的选择性也会提高。面对我国工业发展的现状和将出现的上述基本特征，转变增长方式，提高工业的整体素质已经成为我国经济发展的关键问题之一。它是摆在我们面前的一项紧迫而艰巨的任务。提高我国工业的整体素质是一项复杂的系统工程，它的难度大、涉及面广，需要我们长期不懈地从多方面努力工作才能见到成效。

四、实施工业品牌化的意义

工业品牌是体现工业产品、工业企业及其产业集群个性化、竞争力的重要标志。在一定市场竞争条件下，品牌是市场综合竞争力的表现，它代表特定产品的质量、信誉、服务、形象与性能等综合特质；品牌也是企业综合竞争力的体现，同时在市场中具有相当的关联效应，凡是消费者认可的牌子，除了其主导产品以外，同一品牌的相关产品也能得到消费者的认可和信赖，具有很强的市场渗透力；品牌具有很强的累积效应，它可以体现历史上沉淀下来的竞争优势，具有"进入壁垒"的性质等。因此，各地政府及相关部门可以通过开展"工业品牌兴市""工业品牌兴省"等活动，引导、帮助工业企业做好市、省、国家乃至国际级别的工业"名牌产品"和"驰名商标"等品牌的推荐和申报工作，充分发挥工业品牌在其集聚产业要素中的巨大作用，真正实现一个知名工业品牌带动一个产业，进而带动关联产业，形成品牌产业的集聚发展，提升本地工业的核心竞争力和国际竞争力。

名牌产品反映着一个国家、一个地区的经济实力和科技发展水平。大力实施工业品牌战略，创建和培育出一批工业名牌，对加快走新型工业化道路的步伐，实现工业发展的速度与结构、质量与效益的统一，引导全社会合理利用工业资源和保护生态环境，走可持续发展和质量效益型工业发展路子具有重要意义。实施工业品牌战略是实施工业强市、强省、强国战略的需要，实施工业品牌战略可以造就一批主业突出、管理先进、核心竞争力强的名牌优势产品和企业；实施工业品牌战略可以提高工业产品的科技含量、经济效益，降低资源消耗，减少环境污染，发挥人才资源优势；实施工业品牌带动战略可以盘活工业存量，扩大工业增量，优化环境，推进工业结构调整，不断提升工业的整体素质和市场竞争力。

五、工业品品牌的培育模式

品牌是产品、渠道、广告传播等各个方面资源力量的整合体现，是产品价值链竞争的最高层次。树立品牌理念就是要努力在顾客面前提高自己的企业形象以及产品方面的可信度，把每一次投入都作为对品牌资产的长期投资，最大限度地提高客户的偏爱度和忠诚度。工业品牌培育就是将工业品牌塑造成为能使企业持续为顾客创造价值的一个价值符号。在这一过程中应该遵循的思想与方法，应该包含以下几个方面：

（一）传递产品的价值力

对工业产品而言，产品交易是连接工业产品供应商和企业顾客的核心活动，双方所交换产品的特征在总体上对买卖双方之间的关系影响很大。在工业品采购方，通常用设计质量和工艺质量作为检查质量的标准，同时对其自身的产品输入往往有特殊的要求，即使是标准化产品，有的顾客有时也会对其做出特别的规定。在交易过程中，买卖双方的技术部门经常会进行充分的沟通，特别是涉及新产品的开发，双方的相关人员会详细地了解所需开发的产品的情况。产品质量的改善会提高过程和特性上的顾客满意水平，而过程和特性方面的满意度增加又会导致顾客总体满意度或总体感知质量的提高，继而使得顾客的购买倾向提高，如更强的重复购买意愿、增加使用量、良好的口碑宣传等，购买倾向的提高又会导致忠诚行为，最终带来盈利和财务绩效的提升。因此，良好的质量和客户高价值的感受易于提高顾客满意度和公司收益。工业品顾客对工业品供应商满意和忠诚的中心要求是产品的质量。这对于工业品品牌的培育是至关重要的。

（二）呵护品牌的拉动力

打造优质高效的销售平台是进行品牌培育的重要支撑，这需要其中包括：直销渠道的维护、加强对销售人员的培养、共同成长。这是一种保持品牌能够可持续发展的重要意识。因为对工业品而言，由于购买的特殊性，必然要求企业之间确立长久的关系。因为这中间有一个重要的转换成本，转移成本包含了顾客的经济、时间、心理及学习等成本。相关研究表明：转移成本的高低对于维系顾客忠诚度以及进行品牌的培育有着直接的影响。

（三）打造品牌的推动力

成功的品牌培育离不开对品牌的大力打造，主要方法包括以下几个方面：第一，以大众化传播直接提升品牌价值，使产品获得超额利润；第二，透过对下游产品市场的培育来完成产品市场的成长；第三，通过大众化传播打造，使工业品成为最终产品不可缺少的一个关键组成部分。

（四）塑造品牌的维持力

工业产品营销的本质是关系营销，因此顾客服务在建立、扩展、维护企业组织间关系等方面有独特的作用；服务是维护顾客资源的纽带，也是企业创造利润的另一源泉；伴随产品而来的服务与产品本身所解决的技术问题通常具有同等的重要性；工业产品供应商提供某种产品来满足市场的需要，卖方可能会对供应商提出除产品性能以外的其他服务要求。因此，工业品供应商在不断提高产品质量的同时，还要提供良好的售前、售中、售后服务，增加顾客增值感受。

六、品牌企业推动工业发展的机制

品牌企业推动工业发展的机制指的是一定工业品牌带动机体内各构成要素之间相互联系和作用的关系及其功能。工业品牌推动机制就是要利用工业品牌来开拓和抢占市场，通过工业品牌的创建与培育，用名牌产品或企业带动关联产品或企业和发展，集聚成为一个支柱产业，从一种品牌逐渐发展成为一个品牌族群，汇集到一起成为区域品牌，在全球价值链和世界经济之林中占有一席之地。

我国是发展中国家，面对众多世界名牌，特别是发达工业国家的知名品牌竞争，要从无到有、从有到名。创造世界级工业强势品牌，并非一件易事，需要建立和健全品牌推动战略的各种工作机制和保障机制。从工作机制角度看，参与工业品牌推动战略实施的主体，不光需要工业企业发挥坚持创建自主知名品牌的主导作用，还需要政府及其相关部门正确的引导和支持以及社会各界的关心爱护；从保障机制角度看，没有一个健康的市场环境，没有公平、公正、公开的市场规则，很难形成强势品牌。面对国际知名品牌的进入和冲击，政府和社会各界应该在为民族工业企业自主品牌的创建营造一个公平的竞争环境方面，搭建各种支撑、保障平台。品牌企业推动工业发展的机制如图 5-2 所示。

(一) 找准工业品牌创建与培育的切入点

工业品牌的创建与培育应以区域的文化为背景，以产品、服务为载体，以企业集群为基础，以提高企业集群的竞争力为目标，以市场化运作为基本模式，整合、优化企业集群内的区域工业品牌资源，营造后发优势，促进品牌集群企业的持续、稳健发展。我国是发展中国家，面对世界

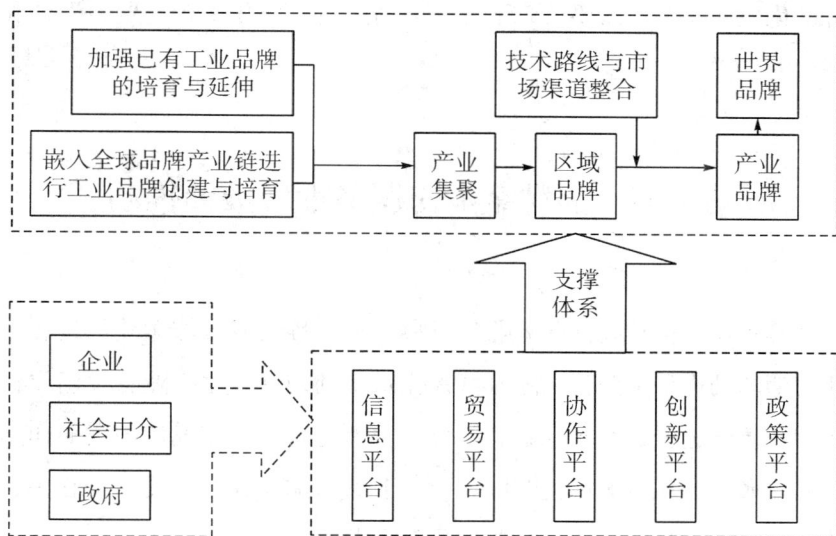

图 5-2　品牌企业推动工业发展模型

知名品牌的竞争，如何找准品牌创建与培育的切入点是品牌带动战略成功的关键所在。

（二）通过市场渠道和技术路线的整合推动品牌工业的升级和竞争力

区域工业品牌是一种公共资源，它昭示了该区域企业群所提供的产品、服务的质量与价值的信息。归属于某一区域分工形态的区域品牌特征往往被这一区域特征所不断熏染、强化，这种区域品牌属性亦会反过来强化该区域特征，两者相辅相成。因此，全球品牌产业链区域分工体系的建立将有助于企业集群依托区域品牌实现竞争力的提升和品牌产业链的升级，实现工业品牌战略的带动效应。但这种提升与升级必须通过对区域工业品牌的市场渠道和技术路线进行整合而实现。

（三）做好工业品牌推动的支撑体系

构筑工业品牌推动的支撑体系是实施工业品牌推动战略的基础。它对提升工业品牌的整体形象，提高工业产品的市场覆盖率，促进一个工业品牌向区域品牌最终向世界品牌的发展，有着非常积极和重要的意义。工业品牌的创建和发展，需要政策平台、创新平台、协作平台、贸易平台和信息平台的支撑。

第三节　品牌企业对服务业发展的推动

品牌企业可推动我国服务业的发展，进而推动我国城镇化的进程。城镇化初期的动力是工业化，随着城镇化水平的加深，服务业将逐渐取代工业成为城镇化进程的产业基础。同时，城镇化对服务业发展的正向作用非常明显，尤其表现在城镇化对服务业就业的影响。在城镇化的进程中，既要改造和提高传统服务业，又要发展现代服务业。

与工业相比，品牌对服务业来说同样是重要的，甚至是更为重要。品牌有助于服务业建立差别化优势，培养顾客的品牌忠诚度，从而为服务业提供稳定的未来收益来源。随着我国服务业品牌意识的增强，服务品牌的竞争已经成为服务业竞争观念中的核心意识。服务业独特品牌形象的基础在于服务质量，而服务是过程，服务的核心是让顾客获得良好体验①，过程质量或者说是功能质量是服务质量的重要组织部分。因此，就服务业而言，品牌管理的核心是管理服务过程，管理顾客经历或顾客体验，使服务与顾客之间建立良好的品牌关系从而对服务业产生推动效应。

一、服务业的含义

美国经济学界提出了广义服务业和狭义服务业的概念。狭义服务业是指排除了流通部门即交通运输业、邮电通信业、商业、饮食业等的非实物生产部门；广义服务业是指所有非实物产品生产的经济部门。随着经济的发展，服务业的种类也在不断地增加，无论从定义概念上还是从统计概念

---

① 范秀成. 顾客体验驱动的服务品牌建设 [J]. 南开管理评论，2001（6）.

上，现代意义上的服务业都应该是广义的服务业。经济合作组织（OECD）在 1999 年 9 月召开的工商政策论坛中对服务业做了如下定义："服务业是经济活动中一个门类分布广泛的群体行业，它包括高技术、知识密集型分支门类和劳动密集、低技能行业领域。"简单说来，服务业与产品制作、采掘或农业没有直接联系，是专以劳务、咨询、管理技能、休闲娱乐、培训和中介等形式进行的经济增值活动。

台湾学者徐木兰通过总结各类研究认为，服务业的定义就整体产业与企业个体而言，应该分为宏观与微观两类定义：

（一）宏观服务业

宏观服务业指已经被普遍接受的"服务行业"，所谓的行业或产业（Industry），乃是指一群彼此有竞争性的企业群体，在群体中的各个企业体均生产或贩卖相关的同类产品，提供相似的服务并拥有相近的顾客群；因此，该行业是对整体的企业观点而言的，即服务业是由所有服务行业所构成的群体。

（二）微观服务业

微观服务业，即"Service Business"，是将服务业中的"业"视为企业或事业（Business）；而非行业是指从事企业活动的经济个体；企业活动是指以谋求利润而服务消费者或使用者，进而引发所有有关供应货物与劳务的种种活动。因此微观服务业是指"凡是主要以服务活动为主体营运的企业个体，均可称之为服务业"。

杰克逊和马塞尔曼（Jackson & musselman），都认为"凡是超过 50%以上的收益由服务提供的企业，即可视为服务业"；詹德松（1997）认为"该行业内从业人员中，凡服务人员较生产作业人员人数多者，即可视为服务业之范畴"。

总结来说，服务活动由来已久，凡是不以有形产品生产和经营为主的经济活动都是服务活动，但是在大量提供服务活动的企业中，则只有那些服务活动本身具有可交易特征，并且在整个企业的业务活动中占有相当比例的企业，我们才认为其属于服务企业。即服务业可视为从事服务之生产、营销、经营或分配的营利或非营利的个人或组织之总称，这类企业的收益主要来自于提供服务的所得。正如"服务"最初是通过排他性来进行定义一样，作为承载服务活动的实体行业形式，"服务业"在经济学中也往往是通过"其他的"来进行界定的，服务业常被视为一种"非制造产出的其他部门"。而这种对于服务业的排他法最为经典的定义莫过于"第三产业"这个概念。

二、服务业在产业结构调整中的作用

美国经济学家谢尔普（Shelp，1984）在《服务技术在发展中的作用》一文中指出："农业、采掘业和制造业是经济发展的'砖块'（Bricks），而服务业则是把它们黏合起来的'灰泥'（Morter）。"

20 世纪中叶以来，服务业在各国经济发展中的地位不断上升，集中体现服务业精髓的生产性服务部门（Producer Services）的作用逐渐凸显。服务业地位的上升主要表现为服务业增加值和服务业就业人数的不断增加。目前，从服务业占 GDP 的比重看，高收入国家平均为 70.2%，中等收入国家在 50%~60% 之间；从服务业占就业比重看，发达国家已高达 70% 左右，中等收入国家为 50%~60% 之间；低收入发展中国家的这两项指标横向比都较低，但纵向比却有一定提高。服务业在国民经济中的地位变得越来越重要了。

在服务业中，生产性服务是非常重要的"亚产业"（Sub-industry）集群。生产性服务在其理论内涵上，是指市场化的非最终消费服务，即作为其他产品或服务生产的中间投入的服务，这一投入不断出现在生产的各个阶段。如果服务能够像一般商品那样被区分为资本品和消费品的话，那么生产性服务无疑对应着作为资本品的服务。在外延上，生产性服务是指相关的具体产业（产品）与贸易。格鲁伯和沃克（1989）把生产性服务提供者比作生产过程中的重要专家组。他们认为，在生产性服务中，大部分都以人力资本和知识资本作为主要投入。因此，它们的产出体现有人力资本与知识资本的服务。由于这种产出被用作商品与服务进一步生产的投入，它们最终是物化在为最后使用与出口而提供的商品与服务当中。基于此，格鲁伯和沃克指出："生产性服务部门乃是把日益专业化的人力资本和知识资本引进商品生产部门的飞轮。人们早就认识到人力资本与知识资本在经济增长中所起的重要作用。现在很明显，在相当大的程度上，生产性服务业构成了这种形式的资本进入生产过程的渠道。在生产过程中，它们为劳动与物质资本带来更高的生产率并改进了商品与其他服务的质量。""通过生产性服务业这一途径，人力资本和知识资本的积累、日益专业化与迂回生产表现为一个不断发展的经济。"因此，"生产性服务并没有取代制造业而损害经济的增长。它们只是现代经济发展的一种补充。"服务特别是生产性服务的效率在于其作为中间投入所发挥的微观积极作用和宏观经济影响。它有助于促进产业集聚、工业化和经济增长。

从经济史上看，当制造业的比重上升时，整个国民经济波动的幅度会增大；而当服务业的比重上升时，经济结构的稳定性就会增强。从最先孕育"新经济"的美国来看，1950 年以来，美国农业与制造业的产值比重一直在下降，而服务业的产值比重却一直在上升。在服务业中，比重上升最快的是金融、保险、不动产等服务业。因此，"新经济"在本质上就是知识密集型的服务经济①。从微观经济层面考察，"新经济"中对服务的需求急剧增长，这在很大程度上导致了以计算机与互联网为基础的信息技术（IT）革命。新技术革命极大地影响经济结构的变革，影响着产品与服务的生产，而经济变革的现实结果是服务活动的增加。高度标准化产品的大规模生产（Mass Production）被定制化生产（Customized Production）和模

---

① 华而诚. 论服务业在国民经济发展中的战略性地位 [J]. 经济研究，2001（12）.

块化生产（Modulized Production）所取代；商品与服务的互补性在增强；服务功能的实现方式在发生变化。服务业的竞争力水平正对一国经济的增长产生越来越大的影响。竞争力的提升将导致服务出口乃至商品出口（由于商品与服务的互补性）的增加，从而促进了制造业和服务业的增长。制造业特别是中小企业将因使用到低成本、高灵活性和具有竞争力的外部化服务而受益匪浅。外部化的服务则可以充分利用规模经济的潜力和专业化优势，从而实现效率的提高与成本的节约。所有这些都引起服务在需求与供给两方面的变化。

经济结构的调整已成为我国经济在 21 世纪进一步发展和迈向新台阶的关键，因此，我国产业结构如何调整就成为一个需要研究的重大问题。华而诚（2001）指出，未来经济发展的机遇和挑战在于服务业，服务业对于国家的未来繁荣具有战略性地位，攸关中国经济未来以及国际竞争力的提升。中国自从实行改革开放政策以来，在经济发展方面取得了令人瞩目的成就，但主要集中在制造业，服务业没有很大发展，不能满足日益增长的经济需要。在未来的经济发展中，服务业应该起到至少 4 种关键性作用：推动经济增长、解决就业问题、加强国际竞争力以及保持可持续发展。从中长期看，只要能对服务业进行改革，服务业将给经济发展带来好的前景①。程大中（2004）认为服务业在国民经济中的突出作用表现在它具有"黏合剂"的功能，也正因为这一功能使之成为经济增长和效率提高的助推器、经济竞争力提升的牵引力、经济变革与经济全球化的催化剂。发挥服务业的这些功能有助于更好地推进我国产业结构的优化升级，促进国民经济持续快速健康协调发展②。

李江帆（2004）则提出第三产业在中国国民经济中的重要战略地位主要表现在服务型生产资料、服务消费品、GDP 贡献份额、就业贡献份额、

---

① 华而诚. 论服务业在国民经济发展中的战略性地位 [J]. 经济研究，2001（12）.
② 程大中. 论服务业在国民经济中的"黏合剂"作用 [J]. 财贸经济，2004（2）.

第三产业比重增大趋势和资源限制程度 6 个方面①。第三产业已成为提高国民经济效率的重要战略资源地和提高现代社会中居民生活质量的重要部门；第三产业对 GDP 增长的贡献率随国民经济发展水平的提高而增大，使第三产业超越第一产业成为国民经济增长的第二推动力，并将在或已在发达地区和大城市超越第二产业，成为 GDP 增长的第一推动力；第三产业是国民经济中就业增长最快、吸纳劳动力最多的部门，终将超过工农业成为国民经济中吸纳劳动力和提供国民财富最多的产业；在自然资源日渐枯竭而人力资源不断被开发的环境下，第三产业具有更广阔的发展空间。江小涓等（2004）对近 10 多年来我国服务业的发展进行了实证分析，认为我国服务业的比重明显偏低且增长缓慢，但是，从"十一五"开始，我国服务业会进入快速增长的时期，服务业在经济总量中的重要性将会日益增加②。

三、服务业与经济增长

服务业与经济增长的关系是现代服务经济研究中的核心问题。随着西方主要发达国家工业化的完成，经济保持稳定增长，前景一片美好。直到 20 世纪七八十年代以前，多数西方经济学家对于西方经济社会的发展持有十分乐观的态度，认为社会的物质财富已经达到十分丰裕的程度，人们的消费模式也发生了相应转变。罗斯通（Rostow，1960）和贝尔（Bell，1974）认为"后工业化社会"是一个高消费的社会，服务将成为主要的消费对象。芬兹（V Funds，1968）提出了服务经济的概念，认为工业化后期西方国家进入了服务经济的时代。但是，在进入 20 世纪 80 年代以后，西方主要工业国家出现了"滞胀"的现象。英国提出的"去工业化"以及日本学者认为日本出现产业"空心化"都尝试对这种现象进行分析，其中

---

① 李江帆. 中国第三产业的战略地位与发展方向 [J]. 财贸经济，2004 (1).
② 江小涓，李辉. 服务业与中国经济：相关性和加快增长的潜力 [J]. 经济研究，2004 (1).

最为值得关注的是鲍莫尔（Baumol, 1967）提出的成本病模型。在该模型中，鲍莫尔做了四个假设：第一，经济体系中存在着进步部门和停滞部门，二者的生产率增长不同；第二，劳动是唯一投入要素；第三，两部门工资水平相同；第四，名义工资率与平均生产率相同。在假设基础上，成本病模型的主要结论是：第一，服务就业变动的原因源于供给因素；第二，劳动是服务业中唯一重要的投入要素；第三，服务业的报酬水平远高于其劳动生产率；第四，"服务"价格相对于商品价格将上升；第五，经济的总体生产率水平将会下降。该模型提供了一个解释服务业膨胀与经济增长关系的研究框架，在该基础上，之后的文献利用新的统计技术和数据阐述了服务业与经济增长的关系。

理解服务业与经济增长的关系，首先必须解释西方主要发达国家工业化后期服务业在国民经济中的巨大份额。艾格纳（Aiginer, 2001），沃尔弗利（Wölfl, 2003, 2005），经济合作与发展组织（OECD, 2001, 2004），派拉特和沃尔弗利（Pilat & Wölfl, 2004）列出了服务业增长的原因：第一，服务业与制造业的生产率不平衡的连带因素。第二，最终服务需求是服务业增长非常重要的因素，具体为服务收入弹性、人口因素的变化、福利国家因素、国际需求因素。然而，经济合作发展组织（OECD, 2000），达兹和施密特（Dathe & Schmid, 2000）对于需求决定因素提出了异议：这些模型假设劳动者可以在部门间自由流动，但是在现实中劳动者跨部门流动并不容易，这将直接影响结论的成立。萨默斯（Summers, 1985）实证分析了不同服务部门的替代弹性和收入弹性，结果表明恩尔格定律表现不明显。第三，中间需求因素。服务产品作为中间投入可能改变经济中的生产和就业结构（Oulton, 1999；Fixler & Siegel, 1999）。但是，拜尔斯和林达尔（Beyers & Lindahl, 1996）认为，服务业份额的增长并不是服务经济的增长所造成的，而是反映了工业生产组织方式的变化，是制度关系的变化而不是生产技术关系或需求变化导致了服务业的膨胀，因此统计上会夸大服务业的增长速度。沃尔弗（2003）得出服务业总名义增加值份额较高也许反映了服务价格高于制造业部门，实证也表明多数国家中个人和社会服务价格要高于生产者价格。服务价格的相对刚性也会夸大服务业的比重份额。

四、服务业品牌的内涵与特征

（一）服务业品牌的内涵

服务业品牌是市场认可的个性化服务标识，它不是商标，其本质是一项承诺。服务业品牌向顾客表达出与某个具体服务产品相关联的某项承诺，顾客一旦识别出这一承诺，并通过信息沟通及实际体验认同了这项承诺，这就赋予了服务业品牌真正的存在价值。由于服务消费是过程消费，服务是在过程中被感知的，只有消费者参与其中，才能感知到不同服务品牌的差异与特色。因此，过程是区别不同服务的重要因素。因此，服务业品牌建立的基础在于顾客对服务品牌所承诺的价值的认知，而认知的关键在于消费者对消费过程的独特体验。

（二）服务业品牌的特征

作为第三产业的服务业，有别于第一产业和第二产业最大的特点就是"以人为本"；同时由于服务的无形性、生产和消费的同时性、异质性等特点，致使服务业品牌在品牌运作上有如下区别于其他产业的明显特征。

1. 服务业品牌的载体具有抽象性

服务业商品具有生产和消费同步的特性，不像有形产品那样可以保存，它具有可变性和易损性。在这种情况下，消费者购买的是一项活动、一个过程，而不是一件实物产品。服务业品牌载体的无形性决定了服务业品牌建立的关键在于如何将抽象化的服务概念转化为具体，反映到消费者的头脑中，这是一个创造性的工作。这一切都要求有物质载体，而品牌经营可将无形商品有形化，同时促使无形的商品生产能力变成有形资产。因此，服务企业要在消费者中建立普遍和持续的认知，就必须特别关注自己的品牌经营，帮助消费者更好地理解品牌并建立正确的认知。由于品牌认知的确立，品牌所代表的商品生产能力就具有了价值，一旦被市场认同即成为企业的有形资产。

2. 服务业品牌的价值是顾客认同

服务商品无实体性，消费者在购买之前无法用自己身体的感官触及这些服务，顾客只有参与整体服务的价值传递过程，才可以用直接察觉服务价值，形成品牌感知与评价。因此，服务业品牌的价值在于顾客的实际体验及对服务业品牌承诺的认同①。而消费者认同的重要标志是市场占有率。针对上述特点，服务业品牌必须以个性化、情感化的服务为特色，在服务过程中强化情感的投入，运用情感因素营销服务产品，提高消费者对不同服务品牌差异与特色的感知和认同。如果对服务体验过程进行管理，保证顾客有积极的品牌态度，也是服务品牌不同于产品品牌的一个显著差别。

3. 服务业品牌的管理具有过程性

由于服务的过程性质，服务的生产和消费不可分割，两者是一个整体活动，服务生产与消费的同步性把服务直接传递给了消费者，这种同步性使得服务过程的管理成了品牌建设的核心。对于服务业品牌来说，服务品牌的建立在于顾客对品牌所代表的产品或服务的亲自体验，品牌营销只是一种辅助的手段。如果说服务的过程可能被模仿，那么顾客在特定品牌的服务过程中的感受，却是其他品牌无法模仿的。因此，服务业品牌的管理关键是对服务过程的管理，即让顾客充分体验到服务品牌的过程特色。

4. 服务业品牌的传播主体是员工

由于员工的态度和行为影响服务提供的一致性，从而影响顾客对服务品牌感知的一致性。员工是服务品牌的一部分，他们既是服务品牌的建设者，又是服务品牌的形象代言人。服务过程中服务人员的一言一行对外均

---

① 蒋衔武，乐静，金伟. 现代服务业的服务品牌运营 [J]. 山东社会科学，2001 (3).

展示着一个服务企业及其服务品牌的形象，得体的言行传递出的不仅是一个服务企业整体员工的优秀素质，而且相对于表现的对象来说还传达出了服务企业及其服务品牌独具特色的、让人信赖的品牌感受①。因此，服务企业员工的行为在人们做出购买决定时显得极为重要，成为影响服务业品牌形象的关键因素。

五、品牌企业推动服务业发展的机制

基于服务业品牌的独特特征，品牌企业推动服务业发展的机制也不同于其他产业。

（一）服务业品牌培育管理

1. 服务业品牌承诺管理

（1）服务业品牌载体的具体化。由于服务业品牌载体的抽象性，在实施服务业品牌推动的过程中，首先要把服务业品牌的载体具体化，应该尽可能采用有形的实体如服务环境、服务象征性标识、员工形象、服务流程系统等展示无形的服务，并反映到消费者的头脑中。一般服务业通过两种途径来具体化服务业品牌的载体：一是用有形代表物来象征服务品牌，二是强调和突出服务提供者来让人感知服务品牌。

（2）服务业品牌顾客体验的开发与设计。鲍思和施耐偿（Bowen & Schneider，1985）指出由于服务的无形性、异质性，生产与消费的同一性、易损性以及顾客是合作生产者的特点限制了服务质量评价的客观性。因此，服务经历或体验（Service Experience）通常成为考虑焦点②。乔治·斯托克（George Stalk，1997）提出"品牌化的顾客体验"（Branded Customer Experience）概念。它是与随机体验相对的，是稳定的、有价值的和与众不同的。通过精心的设计和有效的管理，品牌化的顾客体验能真正成为企

---

① 程鸣. 服务品牌价值的驱动因素研究 [J]. 华东经济管理，2006 (7).
② 王丽. 服务业品牌的科学管理 [J]. 科学大众，2006 (3).

业实现差别化的途径，并最终建立良好的品牌关系①。对于顾客体验管理，一方面要加强员工管理，保证员工的服务态度和行为的一致性，同时针对不同顾客的个性化需求进行适当的调整，保证服务的灵活性，激发顾客在服务过程中产生如愉悦、自由、刺激、舒适、兴奋等体验；另一方面要通过服务标识、辅助支持系统、员工等引导顾客主动参与服务过程，让顾客感觉到自己在服务过程中有决策权。因此服务业品牌在顾客体验的开发与设计中，要注意提供的顾客体验应该是与众不同的、是对顾客有价值的，通过与众不同的服务内容和服务方式在顾客心目中树立独特的品牌形象。

（3）服务业品牌的注册。未经过注册的商标品牌不受法律保护。因此，只有经过注册获得的商标专用权才受到法律的保护。可见，服务业品牌必须加强注册管理，运用法律手段保障其品牌的专用权。

2. 服务业品牌形象管理

服务业品牌形象管理的关键是品牌形象的树立与内化。可以运用 CI 和 CS 战略塑造服务业品牌形象。

（1）服务业品牌形象的树立。由于信息的不对称性，无论服务企业提供给顾客什么价值，顾客事先都难以了解和评价，因此企业需要树立良好的服务品牌形象和企业形象以将产品实际价值信息传递给顾客。服务品牌形象是服务品牌形成和发展的基础，会影响顾客对服务品牌的忠诚度，从而影响服务品牌的市场份额乃至企业的生存与发展。由于服务品牌形象具有一种"惯性"，顾客心目中已经形成的服务品牌形象在短期内是难以改变的，因此强势的服务品牌产品必须塑造出良好的服务品牌形象。塑造服务品牌形象必须从以下几个方面入手：树立服务品牌理念，打造鲜明的服务品牌特色，赋予服务品牌以浓厚的文化内涵，形成服务品牌的统一性和稳定性②。

---

① 程鸣. 服务品牌价值的驱动因素研究 [J]. 华东经济管理，2006（7）.
② 苏日娜. 服务业塑造强势品牌的思考 [J]. 内蒙古统计，2005（6）.

（2）品牌形象的内化。品牌形象的内化，即将品牌核心价值植入"品牌触角"，并成为其思想和行为的一部分①。罗基奇认为，职员就是品牌本身——通过对品牌价值观的理解，员工们会对他们应该接受的以强化品牌的那些行为有更好的了解。对于服务业品牌来说，服务是由员工来提供的，员工是向顾客传递品牌价值的重要媒介。在顾客眼中，员工就是品牌的一部分。员工的行为对于能否形成良好的顾客体验具有决定性的作用②。品牌的内化即是向员工解释和促销品牌，与员工分享品牌的理念和主张，让员工理解和认同品牌价值观，培训和强化与品牌承诺一致的行为，充分发挥员工对服务品牌培育和管理的作用。只有员工理解并接受了品牌，才能发挥创造力，积极主动地提供服务让顾客获得所期望的体验。因此，品牌内化是一个随企业发展而长期存在的课题。它能有效保证企业的行为一致和用同一种声音说话。

3. 服务业品牌质量与可靠性管理

质量是企业的生命，是创建服务品牌的前提。服务业品牌形象树立与内化后，服务业品牌质量与可靠性管理是保证服务业品牌形象一致性与稳定性的基础。当前，我国对品牌质量的管理主要集中在工业品牌方面，在服务品牌领域还很薄弱，服务业品牌的质量评估体系还有待建立。要建立强势的服务业品牌就必须从市场和消费者的角度建立和健全服务业的质量评估体系，加强对品牌质量和可靠性的管理，以确保服务业品牌形象的一致性和稳定性，提高服务业品牌的消费者认同和市场竞争力。服务是一种无形的商品，为了实施高质量的管理，首先，企业应了解业务流程，仔细分析服务链，确定各个服务环节，找到提高企业服务质量的瓶颈，以期有效地改善服务商品的质量③。其次，企业还需将服务要求目标化，并不断

①　朱洁."品牌触角"管理——中小型服务业的品牌运作之道 [J].中国中小企业，2003（6）.

②　王丽.服务业品牌的科学管理 [J].科学大众，2006（3）.

③　李明生，孙熙.试论我国服务业品牌经营 [J].长沙铁道学院学报（社会科学版），2002（3）.

地在实践中加以检验和改进，不断地提升服务。此外还要将服务的内容公开，使顾客了解到服务项目，根据自己的需要来取舍。最后，让顾客参与到服务业品牌的创建过程和服务过程中，加强对服务质量和数量的控制①。

4. 服务业品牌认知度、美誉度、忠诚度管理

服务业品牌作为一种产权，其真正的拥有者是顾客。它存在的最终意义是为顾客提供最大让渡价值，促使顾客的消费需求得以最大化地满足，以获得顾客的品牌认知度、美誉度和忠诚度。服务业品牌建立了一定的认知度、美誉度和忠诚度后，顾客不仅仅表现为重复购买的行为，而且还包含了对一个品牌所持有的积极的态度。研究表明，企业争取一个潜在顾客的花费要比留住一个现有顾客高出 5~10 倍，只要降低 5% 的顾客损失率，企业利润就能增加 25%~85%②。因此，企业必须把顾客视为合作伙伴，善待顾客，维护顾客的利益，双方甚至可以结成利益和风险共同体。培育顾客的认知度、美誉度和忠诚度，首先，要加强品牌沟通，培养顾客对服务品牌意义的认知和感情，提高顾客对服务品牌的满意度和美誉度。其次，要提高服务品牌原有顾客转移到其他服务品牌的"转移成本"，降低其"转移效用"。最后，必须研究目标顾客的文化价值观、审美观及其特定的需求，适应其文化价值取向和审美取向，设计自己的服务品牌，才能得到顾客的心理认同，也才能培养顾客对服务品牌的忠诚度③。服务业品牌创建和顾客对品牌忠诚的实质即是与顾客建立良好的品牌关系，而良好品牌关系的建立需要企业从战略的高度对其加以管理。

5. 顾客对服务业品牌承诺的认可与信任

顾客对服务业品牌承诺的认可与信任是上述四项服务业品牌培育管理的结果。第一，通过服务业品牌承诺管理，使服务业品牌的载体具体化、开发与设计顾客的体验，注册并保护服务业品牌的法律专用权。第二，通

①　孙熙. 浅析我国服务业品牌 [J]. 湖南经济管理干部学院学报，2002 (4).
②　谢泗新，李荣. 服务品牌战略管理与忠诚度的提升 [J]. 企业研究，2006 (3).
③　苏日娜. 服务业塑强势品牌的思考 [J]. 内蒙古统计，2005 (6).

过服务业品牌形象管理，建立服务品牌理念，打造鲜明的服务品牌特色，赋予服务品牌以浓厚的文化内涵，并加以内化为员工的思想和一致的行动，形成服务品牌的统一性和稳定性。第三，通过服务业品牌质量与可靠性管理，确保服务业品牌形象的统一性和稳定性。通过服务业品牌忠诚度管理，使顾客不仅对该服务业品牌有一定的认知和重复购买行为，而且还形成对该品牌的积极的态度，最终使该服务业品牌的承诺得到顾客的认可与信任，体现了其品牌价值。

（二）服务业品牌推动管理

1. 服务业品牌触角管理

对于服务业品牌来说，由于其传播主体是员工而不是产品，因此服务业品牌触角不是具体的产品而是员工。这就需要通过品牌触角管理使全体员工与品牌的核心精神保持一致，更有效地把品牌内核传达给顾客。服务业品牌可以通过管理"品牌触角"与顾客之间的关系建立自己的品牌。这一策略可以规避盲目投资带来的风险。首先，要使员工充当好"品牌触角"的角色。在该阶段必须加强对员工品牌素养的培育与管理，使服务业品牌形象成为其思想和行为的一部分。通过培训后的"品牌触角"在接触顾客时，就会展现出独一无二的、一眼便可辨认的服务业品牌形象。其次，要管理好品牌触角的接触点。品牌接触点是指顾客有机会通过"品牌触角"面对品牌讯息的情景。管理品牌接触点，即是规范每一个"品牌触角"面对顾客时的形象、行为和语言。如一个开门的手势、一件得体的着装、一次鞠躬的角度等①。最后，促进服务业品牌的外化。服务业品牌的外化即是每一个"品牌触角"接触消费者，并将品牌价值传递给消费者的过程。消费经验的建立是一个感性和理性交错作用的过程，当顾客消费时，"品牌触角"在与顾客一次次面对面的接触中以及顾客一次次的体验

---

① 朱洁. "品牌触角"管理——中小型服务企业的品牌运作之道 [J]. 中国中小企业，2003 (6).

中，将品牌形象植入了顾客心中。

2. 服务业品牌推动方向的选择

一个服务企业经营的服务项目在品牌上一般远远超过生产企业的产品种类。产品多样化是服务企业的一个显著特点。服务业品牌一旦得到顾客的认同和信任并通过品牌触角管理将品牌价值外化到消费者心中，形成一定的品牌忠诚度和美誉度，该服务业品牌的形象已经固化，就具有了一定的品牌带动效应，如扩散效应、辐射效应和聚集效应等。此时，随着产品和业务的多样化，服务企业需要根据不同的市场和产品特性，对现有品牌的使用范围进行相应的拓展，推动企业相关业务的发展。

（1）横向推动。服务业品牌可采取横向推动策略，在横向上建立品牌分支，进一步进行目标市场的细分，通过现有主营业务推动辅业的发展，有利于定位和瞄准不同的细分市场，突出不同服务产品的特征。

（2）纵向推动。从纵向来看，服务业品牌可建立服务等级。根据价格和质量来体现不同等级的服务体验，在纵向推动时需要采用合作策略。纵向推动主要是为了满足不同阶层消费者的需求。

（3）信息推动。信息推动是指导成功的服务业品牌对收集到的信息、分销机构的地点及与当前客户的关系进行充分利用，并在新领域创造竞争性优势。当前，强大的服务品牌已越来越精通于通过扩大服务范围，达到与客户产生接触并赚取利润的生财之道了。事实上，许多服务提供商现在已经能够利用信息优势，采用信息带动策略分析新领域客户的需求，并明确自身拥有哪些具有竞争优势的资源可以满足他们的需求，然后开发出与自己服务品牌核心价值相一致的新业务。

3. 服务业品牌推动模式管理

在选择了服务业品牌推动方向后，应该对服务业的品牌推动模式进行管理。推动模式根据投资方式的不同可以分为：资本推动模式、管理推动模式和资本-管理推动模式。资本推动模式是指服务企业在成功经营现有品牌后获得了巨大的经济效应，把盈利一部分用于投资新的项目，实现现有服务业品牌价值的拓展。管理推动模式是指服务企业把现有品牌的形象、文化、管理经验等运用于新的项目，实现现有服务业品牌内涵的拓展。资本—管理推动模式是指服务企业综合资本和管理优势，把现有服务业品牌的盈利、形象、文化、管理经验等运用于新的项目，实现现有服务业品牌价值和内涵的拓展。此外，根据带动主体的不同还可以分为：市场推动模式、企业推动模式、行业协会推动模式和政府推动模式。

4. 服务业品牌创新管理

面对高科技商品、高层次消费、高标准服务需求的新趋势，创新成为维护强势服务品牌竞争力的保障。服务品牌作为一种无形资产，同任何其他有形资产一样，长期过度地使用必然导致服务品牌的衰落。随着市场环境的更加不确定，服务品牌的市场价值时间越来越短。服务品牌唯有不断地进行创新，才能适应消费需求的迅速变化，维持服务品牌的优势竞争地位。企业在市场中的竞争从表面上看是服务品牌、技术的竞争，实质上却是蕴含了服务品牌、技术背后的创新能力、创新意识的竞争。

第六章　企业品牌对城镇
经济发展的实证分析

　　本章在第四章与第五章理论分析的基础上，采用实证分析方法对企业品牌推动城镇经济发展的作用机理和效应进行研究。本章将采用世界品牌实验室、Interbrand 公司、《中国科技统计年鉴》发布的品牌数据以及《国际统计年鉴》《中国统计年鉴》发布的区域经济数据分世界截面数据、国际面板数据、国内省域截面数据、国内时间序列数据四个层面对企业品牌推动城镇经济发展的作用机理和效应进行验证和定量研究。

第一节　世界截面数据实证研究

一、实证思路

　　品牌是企业和国家重要的无形资产，品牌强、价值高代表企业和国家的财富创造和获取能力强。从竞争力的本质和形成来看，其发展日益依赖于无形资产，越来越多的无形资产已取代有形资产成为竞争力的关键因素。很多在国际市场上具有强竞争力的国家，特别是其中一些资源贫乏、国土并不辽阔的国家在激烈的世界经济竞争中能取得成功，均得益于其成功的品牌战略。从品牌角度研究国家竞争力，相对于从企业等其他视角而言，更能体现一国的财富创造和获取的能力。

　　因此，成功的品牌及其数量是国家竞争力的重要代表。而企业又是品牌最重要的载体，企业的实力是国家竞争力的基础，因此，企业是品牌对国家竞争力影响的重要中介变量。沿着这一思路，本节首先对世界品牌 500 强和世界企业 500 强的国家分布进行描述分析和对比，以直观地了解它们之间以及它们与国家竞争力的联系。其次，本节又对各国所拥有的世界品牌 500 强数量，各国所拥有的世界企业 500 强数量及其营业额、世界品牌、世界企业所属国的 GDP 进行相关和回归分析，以更好地展现各变量之间的联系，进一步探明世界品牌的分布与企业竞争力以及与国家竞争力之间递进的联系。本节的分析将采用 2010 年和 2015 年的品牌数据分别进行分析，其他数据采用的是同年所能检索到的最新数据，数据之间在年份上不一定能够匹配。

二、世界品牌 500 强与世界企业 500 强国家分布比较

（一）世界品牌 500 强国家分布情况

　　1. 2010 年的数据分析

表 6-1　　　　　　　世界品牌 500 强国家分布信息（2010 年）

	美国	法国	日本	英国	德国	瑞士	中国	意大利	荷兰
世界品牌数	237	46	41	40	26	21	17	14	10
	瑞典	韩国	加拿大	丹麦	新加坡	巴西	澳大利亚	俄罗斯	芬兰
世界品牌数	8	5	5	4	4	3	3	3	2
	沙特阿拉伯	西班牙	委内瑞拉	泰国	墨西哥	印度	卢森堡	挪威	伊朗
世界品牌数	2	2	1	1	1	1	1	1	1

注：表中数据根据世界品牌实验室发布的 2010 年《世界品牌 500 强》整理而得

　　从表 6-1，我们可以看出 2010 年的世界品牌 500 强分布在 27 个国家中，其中拥有世界品牌 500 强最多的前十个国家依次为美国、法国、日本、英国、德国、瑞士、中国、意大利、荷兰、瑞典。首先美国可谓是一枝独秀，拥有世界品牌 500 强中的 237 个，占世界品牌 500 强比例的 47.4%；

其次是法国、日本和英国，拥有世界品牌 500 强的个数分别为 46、41、40，占世界品牌 500 强的比例分别为 9.2%、8.2%、8.0%；最后是德国、瑞士、中国、意大利、荷兰、瑞典，拥有世界品牌 500 强的个数分别为 26、21、17、14、10、8，占世界品牌 500 强的比例分别为 5.2%、4.2%、3.4%、2.8%、2.0%、1.6%。我们统计加总可以得出拥有世界品牌 500 强最多的这十个国家共拥有世界品牌 500 强的总数为 460，占世界品牌 500 强的比例为 92%。从世界品牌 500 强仅分布在 27 个国家且拥有世界品牌 500 强最多的前十个国家占到世界品牌 500 强的 92%来看，世界品牌 500 强具有很强的国家聚集性。

2. 2015 年的数据分析

表 6-2　　　　　世界品牌 500 强国家分布信息（2015 年）

	美国	英国	法国	日本	中国	德国	瑞士	意大利	荷兰
世界品牌数	228	44	41	38	31	25	22	17	8
	瑞典	韩国	丹麦	加拿大	澳大利亚	西班牙	新加坡	巴西	俄罗斯
世界品牌数	7	6	4	4	3	3	3	2	2
	印度	沙特阿拉伯	芬兰	卢森堡	委内瑞拉	爱尔兰	墨西哥	泰国	阿联酋
世界品牌数	2	2	2	1	1	1	1	1	1

注：表中数据根据世界品牌实验室发布的 2015 年《世界品牌 500 强》整理而得（2015 年）

从表 6-2 我们可以看出 2015 年的世界品牌 500 强分布在 27 个国家中，其中拥有世界品牌 500 强最多前十个国家依次为美国、英国、法国、日本、中国、德国、瑞士、意大利、荷兰、瑞典。首先美国依旧一枝独秀，拥有世界品牌 500 强中的 228 个，占世界品牌 500 强比例的 45.6%；其次是英国、法国和日本，拥有世界品牌 500 强的个数分别为 44、41、38，占世界品牌 500 强的比例分别为 8.8%、8.2%、7.6%；最后是中国、德国、瑞士、意大利、荷兰、瑞典，拥有世界品牌 500 强的个数分别为 31、25、

22、17、8、7，占世界品牌 500 强的比例分别为 6.2%、5%、4.4%、3.4%、1.6%、1.4%。我们统计加总可以得出拥有世界品牌 500 强最多的这十个国家共拥有世界品牌 500 强的总数为 461，占世界品牌 500 强的比例为 92.2%。从世界品牌 500 强仅分布在 27 个国家且拥有世界品牌 500 强最多的前十个国家占到世界品牌 500 强的 92.2% 来看，世界品牌 500 强具有很强的国家聚集性。

（二）世界企业 500 强国家分布情况

1. 2008 年的数据分析

表 6-3　　　　　　世界企业 500 强国家分布信息（2008 年）

	美国	日本	中国	法国	德国	英国	瑞士	韩国	加拿大
世界企业数	140	68	43	40	39	27	15	14	14
	荷兰	西班牙	意大利	澳大利亚	俄罗斯	印度	瑞典	巴西	比利时
世界企业数	12	12	10	9	8	7	6	6	5
	墨西哥	芬兰	奥地利	葡萄牙	丹麦	新加坡	挪威	波兰	匈牙利
世界企业数	4	2	2	2	2	2	1	1	1
	卢森堡	以色列	爱尔兰	沙特阿拉伯	土耳其	马来西亚	泰国	委内瑞拉	
世界企业数	1	1	1	1	1	1	1	1	

注：表中数据根据中国知网 2010 年《国际统计年鉴》数据库检索到的《世界企业 500 强》整理而得，来源为美国 2009 年《财富》杂志

从表 6-3 世界企业 500 强国家分布信息（2008 年），我们可以看出 2008 年的世界企业 500 强分布在 35 个国家中，其中拥有世界企业 500 强最多的前十位国家依次为美国、日本、中国、法国、德国、英国、瑞士、韩国、加拿大、荷兰、西班牙，其中韩国和加拿大并列第 9，荷兰和西班牙并列第 10。首先美国拥有世界企业 500 强中的 140 个，占世界企业 500 强比例的 28%；其次是日本、中国、法国和德国，拥有世界企业 500 强的个数分别为 68、43、40、39，占世界 500 强品牌的比例分别为 13.6%、

8.6%、8.0%、7.8%；最后是英国、瑞士、韩国、加拿大、荷兰和西班牙，拥有世界企业 500 强的个数分别为 27、15、14、14、12（荷兰和西班牙只计一次），占世界企业 500 强的比例分别为 5.4%、3%、2.8%、2.8%、2.4%。我们统计加总可以得出拥有世界企业 500 强最多的这前十位国家共拥有世界企业 500 强的总数为 412，占世界企业 500 强的比例为 82.4%。从世界企业 500 强仅分布在 35 个国家且拥有世界企业 500 强最多的前十位国家占到世界企业 500 强的 82.4% 来看，世界企业 500 强也具有很强的国家聚集性。

2. 2012 年的数据分析

表 6-4　　　　　世界企业 500 强国家分布信息（2010 年）

	美国	中国	日本	法国	德国	英国	瑞士	韩国	荷兰
世界企业数	130	95	62	32	28	28	14	14	11
	加拿大	印度	意大利	西班牙	澳大利亚	巴西	俄罗斯	比利时	瑞典
世界企业数	9	9	9	8	8	8	7	3	3
	墨西哥	卢森堡	新加坡	爱尔兰	挪威	沙特阿拉伯	波兰	芬兰	丹麦
世界企业数	3	2	2	2	1	1	1	1	1
	哥伦比亚	土耳其	委内瑞拉	匈牙利	奥地利	阿联酋	泰国	马来西亚	
世界企业数	1	1	1	1	1	1	1	1	

注：表中数据根据中国知网 2014 年《国际统计年鉴》数据库检索到的《世界企业 500 强》整理而得，来源为美国 2013 年《财富》杂志

从表 6-4 世界企业 500 强国家分布信息（2010 年），我们可以看出 2012 年的世界企业 500 强分布在 35 个国家中，其中拥有世界企业 500 强最多的前十位国家依次为美国、中国、日本、法国、德国、英国、瑞士、韩国、荷兰、加拿大、印度、意大利，其中德国和英国并列第 5，瑞士和韩国并列第 6，加拿大、印度、意大利并列第 10。首先美国拥有世界企业 500 强中的 130

个，占世界企业 500 强比例的 26%；其次是中国、日本、法国、德国和英国，拥有世界企业 500 强的个数分别为 95、62、32、28（德国和英国只计一次），占世界 500 强品牌的比例分别为 19%、12.4%、6.4%、5.6%；最后是瑞士、韩国、荷兰、加拿大、印度、意大利，拥有世界企业 500 强的个数分别为 14（瑞士、韩国只计一次）、11、9（加拿大、印度、意大利只计一次），占世界企业 500 强的比例分别为 2.8%、2.2%、1.8%。我们统计加总可以得出拥有世界企业 500 强最多的这前十位国家共拥有世界企业 500 强的总数为 441，占世界企业 500 强的比例为 88.2%。从世界企业 500 强仅分布在 35 个国家且拥有世界企业 500 强最多的前十位国家占到世界企业 500 强的 88.2% 来看，世界企业 500 强也具有很强的国家聚集性。

（三）两者的比较分析

1. 2010 年世界品牌与 2008 年世界企业比较分析

表 6-5　　　　　　　世界品牌-世界企业国家分布比较

	美国	法国	日本	英国	德国	瑞士	中国	意大利	荷兰
世界品牌数	237	46	41	40	26	21	17	14	10
世界企业数	140	40	68	27	39	15	43	10	12
	瑞典	韩国	加拿大	丹麦	新加坡	巴西	澳大利亚	俄罗斯	芬兰
世界品牌数	8	5	5	4	3	3	3	3	2
世界企业数	6	14	14	2	2	6	9	8	2
	沙特阿拉伯	西班牙	委内瑞拉	泰国	墨西哥	印度	卢森堡	挪威	伊朗
世界品牌数	2	2	1	1	1	1	1	1	1
世界企业数	1	12	1	1	4	7	1	1	0
	马来西亚	奥地利	比利时	波兰	爱尔兰	匈牙利	土耳其	葡萄牙	以色列
世界品牌数	0	0	0	0	0	0	0	0	0
世界企业数	1	2	5	1	1	1	1	2	1

从表 6-5 来看，我们发现拥有世界品牌 500 强的 27 个国家除了伊朗

外，全部为世界企业 500 强的拥有国，而拥有世界企业 500 强的 35 个国家中有 9 个国家并不是世界品牌 500 强的拥有国，据此我们可以得出世界品牌和世界企业的国家分布有很好的耦合性。更进一步地说，强势品牌背后一般有强势的企业作为支撑，同时，强势品牌也推动了企业营业额的提升和进一步发展，但企业规模和营业额大并不一定品牌就强。同样，从世界品牌 500 强和世界企业 500 强的国家分布来看，我们发现商业文明非常发达的老牌发达国家的世界品牌 500 强拥有数量要远大于其世界企业 500 强拥有数量。例如，美国拥有的世界品牌 500 强数为 237，远高于其世界企业 500 强拥有数 140，并且两者拥有数并列世界第一；法国、英国、瑞士、意大利、瑞典等国的世界品牌 500 强拥有数也远高于其世界企业 500 强的拥有数。品牌强代表企业价值创造的能力强，在同样的成本投入下能创造出更多的价值，从而提升企业和国家的财富值。

2. 2015 年世界品牌与 2012 年世界企业比较分析

表 6-6　　　　　　　　世界品牌-世界企业国家分布比较

	美国	英国	法国	日本	中国	德国	瑞士	意大利	荷兰
世界品牌数	228	44	41	38	31	25	22	17	8
世界企业数	130	28	32	62	95	28	14	9	11
	瑞典	韩国	丹麦	加拿大	澳大利亚	西班牙	新加坡	巴西	俄罗斯
世界品牌数	7	6	4	4	3	3	3	2	2
世界企业数	3	14	1	9	8	8	2	8	7
	印度	沙特阿拉伯	芬兰	卢森堡	委内瑞拉	爱尔兰	墨西哥	泰国	阿联酋
世界品牌数	2	2	2	1	1	1	1	1	1
世界企业数	9	1	1	2	1	2	3	1	1
	比利时	挪威	波兰	哥伦比亚	土耳其	匈牙利	奥地利	马来西亚	
世界品牌数	0	0	0	0	0	0	0	0	
世界企业数	3	1	1	1	1	1	1	1	

从表6-6来看，我们发现拥有世界品牌500强的27个国家全部为世界企业500强的拥有国，而拥有世界企业500强的35个国家中有8个国家并不是世界品牌500强的拥有国，据此我们可以得出世界品牌和世界企业的国家分布有很好的耦合性。更进一步地说，强势品牌背后一般有强势的企业作为支撑，同时，强势品牌也推动了企业营业额的提升和进一步发展，但企业规模和营业额大并不一定品牌就强。同样，从世界品牌500强和世界企业500强的国家分布来看，我们发现商业文明非常发达的老牌发达国家的世界品牌500强拥有数量要远大于其世界企业500强拥有数量。例如，美国拥有的世界品牌500强数为228，远高于其世界企业500强拥有数130，并且两者拥有数并列世界第一；英国、法国、瑞士、意大利、瑞典等国的世界品牌500强拥有数也远高于其世界企业500强的拥有数。品牌强代表企业价值创造的能力强，在同样的成本投入下能创造出更多的价值，从而提升企业和国家的财富值。

三、世界品牌、世界企业、GDP 数据相关及回归分析

价值是品牌的一个重要属性，从品牌资产的定义和众多研究中我们可以很清楚地理解这一观点。国家竞争力的本质是创造价值和财富的能力，企业是国家创造价值和财富的主体，而企业创造价值和财富能力的大小又依赖于其品牌的强弱。基于此逻辑，我们下面将对按国家汇总的世界品牌500强品牌数、世界企业500强企业数及其营业额以及这些国家 GDP 之间的关系进行计量分析，以便进一步探明这些因素之间的联系。

（一）相关分析

1. 2010 年世界品牌与 2008 年世界企业数据相关分析

表 6-7　　　　　企业数、营业额、品牌数、GDP 相关分析

		企业数	营业额（亿美元）	品牌数	GDP
企业数	Pearson Correlation Sig.（2-tailed） N	1 36	0.992 ** 0.000 35	0.932 ** 0.000 26	0.976 ** 0.000 36
营业额（亿美元）	Pearson Correlation Sig.（2-tailed） N	0.992 ** 0.000 35	1 35	0.953 ** 0.000 25	0.978 ** 0.000 35
品牌数	Pearson Correlation Sig.（2-tailed） N	0.932 ** 0.000 26	0.953 ** 0.000 25	1 26	0.945 ** 0.000 26
GDP	Pearson Correlation Sig.（2-tailed） N	0.976 ** 0.000 36	0.978 ** 0.000 35	0.945 ** 0.000 26	1 36

注：** 表示显著性水平在 0.01（双尾检验）

表 6-7 中的企业数、营业额指的是世界企业 500 强按国家分布汇总的每国企业数以及每国拥有世界企业 500 强的总营业额，品牌数是世界品牌 500 强按国家分布汇总的每国品牌数。GDP 是世界品牌 500 强和世界企业 500 强所属国家的国内生产总值。其中世界品牌 500 强采用的是世界品牌实验室 2010 年的数据；世界企业 500 强是 2008 年数据，来源为美国 2009 年《财富》杂志；GDP 也是 2008 年的数据，来源为世界银行 WDI 数据库。

从表 6-7 中，我们发现品牌数和企业数的相关系数为 0.932，品牌数和营业额的相关系数为 0.953，品牌数和 GDP 的相关系数为 0.945，企业数和营业额的相关系数为 0.992，企业数和 GDP 的相关系数为 0.976，营业额和 GDP 的相关系数为 0.978。从这些相关系数的数值来看，这四个变量之间的相互关系均为高度正相关。

从统计结果来看，一国拥有的强势品牌数和强势企业数是高度相关

的，说明强势企业能为强势品牌提供支撑，强势品牌又能促进强势企业的进一步发展；一国拥有的强势品牌数对于企业营业额的提升有重要作用，具有高营业额的企业更有实力去打造品牌；一国强势企业的总营业额对该国 GDP 的贡献是巨大的；一国拥有的强势企业的数量对于推动该国 GDP 的增长具有显著作用，同样经济实力强的国家环境也更有利于该国强势企业的培育和发展。

2. 2015 年世界品牌与 2012 年世界企业数据相关分析

表 6-8　　　　　　　　企业数、营业额、品牌数、GDP 相关分析

		企业数	营业额（亿美元）	品牌数	GDP
企业数	Pearson Correlation Sig.（2-tailed） N	1 35	0.942 ** 0.000 35	0.849 ** 0.000 26	0.943 ** 0.000 35
营业额（亿美元）	Pearson Correlation Sig.（2-tailed） N	0.942 ** 0.000 35	1 35	0.884 ** 0.000 25	0.926 ** 0.000 35
品牌数	Pearson Correlation Sig.（2-tailed） N	0.849 ** 0.000 35	0.884 ** 0.000 35	1 35	0.909 ** 0.000 35
GDP	Pearson Correlation Sig.（2-tailed） N	.943 ** 0.000 35	0.926 ** 0.000 35	0.909 ** 0.000 26	1 35

注：** 表示显著性水平在 0.01（双尾检验）

表 6-8 中的企业数、营业额指的是世界企业 500 强按国家分布汇总的每国企业数以及每国拥有世界企业 500 强的总营业额，品牌数是世界品牌 500 强按国家分布汇总的每国品牌数。GDP 是世界品牌 500 强和世界企业 500 强所属国家的国内生产总值。其中世界品牌 500 强采用的是世界品牌实验室 2015 年的数据；世界企业 500 强是 2012 年数据，来源为美国 2013 年《财富》杂志；GDP 也是 2013 年的数据，来源为世界银行 WDI 数据库。

从表 6-8 中，我们发现品牌数和企业数的相关系数为 0.849，品牌数

和营业额的相关系数为 0.884，品牌数和 GDP 的相关系数为 0.909，企业数和营业额的相关系数为 0.992，企业数和 GDP 的相关系数为 0.976，营业额和 GDP 的相关系数为 0.942。从这些相关系数的数值来看，这四个变量之间的相互关系均为高度正相关。

从统计结果来看，一国拥有的强势品牌数和强势企业数是高度相关的，说明强势企业能为强势品牌提供支撑，强势品牌又能促进强势企业的进一步发展；一国拥有的强势品牌数对于企业营业额的提升有重要作用，具有高营业额的企业更有实力去打造品牌；一国强势企业的总营业额对该国 GDP 的贡献是巨大的；一国拥有的强势企业的数量对于推动该国 GDP 的增长具有显著作用，同样经济实力强的国家环境也更有利于该国强势企业的培育和发展。

（二）回归分析

根据前文的理论梳理与分析，我们知道品牌对企业竞争力的提升有很大促进作用，而企业竞争力又是国家竞争力的基础。企业竞争力即企业获取财富的能力，在这里我们用营业额代表；国家竞争力即国家获取财富的能力，在这里我们用 GDP 代表。为了进一步验证世界品牌的分布、企业竞争力以及国家竞争力之间是否存在递进的前因后果关系，我们将分别运用营业额对品牌数、GDP 对营业额进行回归分析。

1. 2010 年世界品牌与 2008 年世界企业数据相关分析

（1）"营业额-品牌数"回归分析

表 6-9　　　　　　　　　　　回归模型统计量

Model	R	R Square	Adjusted R Square	Std. Error of The Estimate
1	0.953a	0.909	0.905	4 907.677 2

注：自变量为品牌数

表 6-10　　　　　　　回归模型方差分析表

Model	Sum of Squares	df	Mean Square	F	Sig.
Regression Residual Total	6E+009 6E+008 6E+009	1 23 24	5 520 423 910 24 085 295. 61	229. 203	0. 000a

注：自变量为品牌数，因变量为营业额（亿美元）

表 6-11　　　　　　　回归模型系数表

Model	Unstandardized Coefficients		Standardized Coefficients	t	Sig.
	B	Std. Error	Beta		
（Constant） 品牌数	3 412. 080 321. 111	1 068. 609 21. 210	0. 953	3. 193 15. 139	0. 004 0. 000

注：因变量为营业额（亿美元）

设营业额为 Y ，品牌数为 X ，根据表 6-9、表 6-10、表 6-11 的数据我们可以得到拟合的回归模型为：

$$\hat{Y}_i = 3\ 412.080 + 321.111X_i \quad 其中 i 为第 i 个国家。$$

$$（1\ 068.609）\quad （21.210）$$

$$t = （3.193）\quad （15.139）$$

$$R^2 = 0.909F = 229.203n = 27$$

从回归结果来看，营业额和品牌数存在较强的因果联系，说明品牌数对提升企业的营业额有很大作用。

（2）"GDP-营业额"回归分析

表 6-12　　　　　　　回归模型统计量

Model	R	R Square	Adjusted R Square	Std. Error of The Estimate
1	0. 978a	0. 957	0. 956	5 334. 788

注：自变量为营业额（亿美元）

表 6-13　　　　　　　　　　　　回归模型方差分析

Model	Sum of Squares	df	Mean Square	F	Sig.
Regression	2E+010	1	2.083E+010	731.874	0.000a
Residual	9E+008	33	28 459 963.46		
Total	2E+010	34			

注：自变量为营业额（亿美元），因变量为 GDP

表 6-14　　　　　　　　　　　　回归模型系数表

Model	Unstandardized Coefficients		Standardized Coefficients	t	Sig.
	B	Std. Error	Beta		
1　（Constant）	2 454.150	1 016.683		2.414	0.021
营业额（亿美元）	1.766	0.065	0.978	27.053	0.000

注：因变量为 GDP

设 GDP 为 Y，营业额为 X，根据表 5-12、表 5-13、表 5-14 的数据我们可以得到拟合的回归模型为：

$$\hat{Y}_i = 2\ 454.150 + 1.766X_i \qquad 其中 i 为第 i 个国家。$$

$$（1\ 016.683）\qquad （0.065）$$

$$t = （2.414）\qquad （27.053）$$

$$R^2 = 0.957F = 731.874n = 35$$

从回归结果来看，GDP 和营业额存在较强的因果联系，说明营业额对增加 GDP 有很大作用。

综合"营业额-品牌数"回归模型和"GDP-营业额"回归模型，世界品牌的分布、企业竞争力以及国家竞争力之间存在递进的前因后果关系得到验证。因此，创建和培育强势品牌对于提升一国企业竞争力是非常有效的，企业通过成功的品牌管理，形成众多依附于强势企业的强势品牌集群，犹如磐石般支撑起国家竞争力。

2. 2015 年世界品牌与 2012 年世界企业数据相关分析

（1）"营业额-品牌数"回归分析

表 6-15　　　　　　　　　回归模型统计量

Model	R	R Square	Adjusted R Square	Std. Error of The Estimate
1	0.884a	0.782	0.775	8 552.391 72

注：自变量为品牌数

表 6-16　　　　　　　　　回归模型方差分析表

Model	Sum of Squares	df	Mean Square	F	Sig.
Regression Residual Total	9E+009 2E+009 1E+010	1 33 34	83 637 835 074 73 143 404.05	118.095	0.000a

注：自变量为品牌数，因变量为营业额（亿美元）

表 6-17　　　　　　　　　回归模型系数表

Model	Unstandardized Coefficients		Standardized Coefficients	t	Sig.
	B	Std. Error	Beta		
（Constant） 品牌数	3 604.860 405.642	1 540.833 37.372	0.884	2.340 10.867	0.026 0.000

注：因变量为营业额（亿美元）

设营业额为 Y，品牌数为 X，根据表 6-15、表 6-16、表 6-17 的数据我们可以得到拟合的回归模型为：

$$\hat{Y}_i = 3\ 604.860 + 405.642X_i \quad \text{其中 } i \text{ 为第 } i \text{ 个国家。}$$

　　　（1 540.833）　　（37.372）

t =（2.340）　　（10.867）

$R^2 = 0.782 F = 118.095 n = 35$

从回归结果来看，营业额和品牌数存在较强的因果联系，说明品牌数对提升企业的营业额有很大作用。

（2）"GDP—营业额"回归分析

表6-18　　　　　　　　　回归模型统计量

Model	R	R Square	Adjusted R Square	Std. Error of The Estimate
1	0.926a	0.853	0.853	12 004.656 65

注：自变量为营业额（亿美元）

表6-19　　　　　　　　　回归模型方差分析

Model	Sum of Squares	df	Mean Square	F	Sig.
Regression	3E+010	1	2.863E+010	198.639	0.000a
Residual	5E+009	33	144 111 781.2		
Total	3E+010	34			

注：自变量为营业额（亿美元），因变量为GDP。

表6-20　　　　　　　　　回归模型系数表

Model	Unstandardized Coefficients		Standardized Coefficients	t	Sig.
	B	Std. Error	Beta		
1　（Constant）	3 208.336	2 295.567		1.398	0.172
营业额（亿美元）	1.609	0.114	0.926	14.094	0.000

注：因变量为GDP

设GDP为Y，营业额为X，根据表6-18、表6-19、表6-20的数据我们可以得到拟合的回归模型为：

$Y_i = 3\ 208.336 + 1.609X_i$　　其中i为第i个国家。

　　（2 295.567）　　　（0.114）

t =（1.398）　　（14.094）

$R^2 = 0.853F = 198.639n = 35$

从回归结果来看，GDP和营业额存在较强的因果联系，说明营业额对增加GDP有很大作用。

综合"营业额-品牌数"回归模型和"GDP-营业额"回归模型，世界品牌的分布、企业竞争力以及国家竞争力之间存在递进的前因后果关系得到验证。因此，创建和培育强势品牌对于提升一国企业竞争力是非常有效的，企业通过成功的品牌管理，形成众多依附于强势企业的强势品牌集群，犹如磐石般支撑起国家竞争力。

四、小结

世界品牌500强具有很强的国家聚集性，世界品牌500强仅分布在27个国家，且拥有世界品牌500强最多的前十个国家占到世界品牌500强数量的90%以上。世界品牌500强的国家分布与世界企业500强的国家分布有很好的耦合性，且世界品牌500强的国家分布较世界企业500强的国家分布更集中，说明越是竞争力强大的发达国家其财富创造的能力越强——同样的投入能创造出更大的产出。世界品牌500强的国家分布，世界企业500强的国家分布、营业额，世界品牌500强和世界企业500强所属国家的GDP之间有非常强的正相关性；一国所拥有的世界品牌500强数量与该国世界企业500强的营业额及GDP有很强的递进因果关系。

因此，国家和企业应加大品牌的培育力度——树立品牌意识，强化品牌管理，不断提升品牌价值，使品牌成为企业的重要资产，从而做强做大企业。只有这样，国家财富增加的基础才能得到进一步夯实，从而稳步提升国家竞争力。对于中国政府和企业而言，要特别重视和强化品牌建设，争取能使更多的组织和企业品牌进入世界品牌500强。中国不仅要建造大企业，更需要建造大品牌。中国企业不能仅仅以进入世界企业500强为目的，因为世界品牌500强比世界企业500强有更强的财富创造能力。中国要崛起、要复兴，靠的是世界级的品牌企业，而遗憾的是至今中国只有7个品牌进入世界品牌100强，进入世界品牌500强的也只有31个。这就是和美国最大的差距，在世界品牌100强中，美国有52个，在世界品牌500强中，美国有227个，均占了半数或半数以上比例。

第二节　国际面板数据实证研究

一、实证思路

品牌是国家和企业重要的无形资产，品牌的价值代表了企业的市场地位和竞争能力，在经济市场化和全球化的条件下，品牌是市场竞争的基本单位。品牌强、价值高的国家和企业创造和获取财富的能力就强。从竞争力的形成和本质来看，其发展越来越依赖于无形资产的积累，在很多领域无形资产都已经取代有形资产成了决定竞争力的关键因素。在国际市场上很多具有强竞争力的国家，尤其是一些资源要素贫乏、国土面积并不辽阔的国家能在激烈的全球经济竞争格局中获得成功，基本都得益于它们成功的品牌战略。从品牌角度研究国家经济实力和竞争能力，相对于从企业和其他视角来说，更能凸显品牌所在国家创造和获取财富的能力。因此日本前首相中曾根康弘坦言："在国际交往中，索尼是我的左脸，丰田是我的右脸。"

因此，国家拥有强势品牌数量和价值的多少是衡量国家经济实力和竞争力强弱的重要标志。注重品牌建设，培育强势品牌能提升国家财富创造和获取的能力，从而增强国家的经济实力，同时，品牌的建设和价值的提升又需要强有力的经济实力作为支撑和保障，如良好的企业载体、足够的市场消费能力以及强有力的流通产业等支持条件。沿着这一思路，本节利用 Interbrand 公司 2001—2015 年每年发布的《世界前 100 强品牌》中有关品牌分布与品牌价值的数据，以美国、日本、德国、法国和英国五个发达国家为代表，首先对世界品牌的分布状况进行描述分析和对比，以便直观地了解世界品牌与国家经济实力之间的联系，进而对各国拥有的品牌数量、品牌价值、国内生产总值进行相关关系和面板回归分析，以进一步探明世界品牌的分布与国家经济实力之间存在的双向促进关系。

二、变量、数据情况和计量模型

（一）变量、数据情况介绍

1. 变量情况

对于国家拥有世界品牌情况的描述，选取各国拥有世界品牌的数量和品牌价值两个变量来代表，分别用"*bnum*"和"*bval*"来表示。对于国家经济实力的衡量，采用各个国家的国内生产总值来代表，该变量用"*gdp*"来表示。

2. 数据情况

本节采用的品牌数据来自 Interbrand 公司[①] 2001—2010 年每年发布的《世界前 100 强品牌》榜单，2000—2013 年美国、日本、德国、法国和英国的国内生产总值（GDP）数据来自于 2002—2014 年《国际统计年鉴》，2014 年的国内生产总值数据来自中华人民共和国统计局网站。由于《国际统计年鉴》发布世界各国国内生产总值（GDP）数据的时间要滞后于实际年份 2 年时间，因此 2002 年的《国际统计年鉴》发布的世界各国国内生产总值（GDP）是 2000 年的数据，这可能是因为收集和对数据的整理需要一个相当长的时间，同理，对品牌价值的评估肯定也需要花费一定的时间来收集和整理数据。因此，为了科学起见，把 Interbrand 公司 2001—2015 年每年发布的《世界前 100 强品牌》当作 2000—2014 年的数据来处理。

---

① Interbrand 公司于 1974 年在伦敦成立，是全球最大的综合性品牌咨询公司，致力于为全球大型品牌客户提供全方位一站式的品牌咨询服务，从 2001 年开始 Interbrand 公司每年发布一次《世界品牌前 100 强》榜单，其评估的品牌价值数据在该领域被公认是最权威的，公司网站为 http://www.interbrand.com。

表6-21　美、日、德、法、英五国品牌分布情况与百强品牌总量对比

（数量单位：个。价值单位：亿美元）

年份	国家个数	总品牌价值	美、日、德、法、英五国品牌分布情况			
			品牌数量	比例1	品牌价值	比例2
2000	14	10 006.03	83	83%	9 032.86	90.27%
2001	12	9 766.57	86	86%	8 848.74	90.60%
2002	12	9 739.55	87	87%	8 821.85	90.58%
2003	11	9 956.01	87	87%	9 026.55	90.66%
2004	12	10 450.65	81	81%	9 205.29	88.08%
2005	12	10 926.94	82	82%	9 589.51	87.76%
2006	12	11 557.07	85	85%	10 237.27	88.58%
2007	13	12 143.95	81	81%	10 452.95	86.08%
2008	13	11 583.04	83	83%	10 083.89	87.06%
2009	14	12 029.09	79	79%	10 261.83	85.31%
2010	15	12 581.51	78	78%	10 752.18	85.46%
2011	14	13 851.17	80	80%	12 024.37	86.81%
2012	14	15 005.59	82	82%	13 223.56	88.12%
2013	15	16 003.76	82	82%	14 077.82	87.97%
2014	15	17 146.31	81	81%	15 123.16	88.20%

注：表中国家个数为《世界前100强品牌》分布的国家个数，总品牌价值为《世界前100强品牌》品牌价值的总和，比例1和比例2分别为美、日、德、法、英五国的品牌数量和品牌价值占《世界前100强品牌》品牌总数量和总价值的比例

从表6-21来看，历年的世界前100强品牌基本都分布在少数的一些发达国家之中，从15年数据的国家分布来看，世界前100强品牌分布的国家均没有超过15个，而美国、日本、德国、法国和英国五个国家拥有世界品牌的数量和品牌价值都占世界前100强品牌的85%左右，特别是美国的强势品牌拥有量尤其突出，占有了世界前100强品牌的半数以上，因此选取这五个国家作为研究样本就具有较好的代表性。

（二）面板数据回归模型的建立

根据研究的目的和文献疏理，我们知道，一国拥有强势品牌数量和价值的多少对该国经济实力的提升有很大促进作用，同时，一国经济实力的强弱又会反作用于该国的品牌建设，为品牌建设和品牌价值的提升提供经济、消费等支持和保障条件。因此，有必要从数量上检验一国强势品牌的拥有量及价值与该国经济实力之间是否存在双向的因果联系，以更科学地验证以往的理论研究成果。由于品牌以及品牌数量对一国企业和经济发展的影响是通过其价值属性和价值传递机制而产生作用的，因此只需选取"bval"和"gdp"两个变量进行建模。为了检验它们之间的因果联系，因此，分别以"bval"和"gdp"为因变量建立模型。为了进一步测度品牌价值对经济实力提升的贡献度以及经济实力对品牌价值提升的贡献度，在这里对两个变量都进行了对数化转换。最后，根据面板回归模型的类型和性质可建立如下模型：

$$Ln(gdp_{it}) = \beta_1 + \beta_2 Ln(bval_{it}) + u_{it} \tag{6.1}$$

$$Ln(bval_{it}) = \beta_1 + \beta_2 Ln(gdp_{it}) + u_{it} \tag{6.2}$$

$$Ln(gdp_{it}) = \lambda_i + \beta_2 Ln(bval_{it}) + u_{it} \tag{6.3}$$

$$Ln(bval_{it}) = \lambda_i + \beta_2 Ln(gdp_{it}) + u_{it} \tag{6.4}$$

$$Ln(gdp_{it}) = \beta_1 + \beta_2 Ln(bval_{it}) + u_{it} \tag{6.5}$$

$$Ln(bval_{it}) = \beta_1 + \beta_2 Ln(gdp_{it}) + u_{it} \tag{6.6}$$

其中，模型（6.1）、模型（6.2）为混合回归模型，模型（6.3）、模型（6.4）为固定效应模型，模型（6.5）、模型（6.6）为随机效应模型；$i=1$，2，3，4，5，分别表示美国、日本、德国、法国和英国5个国家；t代表时间（2000—2014年）；u_{it}是随机误差项。

混合回归模型（Pooled Regression Model）假设了解释变量对被解释变量的影响与个体无关；固定效应模型（Fixed Effects Regression Model）对于不同的截面或不同的时间序列，只有模型的截距项是不同的，而模型的斜率系数是相同的；随机效应模型（Random Effects Regression Model）认为，如果模型中缺失了分别随个体和时间变化的不可观测的随机性因素时，可以将误差项分解为个体随机误差分量、时间随机误差分量和混合随机误差分量3个分量来描述这种信息的缺失[1]。

三、实证分析结果

（一）相关分析

表 6-22　　　　　五国品牌数量、品牌价值、经济实力相关分析

		品牌数量 （bnum）	品牌价值 （bval）	经济实力 （gdp）
品牌数量 （bnum）	Pearson Correlation Sig.（2-tailed） N	1 75	0.967** 0.000 75	0.919** 0.000 75
品牌价值 （bval）	Pearson Correlation Sig.（2-tailed） N	0.967** 0.000 75	1 75	0.972** 0.000 75
经济实力 （gdp）	Pearson Correlation Sig.（2-tailed） N	0.919** 0.000 75	0.972** 0.000 75	1 75

注：** 表示显著性水平在 0.01（双尾检验）

从表 6-22 中，我们发现一国拥有的品牌数量与该国拥有的总品牌价值的相关系数为 0.967，一国拥有的品牌数量与该国经济实力的相关系数为 0.919，一国拥有的总品牌价值与该国经济实力的相关系数为 0.972。从这三个变量之间的相关系数来看，彼此之间均为高度正相关的关系。

从以上统计结果来看，说明一国拥有的品牌数量、品牌价值与该国经济实力彼此之间能起到很好地相互促进作用——一方面，一个国家拥有的品牌数量越多，则其品牌价值一般也会越高，从而推动该国经济的发展和经济实力的提升；另一方面，一国经济实力的提升，又会为该国的品牌建

---

① 白仲林. 面板数据的计量经济分析 [M]. 天津：南开大学出版社，2008.

设提供良好的经济、消费、企业载体等支持和保障条件，从而有助于该国更好地进行品牌建设。

（二）面板单位根检验

本节对同质面板的单位根采用 *LLC* 检验，对异质面板的单位根采用 *ADF-Fisher* 检验以及 *PP-Fisher* 检验的方法。从 3 种检验方法来看，原假设都为存在单位根，如果检验结果显著，即伴随概率接近于 0，则拒绝原假设，表明面板数据是平稳的；如果检验结果不显著，即伴随概率接近于 1，则接受原假设，表明面板数据为非平稳的。通过 Eviews6.0 软件运行数据，得出检验结果，如表 5-13 所示，由检验结果可以看到面板数据是平稳的。

表 6-23 　　　　　　　　面板数据单位根检验结果

变量	水平值		
	LLC 检验	*ADF-Fisher* 检验	*PP-Fisher* 检验
Ln（bval）	−7.203 50（0.000 0）	41.349 0（0.000 0）	77.146 3（0.000 0）
Ln（gdp）	−4.554 27（0.000 0）	23.385 4（0.009 4）	41.194 0（0.000 0）

（三）面板协整检验

1. *Pedroni* 检验

表 6-24 　　　　　　　　　　*Pedroni* 检验结果

Alternative hypothesis：common AR coefs.（within-dimension）				
	Statistic	Prob.	Weighted Statistic	Prob.
Panel v-Statistic	−1.337 364	0.909 4	−1.358 602	0.347 0
Panelrho-Statistic	−1.969 013	0.024 5	−1.959 393	0.537 2
Panel PP-Statistic	−7.874 039	0.000 0	−8.215 596	0.004 7
Panel ADF-Statistic	−6.871 234	0.000 0	−6.782 153	0.005 3
Alternative hypothesis：individual AR coefs.（between-dimension）				
	Statistic	Prob.		
Grouprho-Statistic	−0.594 837	0.276 0		
Group PP-Statistic	−11.013 24	0.000 0		
Group ADF-Statistic	−7.633 308	0.000 0		

表 6-24 的上半部分是同质性备择的检验结果，即假定所有截面有共同的 AR 系数。不难看出，*Panel v* 统计量和 *Panel rho* 统计量不能拒绝没有协整的零假设，而 *Panel PP* 统计量和 *Panel ADF* 统计量将拒绝零假设，认为所有截面有共同的 *AR* 系数，且该系数的值小于 1。表 6-24 的下半部分是异质性备择的检验结果，即只要求每个截面的 *AR* 系数值小于 1。*Group rho* 统计量不能拒绝原假设，即认为不存在协整关系，而 *Group PP* 统计量和 *Group ADF* 统计量均很显著，表明它们认为存在异质性协整关系。

2. *Kao* 检验

表 6-25   *Kao* 检验结果

	t-Statistic	Prob.
ADF	-6.572 896	0.000 0

由表 6-25 的检验结果可知，*ADF* 统计量在 5% 的置信水平下检验显著，即 *Kao* 检验认为序列之间存在协整关系。

(四) 面板回归模型的选择

对于混合回归模型、固定效应模型、随机效应模型三者的选择。首先应该对混合回归模型和固定效应模型做出选择；如果选择固定效应模型更合适一些，则应该再对固定效应模型和随机效应模型做出选择，如果选择混合回归模型更合适一些的话，就不用再对固定效应模型和随机效应模型做出选择了。对于混合回归模型和固定效应模型的选择可以通过 *F* 检验来完成，对于固定效应模型和随机效应模型的选择可以通过霍斯曼（Hausman）检验来进行。

首先来做 *F* 检验，如果对于不同横截面模型截距项相同，则建立混合回归模型；如果对于不同横截面模型截距项不同，则建立固定效应模型。*F* 统计量定义为：

$$F = [(SSE_r - SSE_u) / (N - 1)] / [SSE_u / (NT - T - k)] \tag{6.7}$$

其中，SSE_r、SSE_u 分别表示混合回归模型和固定效应模型的残差平方和（Sum Squared Resid），N 指截面个体的个数，T 指时期个数，k 是解释变量的个数。如果计算的 F 统计量的值大于设定的显著性水平的临界值（如 5%），则选择固定效应模型更合适，如果小于临界值，则选择混合回归模型更合适。

首先比较模型（6.1）、模型（6.3）和模型（6.5），通过计算得到 F 统计量的值为 1.166 08，又在软件 stata12 里运行命令"disp invFtail（4，59，0.05）"可得 $F_{0.05}(4, 59) = 2.527\ 906\ 6$，因此应该选择混合效应模型（6.1）。

其次比较模型（6.2）、模型（6.4）和模型（6.6），通过计算得到 F 统计量的值为 0.643 846，又因为 $F_{0.05}(4, 59) = 2.527\ 906\ 6$，所以应该选择混合效应模型（6.2）。

（五）面板回归模型的估计

表6-26　　　　　　　　混合效应模型（6.1）回归分析结果

变量	回归系数	标准差	t 统计量	伴随概率
Ln（bval）	0.548 612	0.022 724	24.141 98	0.000 0
C	6.814 681	0.157 607	43.238 57	0.000 0
可决系数	0.888 692	残差平方和	4.244 646	
调整的可决系数	0.887 167	F 统计量	582.835 2	
回归标准差	0.241 134	$D.\ W.$ 值	2.193 067	
F 统计量的概率	0.000 000			

根据表6-26的回归分析结果，回归系数和模型的显著性水平都非常高，可决系数接近 0.90，可以看出面板回归模型具有很好的拟合效果，说明品牌的建设和品牌价值的提升对经济实力的增强具有很强的促进作用，一国品牌价值每提升 1%，可带来该国经济实力 0.55% 的增长。

表 6-27 混合效应模型 (6.2) 回归分析结果

变量	回归系数	标准差	t 统计量	伴随概率
Ln (gdp)	1.619 892	0.067 099	24.141 98	0.000 0
C	-10.279 20	0.710 159	-14.474 52	0.000 0
可决系数	0.888 692	残差平方和	12.533 21	
调整的可决系数	0.887 167	F 统计量	582.835 2	
回归标准差	0.414 352	$D.W.$ 值	2.731 701	
F 统计量的概率	0.000 000			

同样，根据表 6-27 的回归分析结果，回归系数和模型的显著性水平都非常高，可决系数接近 0.90，可以看出面板回归模型具有很好的拟合效果，说明经济实力的增强对品牌的建设和品牌价值的提升具有很强的促进作用，一国经济实力每增强 1%，可带来该国品牌价值 1.62% 的增长。

根据理论分析以及模型 (6.1) 和模型 (6.2) 的回归结果，一国强势品牌的拥有量及其价值与该国经济实力之间存在相互促进关系，并且从弹性系数来看，一国经济实力促进该国品牌建设和品牌价值提升的贡献要比一国品牌建设及其品牌价值的提升对该国经济实力发展的推动作用要大得多。

四、小结

分析得出，世界前 100 强品牌的分布具有很强的国家聚集性，从 2000—2014 年的相关数据来看，世界前 100 强品牌分布的国家不超过 15 个，且美国、日本、德国、法国和英国这五个国家拥有世界前 100 强品牌的数量基本都在 80% 以上，拥有的品牌价值都在 85% 以上，特别是美国的强势品牌拥有量尤其突出，仅美国一个国家就占有了世界前 100 强品牌的半数以上，这充分说明了越是经济实力强大的国家其财富创造和获取的能力就越强。美国、日本、德国、法国和英国五国中各个国家拥有的世界前 100 强品牌的品牌数量、品牌价值和其国内生产总值之间有非常强的正相关性，各国拥有的品牌价值与其国内生产总值之间存在相互促进关系——

一方面，一个国家拥有的品牌数量越多，则其品牌价值一般也会越高，对该国经济实力增长的推动作用就越强；另一方面，一国经济实力的提升又能为品牌的创建提供充足的经济消费支持和优良的企业载体，从而有助于该国更好地进行品牌建设。特别值得一提的是，从弹性系数来看，一国经济实力促进该国品牌建设和品牌价值提升的贡献要比一国品牌建设及品牌价值的提升对该国经济实力发展的推动作用要大得多，这就为未来国家的品牌战略与品牌建设提供了新的思路和有价值的研究切入点。

因此，对国家来说，应把促进品牌的创建和经济的建设两者并举——要用品牌的创建和品牌运营的方式进一步提升经济发展的水平和质量。同时，更要通过经济的快速发展进一步激活人们的品牌意识，促进品牌更好地创建和成长。对中国政府和企业而言，第一，要特别重视和强化品牌的建设，把品牌建设工程提升到企业、地区和国家战略高度的层面，用创建强势品牌的方式提升国家经济发展的水平和质量，争取能使更多的组织和企业品牌成为强势品牌；第二，应该大力发展国家经济，进一步提升经济发展的水平、人们的消费能力以及中国在世界市场的地位，为品牌的创建和价值的提升提供良好的经济环境和财力支持；第三，要从根本上提高我国企业的经营效率水平，因为企业是建设强势品牌的微观基础和载体，只有企业的经营效率水平上去了才能更好地打造出区域乃至世界知名的优秀品牌。

第三节　国内省域截面数据实证研究一

一、实证思路

本节将对我国品牌的地区分布与区域城镇经济实力进行关联研究，以定量分析为主，结合定性分析，根据世界品牌实验室推出的 2010 年中国品牌 500 强数据，并开发出测度区域城镇经济实力的多指标体系，力图较全面地对我国区域城镇经济实力进行客观的测度和评价，进而运用这两方面的数据对品牌与区域城镇经济实力的相互作用和促进机制加以验证。

二、我国品牌的地区分布概况

表 6-28　　　　2010 年中国品牌 500 强地区分布数量、价值

（数量单位：个。价值单位：亿元）

地区	品牌数量	品牌价值	地区	品牌数量	品牌价值
北京	95	17 444. 94	安徽	6	226. 43
广东	86	5 051. 34	天津	6	264. 76
上海	44	3 244. 04	湖南	5	292. 61
浙江	44	1 678. 76	江西	5	174. 34
福建	36	1 397. 44	内蒙古	5	732. 58
江苏	32	1 902. 31	重庆	5	303. 64
山东	30	2 145. 28	贵州	4	368. 59
四川	19	2 121. 05	海南	4	147. 85
广西	10	321. 25	吉林	4	734. 88
河北	9	245. 14	云南	3	575. 14
河南	8	373. 63	新疆	2	56. 94
湖北	8	534. 47	甘肃	1	50. 08
辽宁	8	766. 44	山西	1	47. 83
黑龙江	7	428. 31	陕西	1	27. 01

注：表中品牌数据根据世界品牌实验室发布的 2010 年《中国品牌 500 强》整理而得

从表 6-28 中国品牌 500 强地区分布信息，我们可以看出中国品牌 500 强分布在 28 个省区市[①]，表中地区按其拥有品牌数量的多少依次排列，其中拥有中国品牌 500 强数量最多前十个省区市依次为北京、广东、上海、浙江、福建、江苏、山东、四川、广西、河北。这十个省区市共拥有中国品牌 500 强的总数为 405 个，占中国品牌 500 强的比例为 81%。从表 6-28

_____

① 在这里仅对中国品牌 500 强中属于内地的品牌进行研究，没有考虑其中属于中国台湾的 4 个品牌和属于中国香港的 8 个品牌。

中我们还发现拥有中国品牌 500 强品牌价值最高的前十个省区市依次为北京、广东、上海、山东、四川、江苏、浙江、福建、辽宁、吉林。这十个省区市共拥有的中国品牌 500 强品牌价值总额为 36 486.48 亿元，占中国品牌 500 强价值总和的 85.58%。从拥有中国品牌 500 强数量和品牌价值最多的前十个省区市占中国品牌 500 强数量和品牌价值总和的比例来看，说明中国品牌 500 强具有很强的地区聚集性。

三、我国品牌所属地区经济实力评价

（一）指标选择、数据来源和评价方法说明

1. 指标选择和数据来源说明

一个地区的经济实力受到多因素的影响，因此在衡量区域城镇经济实力时应综合考虑这些因素。本节从综合性、科学性、可比性、典型性以及数据的可得性 5 个方面选取了 3 个层面的 9 个指标组成的指标体系来测算我国品牌 500 强所属 28 个省区市的区域城镇经济实力，见表 6-29。

表 6-29　　　　　　　　区域城镇经济实力测算的指标体系

总指标	一级指标	二级指标	单位
区域城镇经济实力	经济水平	$X1$：人均地区生产总值	元/人
		$X2$：人均财政收入	元/人
		$X3$：第二、三产业产值占地区生产总值的比重	%
	企业经营效率	$X4$：规模以上工业企业产值利润率	%
		$X5$：规模以上工业企业全员劳动生产率	元/人
	消费能力	$X6$：城乡居民年末人均储蓄余额	元/人
		$X7$：人均社会消费品零售额	元/人
		$X8$：城镇居民人均全年消费支出	元/人
		$X9$：农村居民人均全年生活消费支出	元/人

本节所采用的数据来自《中国城市统计年鉴》《中国工业经济年鉴》《中国农村统计年鉴》以及北京、广东、上海、浙江、福建、江苏、山东、四川、广西、河北、河南、湖北、辽宁、黑龙

江、安徽、天津、湖南、江西、内蒙古、重庆、贵州、海南、吉林、云南、新疆、甘肃、山西、陕西28个省区市的统计年鉴。

2. 评价方法选择

本节采用主成分分析方法来评价各地区的经济实力。步骤如下：

首先，由于各指标数据量纲的不统一，需要将原始数据转换成标准化的数据，转换公式为：

$$zx_{ij} = (x_{ij} - \bar{x}_{ij})/\sigma \qquad (6.8)$$

其中，zx_{ij} 表示标准化后的数据；σ 表示标准差，$\sigma = \sqrt{\sum_{i=1}^{n}(x_i - \bar{x}_i)/(n-1)}$；$x_{ij}$ 代表原始数据；i 代表地区；j 代表各个指标；$\bar{x}_{ij}$ 表示平均值。

将标准化转换后的数据运用 SPSS 软件进行主成分分析，求出特征值、贡献率以及累积贡献率。根据各主成分贡献率占选取主成分的累积贡献率的比重为权重，计算各区域经济实力指数。计算公式为：

$$F_i = \sum_{k=1}^{n} w_k f_{ik} \qquad (6.9)$$

其中，F_i 表示第 i 个区域经济实力指数，w_k 为权重，$w_k = \lambda_k / \sum_{k=1}^{n} \lambda_k$，$\lambda_k$ 为第 k 个主成分的贡献率，f_{ik} 为第 i 个地区第 k 个主成分得分。

（二）各地区区域经济实力测算结果

根据以上分析，利用2010年各年鉴的指标数据进行计算，根据特征值大于1的原则，入选 2 个主成分。2 个主成分的特征值分别为 5.975、1.267，累积方差贡献率为 80.468%，由此我们可以判断这两个主成分能够很好地代表所有指标的信息，能够充分反映各地区的经济实力，如表6-30所示。

表 6-30　　　　　　　　　　总方差解释表

主成分	特征值	贡献率	累积贡献率
1	5.975	0.663 90	0.663 90
2	1.267	0.140 77	0.804 68

从表 6-30 中可以看到，第一个主成分对总方差的贡献率为 66.39%，第二个主成分对总方差的贡献率为 14.077%，从数据来看，第 1 个主成分对总方差的贡献非常大，对区域经济实力的影响占有绝对的分量，第二个主成分对总方差也有一定的贡献，对区域经济实力也有相当的影响。

根据主成分载荷矩阵，第一主成分在 $X1$、$X2$、$X3$、$X6$、$X7$、$X8$、$X9$ 共 7 个指标上有较大载荷，主要反映经济水平和消费能力，我们可以将该主成分定义为经济消费主成分；第二主成分在 $X4$、$X5$ 共 2 个指标上有较大载荷，主要反映企业经营效率水平，我们可以将该主成分定义为企业经营主成分。

通过主成分分析，得到各个地区在 2 个主成分上的得分系数以及各地区的经济实力指数，如表 6-31 所示。

表 6-31　　　　　各地区主成分得分系数及区域经济实力指数

地区	$f1$	$f2$	F	地区	$f1$	$f2$	F
北京	2.848 90	0.275 06	2.40	安徽	-0.611 14	-0.353 41	-0.57
广东	0.516 27	-0.948 57	0.26	天津	1.148 93	0.797 64	1.09
上海	2.878 71	0.217 47	2.41	湖南	-0.621 08	-0.429 80	-0.59
浙江	0.951 18	-1.224 52	0.57	江西	-0.638 22	-0.628 49	-0.64
福建	0.009 89	-0.810 42	-0.13	内蒙古	0.218 74	1.873 48	0.51
江苏	0.560 39	-0.247 65	0.42	重庆	-0.269 07	-1.035 30	-0.40
山东	0.900 48	0.097 63	0.76	贵州	-0.912 78	-0.955 52	-0.92
四川	-0.521 04	-0.210 07	-0.47	海南	-0.776 09	2.489 68	-0.21
广西	-0.751 26	-0.682 54	-0.74	吉林	-0.302 73	-0.017 37	-0.25

表6-31（续）

地区	f1	f2	F	地区	f1	f2	F
河北	-0.365 06	0.163 53	-0.27	云南	-0.824 49	0.183 03	-0.65
河南	-0.638 54	0.587 14	-0.42	新疆	-0.806 40	1.983 24	-0.32
湖北	-0.418 79	-0.114 41	-0.37	甘肃	-0.676 38	-1.556 17	-0.83
辽宁	0.444 32	-0.207 60	0.33	山西	-0.350 65	-1.196 51	-0.50
黑龙江	-0.575 26	1.142 33	-0.28	陕西	-0.418 84	0.808 13	-0.20

根据经济消费主成分得分系数，即f1值的大小，我们可以判断出各地区经济消费水平的高低；根据企业经营主成分得分系数，即f2值的大小，我们可以判断出各地区企业经济效率水平的高低；根据区域经济实力指数，即F值的大小，我们可以判断各地区的区域经济实力强弱。f1、f2以及F值越大，分别表明相对应地区的经济消费水平越高、企业经营效率水平越高、区域城镇经济实力越强。

四、品牌与区域城镇经济实力关联分析

（一）相关性分析

表6-32　　　　区域城镇经济实力、品牌数量、品牌价值、

经济消费主成分、企业经营主成分相关分析

		F	品牌数量	品牌价值	f1	f2
F	Pearson Correlation Sig. (2-tailed) N	1 28	0.679 ** 0.000 28	0.683 ** 0.000 28	0.206 0.292 28	0.978 ** 0.000 28
品牌数量	Pearson Correlation Sig. (2-tailed) N	0.679 ** 0.000 28	1 28	0.839 ** 0.000 28	0.733 ** 0.000 28	-0.187 0.341 28
品牌价值	Pearson Correlation Sig. (2-tailed) N	0.683 ** 0.000 28	0.839 ** 0.000 28	1 28	0.703 ** 0.000 28	-0.020 0.919 28

表6-32(续)

		F	品牌数量	品牌价值	$f1$	$f2$
$f1$	Pearson Correlation Sig. (2-tailed) N	0.206 0.292 28	0.733** 0.000 28	0.703** 0.000 28	1 28	0.000 1.000 28
$f2$	Pearson Correlation Sig. (2-tailed) N	0.978** 0.000 28	−0.187 0.341 28	−0.020 0.919 28	0.000 1.000 28	1 28

注：** 表示显著性水平在 0.01（双尾检验），相关分析中品牌数量与品牌价值的数据是经过标准化处理后的数据

从表6-32中，我们发现地区拥有的品牌数量与其区域城镇经济实力的相关系数为0.679，地区拥有的品牌价值与其区域经济实力的相关系数为0.683，区域城镇经济实力与区域企业经营效率水平的相关系数为0.978，地区拥有的品牌数量与品牌价值的相关系数为0.839，地区拥有的品牌数量与其区域的经济水平和消费能力的相关系数为0.733，地区拥有的品牌价值与其区域的经济水平和消费能力的相关系数为0.703。从这几个变量之间的相关系数来看，彼此之间为高度正相关的关系。

从以上统计结果来看，说明地区的品牌数量、品牌价值与区域城镇经济实力能起到相互促进作用，一个地区拥有的品牌数量越多，则其品牌价值一般也会越高，从而推动城镇经济实力的增长；另一方面城镇经济实力的提升，又会为城镇的品牌建设提供优良的企业载体以及经济和消费支持，特别是经济水平和消费能力的提升，对城镇企业品牌的建设以及城镇经济实力的提升，更是具有推动作用。

（二）回归分析

根据前面的理论探讨与数据分析，我们知道城镇品牌拥有量对其经济实力的提升有很大的促进作用，而同时，城镇经济实力又能为城镇的品牌建设提升经济、消费支持以及好的企业载体。为了进一步验证城镇品牌建设与其经济实力之间的相互因果关系，我们分别构建城镇品牌拥有量及价值对其经济实力的回归模型与城镇经济实力对地区品牌拥有量及其价值的

回归模型，模型分析中所用的数据全部为经过标准化处理后的数据。

1. 城镇品牌拥有量及价值对城镇经济实力的回归分析

设城镇品牌拥有量为 Y_N ，城镇品牌价值为 Y_V ，城镇经济实力为 X ，根据这三个变量建立两个回归模型如下：

模型一：$Y_N = a_1 + b_1 X + e_1$ （6.10）

模型二：$Y_V = a_2 + b_2 X + e_2$ （6.11）

回归结果如表 6-33 和表 6-34 所示。

表 6-33   以 Y_N 为因变量的回归分析

	变量	参数估计值	标准差	t 检验值	显著性水平	可决系数
模型一	a_1	2.14E-016	0.141	0.000	1.000	0.679
	X	0.805	0.171	4.716	0.000	

表 6-34   以 Y_V 为因变量的回归分析

	变量	参数估计值	标准差	t 检验值	显著性水平	可决系数
模型二	a_2	-9.6E-017	0.141	0.000	1.000	0.683
	X	0.810	0.170	4.772	0.000	

2. 城镇经济实力对城镇品牌拥有量及其价值的回归分析

设城镇经济实力为 Y_Q ，城镇品牌拥有量为 X_N ，城镇品牌价值为 X_V ，根据这三个变量建立两个回归模型如下：

模型三：$Y_Q = a_3 + b_3 X_N + e_3$ （6.12）

模型四：$Y_Q = a_4 + b_4 X_V + e_4$ （6.13）

回归结果见表 6-35。

表 6-35   以 Y_Q 为因变量的回归分析

	变量	参数估计值	标准差	t 检验值	显著性水平	可决系数
模型三	a_3	-1.4E-016	0.119	0.000	1.000	0.679
	X_N	0.573	0.121	4.716	0.000	
模型四	a_4	3.44E-017	0.119	0.000	1.000	0.683
	X_V	0.576	0.121	4.772	0.000	

综合模型一、二、三、四的回归结果,我们验证了城镇品牌建设与其经济实力之间的互为因果关系。因此,培育和创建强势品牌对于提升城镇的经济实力是非常有效的,同时,城镇经济水平和人民消费能力的提升以及企业经营水平的提高又为强势品牌的创建提供了优良的企业载体和经济消费支持。

五、小结

通过研究分析,我们发现城镇拥有的品牌数量及价值与其经济实力能够起到相互促进的作用。一方面,一个城镇拥有的品牌数量越多,则其品牌价值一般也会越高,对城镇经济实力增长的推动作用就越强;另一方面,城镇经济实力的提升,又能为城镇的品牌建设提供经济消费支持,特别是城镇企业经营效率水平的提高,能为城镇的品牌建设提供优良的企业载体,极大地提升城镇内企业品牌建设的力度和质量。

因此,对中国政府和企业而言,第一,要特别重视和强化品牌的建设,把品牌建设工程提升到企业、地区和国家战略高度的层面,用创建强势品牌的方式提升地区经济发展的水平和质量;第二,应该大力发展经济,提升地区经济水平和人们的消费能力,为品牌的创建和其价值的提升提供良好的经济环境和财力支持;第三,要从根本上提高企业的经营效率水平,因为企业是建设强势品牌的必要基础和载体,一个地区企业经营效率水平的高低在很大程度上决定了该地区能否打造出区域知名的、全国性的乃至世界性的优秀品牌。

第四节 国内省域截面数据实证研究二

一、实证思路

品牌产生和发展于市场流通的进程中，人们重视品牌是因为它能更好地促进市场流通的进行，并能为流通各方参与者特别是品牌的所有者创造价值。品牌以及品牌资产的创建和提升是一个给企业、顾客和国家创造价值的过程，但这个价值能否得以实现，还需要强有力的流通产业的支持。因此，品牌和流通产业之间存在着相互促进的作用机制。本节利用世界品牌实验室推出的 2009 年中国品牌 500 强数据以及中国品牌 500 强所属省区市流通产业竞争力的数据，对我国品牌的地区分布与流通产业区域竞争力之间的关联进行了实证研究。

二、我国品牌的地区分布概况

表 6-36　　　　　2009 年中国品牌 500 强地区分布数量、价值

（数量单位：个，价值单位：亿元）

地区	品牌数量	品牌价值	地区	品牌数量	品牌价值
北京	97	16 082.41	重庆	6	280.94
广东	81	4 836.82	安徽	5	170.54
浙江	50	1 788.36	江西	5	162.6
上海	46	2 951.2	内蒙古	5	598.43
江苏	33	1 889.98	贵州	4	325.87
福建	32	1 219.57	吉林	4	696.4
山东	31	1 998.38	天津	4	126.93
四川	17	1 163.85	海南	3	66.27
河北	11	261.95	陕西	3	81.1

表6-36(续)

地区	品牌数量	品牌价值	地区	品牌数量	品牌价值
广西	9	257.34	新疆	2	51.27
河南	8	354.22	甘肃	1	44.85
湖北	8	455.59	宁夏	1	16.13
湖南	8	816.89	山西	1	44.88
黑龙江	7	288.94	云南	1	63.15
辽宁	6	168.37			

注：表中数据根据世界品牌实验室发布的 2009 年《中国品牌 500 强》整理而得

　　根据表 6-36 中国品牌 500 强地区分布信息，我们知道中国品牌 500 强分布在 29 个省区市①，表中地区按照其拥有强势品牌数量的多少依次排列，其中拥有中国品牌 500 强数量最多前十个省区市依次为北京、广东、浙江、上海、江苏、福建、山东、四川、河北、广西。这十个省区市共拥有中国品牌 500 强的品牌总数为 407 个，占中国品牌 500 强的数量比例为 81%。从表 6-26 中我们还知道拥有中国品牌 500 强品牌价值最高的前十个省区市依次为北京、广东、上海、山东、江苏、浙江、福建、四川、湖南、吉林。这十个省区市共拥有的中国品牌 500 强品牌价值总额为 33 443.86 亿元，占中国品牌 500 强价值总和的 89.75%。根据拥有中国品牌 500 强数量和品牌价值最多的前十个省区市占中国品牌 500 强品牌数量和品牌价值总和的比例来看，说明中国品牌 500 强具有很强的地区聚集性。

三、我国品牌所属地区的流通产业竞争力评价

（一）指标选择、数据来源和评价方法说明

　　刘根荣、付煜（2011）认为一个地区的流通产业竞争力受到多种因素的影响，因此在衡量其流通产业竞争力时应综合考虑这些因素。他们从综合性、科学性、可比性、典型性以及数据的可得性 5 个方面选取了 2 个大

---

　　①　在这里仅对中国品牌 500 强中属于大陆的品牌进行研究，没有考虑其中属于中国台湾的 5 个品牌和属于中国香港的 7 个品牌。

类 8 个层面的 30 个指标组成的指标体系,利用 2009 年《中国统计年鉴》的相关数据来测算我国 31 个省区市的流通产业竞争力,指标设置情况见表 6-37,评价方法为因子分析法①。

表 6-37　　　　　　　　流通产业区域竞争力评价指标

属性	分类	具体指标	属性	分类	具体指标
流通产业潜在竞争力	基础设施	X1：亿元以上商品流通市场数	流通产业现实竞争力	流通能力	X18：批发、零售企业社会消费品零售总额
		X2：亿元以上商品流通市场营业面积			X19：限额以上批发、零售企业销售额
		X3：铁路里程			X20：货运量
		X4：内河航道里程			X21：客运量
		X5：公路里程			X22：邮电业务包裹、快递件数
		X6：飞机起降架次			X23：商流辐射力指数
		X7：公路营运汽车客位数			X24：物流辐射力指数
		X8：公路营运汽车吨位数			X25：进出口总额
		X9：民用船舶客位数		流通效率	X26：资本效率
		X10：民用船舶吨位数			X27：人员效率
	制度因素	X11：市场开放程度			X28：土地效率
	资本因素	X12：限额以上批发、零售业企业资产总计			X29：网点效率
	人员因素	X13：流通产业从业人员数			X30：限额以上批发、零售企业利税率
	组织因素	X14：批发、零售企业数			
		X15：连锁化程度			
	技术因素	X16：互联网宽带接入端口数			
		X17：互联网普及率			

---

① 刘根荣,付煜. 中国流通产业区域竞争力评价——基于因子分析 [J]. 商业经济与管理,2011（1）.

（二）各地区流通产业竞争力测算结果

刘根荣、付煜（2011）根据特征值大于 1 的原则，选择了 5 个综合因子，这 5 个综合因子的特征值分别为 14.555 350 3、4.720 005 3、1.984 293 3、1.685 999 7、1.404 797 7，累积方差贡献率为 81.17%，说明它们能够很好地代表所有指标的信息，能够充分反映各地区的流通产业竞争力，最后经过计算，得到了我国 31 个省区市的流通产业区域竞争力得分，本书根据研究需要仅选择其中 29 个省区市的数据，如表 6-38 所示①。

表 6-38　　　　　　　　流通产业区域竞争力得分情况

地区	得分	地区	得分	地区	得分
北京	1.287 728	河南	0.384 715	吉林	-0.333 58
广东	2.016 19	湖北	-0.013 25	天津	-0.119 8
浙江	0.536 707	湖南	-0.338 39	海南	-0.550 25
上海	1.186 838	黑龙江	-0.253 85	陕西	-0.438 57
江苏	0.637 899	辽宁	0.203 184	新疆	0.000 939
福建	-0.094 33	重庆	-0.224 02	甘肃	-0.323 44
山东	0.593 109	安徽	-0.048 69	宁夏	-0.391 75
四川	-0.018 16	江西	-0.426 04	山西	0.068 951
河北	0.034 354	内蒙古	-0.446 8	云南	-0.199 29
广西	-0.256 73	贵州	-0.695 78		

根据流通产业区域竞争力得分高低，我们可以判断各地区的流通产业竞争力的强弱，得分越高表明相对应地区的流通产业越发达，流通产业竞争力越强。

① 刘根荣，付煜.中国流通产业区域竞争力评价——基于因子分析 [J].商业经济与管理，2011（1）.

四、品牌与流通产业竞争力关联分析

(一) 相关分析

表 6-39　　　　品牌数量、品牌价值、流通产业竞争力相关分析

		品牌数量	品牌价值	流通产业竞争力
品牌数量	Pearson Correlation Sig. (2-tailed) N	1 29	0.857** 0.000 29	0.872** 0.000 29
品牌价值	Pearson Correlation Sig. (2-tailed) N	0.857** 0.000 229	1 29	0.650** 0.000 29
流通产业 竞争力	Pearson Correlation Sig. (2-tailed) N	0.872** 0.000 29	0.650** 0.000 29	1 29

注：** 表示显著性水平在 0.01（双尾检验）

从表 6-39 中，我们发现地区拥有的品牌数量与其流通产业竞争力的相关系数为 0.872，地区拥有的品牌价值与其流通产业竞争力的相关系数为 0.650，地区拥有的品牌数量与品牌价值的相关系数为 0.857。从这几个变量之间的相关系数来看，彼此之间为高度正相关的关系。

从以上统计结果来看，说明地区的品牌数量、品牌价值与流通产业相互之间能够起到很好的促进作用。一方面，一个地区拥有的品牌数量越多，品牌价值越高，说明该区域市场参与者的商业意识越强，越善于经营，从而助推该区域的流通产业的发展；另一方面，区域流通产业的发展和竞争能力的提升，为品牌价值的实现提供了方便和转换途径，市场参与者为了在竞争中取胜和获得更多的利益，就会加强他们的品牌意识，进而推动区域的品牌建设。

(二) 回归分析

根据前面的理论探讨和数据分析，我们知道地区品牌拥有量对其区域流通产业的发展有很好的促进作用。同时，区域流通产业的发展又能为地

区的品牌建设提供价值实现和价值传递通道的支持。为了进一步验证地区品牌建设与其区域流通产业之间的相互因果关系，我们分别构建地区品牌拥有量及其价值对流通产业区域竞争力的回归模型与流通产业区域竞争力对地区品牌拥有量及其价值的回归模型。

1. 地区品牌拥有量及其价值对流通产业区域竞争力的回归分析

设地区品牌拥有量为 Y_N，地区品牌价值为 Y_V，流通产业区域竞争力为 X，根据这三个变量建立两个回归模型如下：

模型一：$Y_N = a_1 + b_1 X + e_1$　　　　　　　　　　　　　　　　（6.14）

模型二：$Y_V = a_2 + b_2 X + e_2$　　　　　　　　　　　　　　　　（6.15）

回归结果见表 6-40 和表 6-41。

表 6-40　　　　　　　　　　以 Y_N 为因变量的回归分析

	变量	参数估计值	标准差	t 检验值	显著性水平	可决系数
模型一	a_1	14.736	2.246	6.561	0.000	0.761
	X	34.687	3.739	9.278	0.000	

表 6-41　　　　　　　　　　以 Y_V 为因变量的回归分析

	变量	参数估计值	标准差	t 检验值	显著性水平	可决系数
模型二	a_2	1 085.619	439.079	2.472	0.020	0.423
	X	3 251.192	730.943	4.448	0.000	

2. 流通产业区域竞争力对地区品牌拥有量及其价值的回归分析

设流通产业区域竞争力为 Y_C，地区品牌拥有量为 X_N，地区品牌价值为 X_V，根据这三个变量建立回归模型如下：

模型三：$Y_C = a_3 + b_3 X_N + b_4 X_V + e_3$　　　　　　　　　　　（6.16）

回归结果见表 6-42。

表 6-42　　　　　　　　　　以 Y_C 为因变量的回归分析

	变量	参数估计值	标准差	t 检验值	显著性水平	可决系数
模型三	a_3	−0.348	0.067	−5.176	0.000	0.797
	X_N	0.030	0.004	6.929	0.000	
	X_V	−7.4E−0.05	0.000	−2.150	0.041	

　　综合模型一、二、三的回归结果，我们验证了地区品牌建设与流通产业区域竞争力之间互为因果关系。因此，流通产业区域竞争力的提升为品牌的创建和品牌价值的提升提供了动机机制，为品牌价值的实现提供了通道支持和平台保障。同时，培育和创建强势品牌对于提升地区的流通产业竞争力也是非常有效的，品牌所具有的价值识别和价值保障机制减少了流通各方参与者交易实施的成本，提升了各方参与者的价值收益，是提升流通业效率有力工具。

五、小结

　　通过研究分析，我们发现地区拥有的品牌数量及其价值与该区域的流通产业之间能够起到较好的相互促进作用。一方面，一个地区拥有的品牌数量越多、品牌价值越高，说明该区域市场参与者的商业意识越强且善于经营，从而有助于推动该区域流通产业的发展，并且优良和强势品牌所具有的价值识别和价值保障机制能够减少流通各方参与者交易实施的成本，提升各方参与者的价值收益，从而有助于提升流通业的运营效率；另一方面，区域流通产业的发展和竞争能力的提升，又能为品牌的创建和品牌价值的提升提供动力机制，为品牌价值的实现提供通道支持和平台保障。流通参与者为了在市场竞争中获取竞争优势，也会增强品牌意识，进而推动区域的品牌建设。

　　因此，对于中国企业和中国政府而言，第一，要特别重视和强化品牌的建设，把品牌建设工程上升到企业、地区和国家战略高度的层面，用创建强势品牌的方式助推流通产业的发展和提升区域经济的水平和质量；第二，应该大力发展流通产业，提升区域流通产业竞争力，为品牌的创建和其价值的提升提供动力机制，为品牌价值的实现提供良好的通道支持和平台保障。总而言之，对企业和社会来说，价值的创造过程和价值的传递与实现过程同等重要，只有将这两者都做好，企业和社会才能健康运行和科学发展。因此，在区域经济发展的过程中，要重视品牌的建设和流通产业的发展。

第五节　国内时间序列数据实证研究

一、实证思路

由于品牌对经济发展所具有重要作用，品牌受到了各界人士的广泛关注，并围绕品牌、品牌价值以及品牌对企业和经济发展的促进作用进行了大量的研究。因为促进经济发展和增长是研究的目的，所以在逻辑上，基本是把品牌作为企业和经济发展的原因变量加以研究。对于如何打造品牌，主流品牌理论基本聚焦于企业管理的微观视角，探讨企业品牌活动的规律性，并逐渐形成了以品牌价值为核心的理论体系。但遗憾的是，主流品牌理论没有从宏观社会经济发展的角度来进一步探讨经济发展对品牌化进程的推动作用，该研究可以更好地指导企业和政府制定品牌战略。基于此，本节利用我国1979—2010年经济发展指标和品牌化进程的年度数据，就我国经济发展对品牌化进程推动的机理进行实证研究。

二、实证研究方法、变量、数据来源与模型的建立

（一）实证研究方法的选择与介绍

1. 时间序列平稳性检验

本节采用富勒和迪基（Fuller & Dickey，1981）提出来的考虑了残差项序列相关性的 ADF 单位根检验法对时间序列进行平稳性检验，以避免研

究模型出现"伪回归"的情况。检验方程为：

$$\Delta y_t = \alpha + \beta T + \lambda_1 y_{t-1} + \sum_{i=1}^{n} \eta_i \Delta y_{t-i} + \varepsilon_t \qquad (6.17)$$

其中，y_t 是待检验的时间序列；Δ 代表一阶差分运算；α 是常数项；n 是滞后期数；T 代表趋势项。假如根据样本计算出的系数 β 不能够通过 t 检验，那么就接受趋势项系数为零的原假设，不存在趋势项，否则则表明时间序列存在着趋势变化；假如根据样本计算出的单位根的统计值 δ_0 比 ADF 临界值大，则应接受原假设 $H_0: \delta_0 = 0$，说明 y_t 服从随机游走，是非平稳时间序列，否则，则应拒绝原假设，说明 y_t 为平稳时间序列。

2. 协整分析

如果多个非平稳经济变量的时间序列数据是同阶单整的，则说明各经济变量之间可能存在着协整关系。恩格尔和格兰杰（Engle & Granger，1987）提出，如果多个非平稳变量具有协整性，则这些变量可以合成一个平稳序列，这个平稳序列就可以用来描述原变量之间的均衡关系；当且仅当多个非平稳变量之间具有协整性时，由这些变量建立的回归模型才有意义，即协整检验可避免"伪回归"的问题；具有协整关系的非平稳变量可以用来建立误差修正模型。协整检验的常用方法有两种，一种是基于回归残差的 Engle-Granger 两步法协整检验，另一种是基于回归系数完全信息的 Johansen 协整检验。Engle-Granger 两步法协整检验多用于两变量间的协整关系检验，而多变量间的协整关系的检验通常采用 Johansen 协整检验法。

（二）变量选取、数据来源与模型的建立

1. 变量的选取与数据来源

对我国的经济发展状况用两个变量来衡量，一是消费能力，用社会消费品零售总额来代表（单位：亿元）；二是企业实力，用工业总产值来代表（单位：亿元）。这两个指标分别用"CONABI""ENTSTR"来表示。对我国的品牌化进程采用每年的商标核准注册数（单位：件）来代表，该变量用"BRANUM"来表示。我国 1979—2010 年各年的社会消费品零售总额、工业总产值的数据均来自或根据 2011 年和历年的《中国统计年鉴》相关指标数据整理所得，其变化趋势如图 6-1 所示；我国 1979—2010 年各年的商标核准注册数数据全部来自 2010 年和 2011 年的《中国科技统计年鉴》，商标核准注册数是我国在国内、国际与马德里商标核准注册数的总和，其变化趋势如图 6-2 所示。

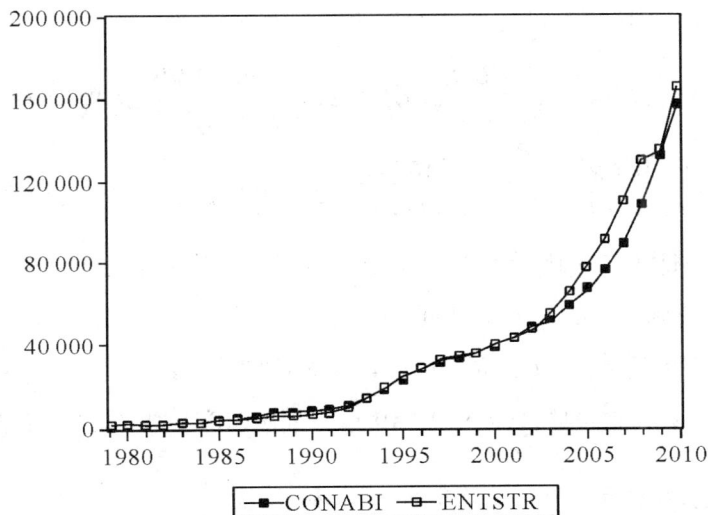

图 6-1　1979—2010 年经济发展状况

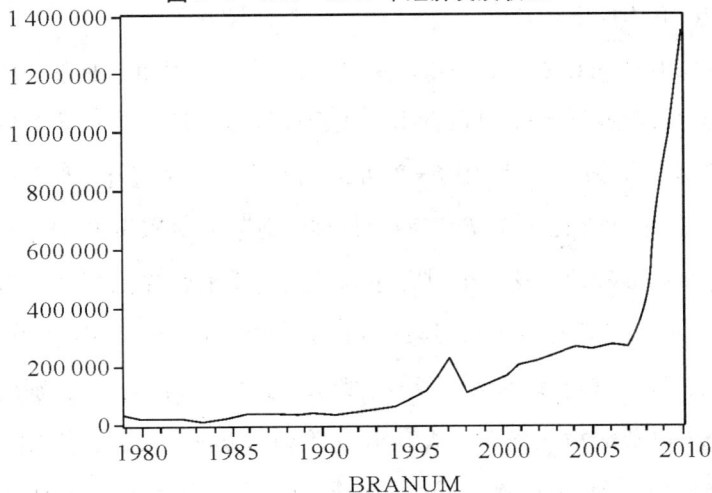

图 6-2　1979—2010 年品牌化进程

2. 理论模型的建立

根据研究构想和既有的理论基础，消费需求方和企业均对我国的品牌化进程具有重要的推动作用。因此，可把品牌化进程看成是消费能力和企业实力的函数，由此可建立反映三者关系的函数如下：

$$BRANUM_t = f(CONABI_t, ENTSTR_t) \tag{6.18}$$

取全微分有：

$$dBRANUM_t = \frac{\partial BRANUM_t}{\partial CONABI_t} dCONABI_t + \frac{\partial BRANUM_t}{\partial ENTSTR_t} dENTSTR_t \tag{6.19}$$

令 $\dfrac{\partial BRANUM_t}{\partial CONABI_t} = \beta_1$，$\dfrac{\partial BRANUM_t}{\partial ENTSTR_t} = \beta_2$，其中 β_1 表示消费能力提升对品牌化进程的边际推动倾向；β_2 表示企业实力增强对品牌化进程的边际推动倾向。可得到本书的理论模型如下：

$$dBRANUM_t = C + \beta_1 dCONABI_t + \beta_2 dENTSTR_t + \mu_t \tag{6.20}$$

其中，C 为常数项；t = 1979，1980，…，2010；μ_t 是随机误差项。

三、实证分析结果

（一）ADF 单位根检验

根据图 6-1 可以看出，我国社会消费品零售总额和工业总产值呈现逐年递增趋势；根据图 6-2 可以看出，我国商标核准注册数总体上也呈现逐年递增趋势。从图 6-1 和图 6-2 可以初步判断：社会消费品零售总额 $CONABI$、工业总产值 $ENTSTR$、商标核准注册数 $BRANUM$ 均为非平稳时间序列。为了更准确地对这三个时间序列数据的平稳性作出判断，需要采用单位根方法（ADF 检验）对其进行检验。在 Eviews6.0 中运用 Dickey-Fuller 方法完成，检验结果如表 6-43 所示。其中，C、T、Q 分别代表截距项，趋势项以及滞后的阶数，Δ 代表一阶差分运算，Δ^2 代表二阶差分运算。根据 AIC 和 SC 原则判断滞后的阶数 Q，通过将各变量序列的 ADF 检验统计值跟 5% 的显著水平临界值进行比较后发现，序列 $BRANUM$、

$CONABI$ 和 $ENTSTR$ 均为非平稳的时间序列，它们的一阶差分 $\Delta BRANUM$、$\Delta CONABI$、$\Delta ENTSTR$ 也是非平稳的时间序列，但是它们的二阶差分 $\Delta^2 BRANUM$、$\Delta^2 CONABI$、$\Delta^2 ENTSTR$ 都是平稳的时间序列，由此判断 BRANUM、CONABI 和 ENTSTR 均为二阶单整时间序列 $I(2)$，符合协整分析的前提条件。

表 6-43　　　　　　　　　各变量单位根检验

变量	检验形式 （C，T，Q）	ADF 统计量	5%临界值	结论
$BRANUM$	（0，0，1）	2. 188 052	−1. 952 473	非平稳
$CONABI$	（C，T，2）	1. 998 884	−3. 574 244	非平稳
$ENTSTR$	（C，T，0）	3. 707 790	−3. 562 882	非平稳
$\Delta BRANUM$	（0，0，0）	0. 966 333	−1. 952 473	非平稳
$\Delta CONABI$	（0，0，0）	4. 202 331	−1. 952 473	非平稳
$\Delta ENTSTR$	（0，0，1）	1. 082 707	−1. 952 910	非平稳
$\Delta^2 BRANUM$	（0，0，0）	−4. 559 443	−1. 952 910	平稳
$\Delta^2 CONABI$	（0，0，0）	−2. 488 530	−1. 952 910	平稳
$\Delta^2 ENTSTR$	（0，0，0）	−8. 444 086	−1. 952 910	平稳

（二）协整分析

各变量单位根检验结果表明，三个时间序列都是 I（2），符合建立协整方程的前提条件。接下来，将考察三个变量之间的协整关系。恩格尔和格兰杰（Engle & Grange）提出采用两步法来估计协整向量，运用此种方法得出的协整参数估计量具有强有效性与超一致性，但如果在样本容量有限的情况下，此种方法得出的估计量是有偏差的，且样本容量越小，往往偏差会越大。因此，为了避免 Engle-Granger 两步法中参数估计的不足，在此选取多变量 Johansen 协整检验法对商标核准注册数 BRANUM、社会消费品零售总额 CONABI、工业总产值 ENTSTR 三个变量进行协整检验。Johansen 协整检验的结果见表 6-44。

表 6-44 *Johansen* 协整检验结果

特征值	迹统计量	5%临界值	伴随概率**	协整方程个数假定
0.489 235	37.558 04	35.010 90	0.026 1	None*
0.382 888	18.069 39	18.397 71	0.055 5	At most 1
0.130 969	4.070 927	3.841 466	0.043 6	At most 2*

注：迹检验意味着在 0.05 临界值水平存在一个协整关系；* 表示在 0.05 临界值水平拒绝原假设；** 表示 MacKinnon-Haug-Michelis（1 999）*p* 值

根据 *Johansen* 协整检验的结果，在 5%临界值的显著水平上拒绝了协整向量秩为零和协整向量秩为 2 的假设，说明在 1 979—2010 年的样本区间内，时间序列 *BRANUM*、*CONABI*、*ENTSTR* 三个变量间存在着一个协整关系。通过回归分析，得到协整方程为：

$$BRANUM_t = 25.328\ 51CONABI_t - 17.335\ 74ENTSTR_t - 60\ 929.29$$
$$(3.682\ 736) \qquad (3.312\ 467) \qquad (19\ 578.42)$$
$$t = (6.877\ 633) \qquad (-5.233\ 483) \qquad (-3.112\ 064)$$
$$R^2 = 0.915\ 851, D.W. = 1.160\ 675, F = 157.814\ 3$$

从模型的回归结果来看，模型的拟合度很高，模型残差的自相关不显著。该协整方程表明在 1979—2010 年期间，*BRANUM*、*CONABI*、*ENTSTR* 这三个变量之间存在长期稳定的均衡关系，经济发展水平中消费对品牌化进程的拉动作用以及企业对品牌化进程的推动作用都非常显著，说明我国经济发展对品牌化进程有着重要的推动作用。

四、小结

从实证分析来看，通过对我国 1979—2010 年体现经济发展水平的消费能力、企业实力与反映品牌化进程的年商标核准注册数三个变量时间序列数据的计量分析，发现这三个变量的时间序列数据基本都呈现逐年上升的趋势，经过单位根检验和协整检验成功地建立了协整方程。实证结果表明，经济发展是推动品牌化进程的重要原因。

因此，对国家来说，应把经济的发展和促进品牌的创建两者并举——通过经济的快速发展进一步激活人们的品牌意识，促进品牌更好地创建和成长。同时，也要用品牌的创建和强势品牌的打造来进一步提升经济发展的水平和质量。具体而言主要是以下四个方面：第一，应大力发展国家经济，不断提升经济发展的水平、人们的消费能力以及中国在世界市场的地位，为我国品牌的创建和向强势品牌的转化提供良好的经济环境和财力支持；第二，要从根本上提高我国企业的经营效率水平，为强势品牌的打造提供实力强大的微观基础和企业载体；第三，在市场全球化的进程中，企业应根据不同市场的地缘情况，考虑承载品牌的各经济体的发展水平，做出合适的品牌定位；第四，在经济发展的过程中，应把品牌建设工程上升到企业、地区和国家战略高度的层面，进一步推动我国的品牌化进程，争取能打造出更多的强势品牌，提升我国的经济实力和国际竞争力。

第七章 区域、集群品牌对城镇
经济发展的实证分析

本章在第四章、第五章理论分析的基础上，采用实证分析方法对区域、集群品牌与城镇经济发展的相互作用机理进行研究和验证。对区域品牌推进城镇经济发展作用机理的验证采用国家工商行政管理总局、农业部以及国家质量监督检验检疫总局成功注册或登记的地理标志数据、《中国农村统计年鉴》发布的区域农林牧渔业总产值数据和微观调查的数据。对于集群品牌与城镇经济发展相互作用机理的验证，采用国家自然科学委员会管理科学部资助项目"基于产业群的区域名牌与名牌簇群形成与效应机理研究——以温州为例"（70572066）研究成果中部分数据资料进行分析。

第一节 农产品区域品牌推动城镇经济发展：
国内截面数据实证

一、实证思路

农产品地理标志具有标示农产品品质特征和地域特征的属性，是一种受法律保护的农产品区域品牌。从世界各国对地理标志的保护对象和保护范围来看，地理标志所标示的产品绝大多数是农产品。这些国家在长期的农业生产和农产品贸易过程中形成了很多富有地域特色并在全世界享有盛誉的农产品，并进而凭借其市场优势形成了各具特色的众多农产品产业带，这些地理标志农产品产业带极大地促进了当地经济的发展。例如，意大利的帕尔玛火腿，法国的洛克福羊乳干酪、香槟、葡萄酒，等等。我国作为农业大国，国土幅员辽阔，是诸多名优特色农产品的原产地，在长期的农业生产和贸易过程中也形成了数量众多且在市场上享有盛誉的农产品区域品牌，并在逐步或已经进行地理标志的登记和注册。根据品牌的价值效应和国内外经验，农产品地理标志在农民增收、农村产业结构调整、农业产业化以及新农村建设等方面均能发挥重要作用，但目前从宏观区域经济层面定量研究农产品地理标志促进经济发展的文献成果非常稀少。本节以此为切入点，首先对我国各地区拥有的地理标志数据和相对应的农林牧渔业总产值数据进行描述性分析和对比，进而对两者进行回归分析，以探明农产品区域品牌对城镇经济发展的促进和带动作用。

二、我国地理标志的省域分布

（一）数据说明

根据《与贸易有关知识产权协议》（即 TRIPS 协议），地理标志（Geographical Indications）是标示某商品来源于某地区的一种标志，且其标示商品的质量、信誉等特征主要由该地区的自然或人文因素所决定。目前，我国地理标志的注册和登记有三种体系，即国家工商行政管理总局的"集体商标"注册体系、农业部的"农产品地理标志"登记体系、国家质量监督检验检疫总局的"地理标志保护产品"注册体系。因此，要获取我国地理标志的完整数据需把国家工商行政管理总局、农业部以及国家质量监督检验检疫总局注册和登记的所有地理标志数据进行整合。由于我国的地理标志所标示的产品基本是农产品或涉农产品，因此在研究中，对个别的非农但涉农产品没有进行剔除处理，而是把所有登记与注册的地理标志当作农产品地理标志来看待。农产品地理标志具有标示农产品品质特征和地域特征的属性，是一种受法律保护的农产品区域品牌①。本书研究采用我国登记与注册的地理标志数量来代表农产品区域品牌数量。

　　本节所获取的所有地理标志的原始数据均来自国家工商行政管理总局、农业部以及国家质量监督检验检疫总局网站，其中：国家工商行政管理总局发布的地理标志商标的有效注册数据的截止时间为 2011 年 12 月 31日，我国地理标志商标共注册 1 343 件，包括同一商标名称不同注册号的情况；农业部登记的有效地理标志数据截止时间为 2012 年 1 月 18 日，我国地理标志共登记 693 件，包括农业部已颁发中华人民共和国农产品地理标志登记证书的所有数据和 2011 年第六批数据、2012 年第一批已经公示但尚未颁证的数据；国家质量监督检验检疫总局注册的地理标志有效数据截止时间为 2012 年 3 月 27 日，我国地理标志共注册 742 件。本节研究将国家工商行政管理总局地理标志商标不同注册号但为同一商标名称者保留一个，并且剔除工商行政管理总局、农业部、国家质量监督检验检疫总局重复注册或登记的地理标志名称后，全国合法地理标志共有 2 378 件。

（二）地理标志地区分布情况

表 7-1　　　　　　　　我国地理标志的地区分布数量　　　　（数量单位：件）

地区	地理标志数	地区	地理标志数	地区	地理标志数
山东	272	陕西	76	河北	50
四川	237	江西	70	宁夏	46
福建	168	山西	65	内蒙古	43
浙江	147	甘肃	62	青海	31
湖北	130	黑龙江	62	北京	16
重庆	91	广西	60	天津	15
江苏	87	云南	60	上海	14
辽宁	87	安徽	59	海南	8

---

　　① 袁园. 农产品地理标志促进区域农业经济发展研究 [D]. 北京：中国农业科学院，2009：19.

表7-1(续)

地区	地理标志数	地区	地理标志数	地区	地理标志数
广东	83	吉林	59	西藏	6
湖南	83	新疆	57		
河南	78	贵州	56		

表7-1中的省区市按照其拥有地理标志数量的多少依次排列，其中拥有地理标志数量最多的前十个省区市依次为山东、四川、福建、浙江、湖北、重庆、江苏、辽宁、广东、湖南，这十个省区市共拥有地理标志总数为1 385件，占我国地理标志总量的比例为58.24%。其中拥有地理标志数量排名最后十位的省区市依次为贵州、河北、宁夏、内蒙古、青海、北京、天津、上海、海南、西藏，这十个省区市共拥有地理标志总数为285件，占我国地理标志总量的比例为11.98%。总的来说，我国各地区地理标志的拥有量很不平衡。

三、我国省域农林牧渔业总产值情况

表 7-2　　　　　　　2011 年我国各地区农林牧渔业总产值情况

（价值单位：亿元）

地区	农林牧渔业总产值	地区	农林牧渔业总产值	地区	农林牧渔业总产值
山东	7 409.7	陕西	2 058.6	河北	4 895.9
四川	4 932.7	江西	2 207.3	宁夏	354.7
福建	2 730.9	山西	1 207.6	内蒙古	2 204.5
浙江	2 534.9	甘肃	1 187.8	青海	230.8
湖北	4 252.9	黑龙江	3 223.5	北京	363.1
重庆	1 265.3	广西	3 323.4	天津	349.5
江苏	5 237.4	云南	2 306.5	上海	314.6
辽宁	3 633.6	安徽	3 459.7	海南	1 002.4

表7-2(续)

地区	农林牧渔业总产值	地区	农林牧渔业总产值	地区	农林牧渔业总产值
广东	4 384. 4	吉林	2 275. 1	西藏	109. 4
湖南	4 508. 2	新疆	1 955. 4		
河南	6 218. 6	贵州	1 165. 5		

注：表中农林牧渔业总产值数据来源于2012年《中国农村统计年鉴》

本节研究采用各地区的农林牧渔业总产值表示农业区域经济实力来代表涉农领域的城镇经济实力，农林牧渔业总产值是以货币表现的农林牧渔业全部产品的总量，反映了一定时期内农业生产的总规模和总成果。从表7-2中我国各地区农林牧渔业总产值情况来看，总产值最高的是山东省，为7 409.7亿元总产值最低的是西藏，仅为109.4亿元，与山东省极差为7 300.3亿元。通过计算得到31个省区市截面数据的变异系数为1 913.660 9。总的来说说明我国各地区农林牧渔业的发展也是很不平衡的。

四、农产品区域品牌、城镇经济实力数据的回归分析

(一) 变量截面数据分布图

为了使画出的图形能更加直观地反映地区地理标志拥有量与对应区域的农林牧渔业总产值之间的相关变化关系，在这里对两者的数据均进行了标准化处理。其公式为：

$$zx_{ij} = (x_{ij} - \bar{x}_{ij})/\sigma \tag{7.1}$$

其中，zx_{ij} 表示标准化过后的数据；σ 表示标准差；$\sigma = \sqrt{\sum_{i=1}^{n}(x_i - \bar{x}_i)/(n-1)}$；$i$ 代表地区；j 代表各个指标；x_{ij} 表示原始数据；$\bar{x}_{ij}$ 表示平均值。

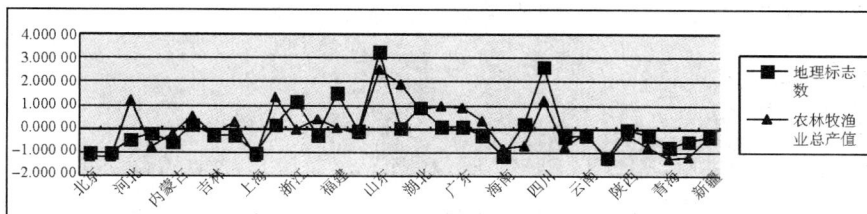

图 7-1　地区地理标志拥有量与农林牧渔业总产值折线图

从图 7-1 来看，地区地理标志拥有量与相对应区域的农林牧渔业总产值的截面数据之间能够很好地耦合，说明两者具有很强的相关关系。结合前文的理论分析，地区地理标志拥有量能有效地推动该区域农林牧渔业总产值的增加。为了进一步地验证它们之间的因果关系，下面将进行回归分析。

（二）回归分析

设地区农林牧渔业总产值为 Y，地区拥有的地理标志数量为 X，为了更好地解释区域品牌对区域经济发展的贡献度，分别对 Y 和 X 进行对数化转换，得到 $Ln(Y)$ 和 $Ln(X)$。这样变量之间回归得到的回归系数就是经济学中弹性的含义，于是根据研究目的，建立回归方程如下：

$$Ln(Y) = \alpha + \beta Ln(X) + \varepsilon \tag{7.2}$$

回归结果见表 7-3。

表 7-3　　　　　　　　以 $Ln(Y)$ 为因变量的回归分析

变量	参数估计值	标准差	t 检验值	显著性水平	可决系数
α	3.558	0.583	6.098	0.000	0.618
$Ln(X)$	0.970	0.141	6.854	0.000	

根据回归结果，地区地理标志拥有量与相对应区域的农林牧渔业总产值存在较强的因果联系，说明区域品牌拥有量对区域经济发展有着重要的推动作用。从弹性系数来看，地区地理标志拥有量每增加 1%，可推动区

域农林牧渔业总产值增加 0.97%。

五、小结

本节通过对区域品牌的理论分析和对比，对区域品牌的含义进行了重构：区域品牌是在区域不可替代的自然环境中所形成的产品特色基础上建立起来的一种区域标识和产品标识的复合体，区域品牌的本质是区域和产品两者的不可分离，区域品牌从其本质来讲就是农产品区域品牌。经过回归分析，我们发现地区的地理标志拥有量与其相对应区域的农林牧渔业总产值存在较强的因果联系，说明区域内区域品牌的拥有量对城镇经济发展有重要推动作用。

因此，要重视农产品区域品牌建设，通过大力发展农产品区域品牌，促进农业区域经济发展。具体来说，主要从以下方面着手：第一，要进一步加强对我国农产品地理标志的保护，既要加强农产品地理标志的国内管理立法和执法工作，又要加强我国农产品地理标志的国际保护；第二，要强化实施农业品牌化战略，在保障和提高农产品质量的同时，注重农产品地理标志的登记和注册工作，通过品牌化运营提高其市场影响力；第三，要加强培育和扶持农产品地理标志产品产业化龙头企业，加大对龙头企业在财政、金融、税收以及技术等方面的支持，促进其发展和强大；第四，应在政府的支持下创建和扶植农民专业合作组织等相关农业中介组织的发展，更好地推动地理标志农产品的产业化、生产标准化发展。

第二节　农产品区域品牌推动城镇经济发展：区域数据实证

一、实证思路

本节选取渝东北生态涵养发展区作为研究对象，该区域既是三峡库区，又是秦巴山连片特困地区，环境保护任务最重，发展压力大。渝东北生态涵养发展区由万州、开县、梁平、云阳、奉节、巫山、巫溪、忠县、垫江、丰都、城口等 11 个区县构成。通过调查这 11 个区县特色农产品的种类数、地理标志的注册数、农业产业化市级龙头企业的拥有数以及其开发状况，研究区域特色农产品资源①开发及对城镇经济增长的贡献，以期对该区域的特色农产品资源开发情况做出客观评价，并且发现问题，找出对策，就该区域特色农产品资源开发水平对城镇经济增长的贡献情况进行测度，为该区域更好地进行生态涵养与生态发展提供理论与证据支撑。

二、渝东北生态涵养发展区特色农产品资源开发状况

（一）渝东北生态涵养发展区特色农产品资源分布

通过对渝东北生态涵养发展区各乡镇政府进行电话调查，并结合百度百科及相关区县农业信息网站的数据，共搜集和整理出渝东北生态涵养发展区特色农产品种类数 818 种，调查数据中同一区县不同乡镇的同一名称特色农产品没有做剔除处理，本次调查时间为 2015 年 11—12 月。渝东北生态涵养发展区各区县特色农产品资源具体拥有情况见表 7-4。其中：万州区共有 52 个乡、镇、街道（12 个乡、29 个镇、11 个街道办事处），特

---

① 区域特色农产品资源是指特定区域、特定时间、特定品种、特定气候生产出来的具有一定区域品牌效应的独特品质的农产品。

色农产品共计 126 种；开县共有 40 个乡、镇、街道（7 个乡、26 个镇、7 个街道办事处），特色农产品共计 68 种；梁平县共有 33 个乡、镇、街道（5 个乡、26 个镇、2 个街道办事处），特色农产品共计 100 种；云阳县共有 38 个乡、镇（16 个乡、22 个镇），特色农产品共计 82 种；奉节县共有 27 个乡、镇（9 个乡、18 个镇），特色农产品共计 58 种；巫山县共有 26 个乡、镇、街道（13 个乡、11 个镇、2 个街道办事处），特色农产品共计 92 种；巫溪县 33 个乡、镇、街道、乡镇级开发区（15 个乡、15 个镇、2 个街道办事处、1 个乡镇级开发区），特色农产品共计 64 种；忠县共有 27 个乡、镇（5 个乡、22 个镇），特色农产品共计 55 种；垫江县共 26 个乡、镇、街道（2 个乡、22 个镇、2 个街道），特色农产品共计 80 种；丰都县共有 30 个乡、镇、街道（7 个乡、21 个镇、2 个街道办事处），特色农产品共计 50 种；城口县共有 23 个乡、镇（13 个乡、10 个镇），特色农产品共计 43 种。

表 7-4　渝东北生态涵养发展区各区县特色农产品资源具体拥有情况

区县	各区县乡镇数（不含街道办事处）	特色农产品种类数	已注册地理标志数
万州区	41	126	8
开县	33	68	5
梁平县	31	100	8
云阳县	38	82	6
奉节县	27	58	2
巫山县	24	92	2
巫溪县	30	64	5
忠县	27	55	3
垫江县	24	80	5
丰都县	28	50	10
城口县	23	43	7

（二）渝东北生态涵养发展区已注册地理标志分布

渝东北生态涵养发展区已注册地理标志共 61 件[①]，各区县的具体拥有情况见表 7-4，其中，万州区 8 件，分别是万州红桔、万州罗田大米、万州猕猴桃、万州银针、万州柠檬、万州山胡椒、万州玫瑰香橙、万县胭脂鱼；开县 5 件，分别是开县冰薄月饼、开县龙珠茶、开县木香、开县春橙、开县水竹凉席；梁平县 8 件，分别是虎城尖柚、梁平竹笋、梁平甜茶、梁平木版年画、梁平山羊、梁平柚、梁平寿竹、梁平竹帘；云阳县 6 件，分别是故陵椪柑、云阳红橙、云阳小茴、云阳乌天麻、云阳白山羊、云阳桐油；奉节县 2 件，分别是奉节白肋烟、奉节脐橙；巫山县 2 件，分别是巫山庙党、巫山魔芋；巫溪县 5 件，分别是巫溪洋鱼、巫溪洋芋、大宁党参、大宁河鸡、巫溪红三叶；忠县 3 件，分别是忠县柑橘、忠州豆腐乳、忠县苎麻；垫江 5 件，分别是垫江白柚、垫江哑酒、垫江藠头、垫江牡丹、垫江丹皮；丰都 10 件，分别是丰都栗子大米、丰都轿子山白菜、丰都轿子山萝卜、保合梨橙、董家花椒、丰都龙眼、丰都肉牛、丰都红心轴、丰都锦橙、丰都榨菜；城口县 7 件，分别是城口太白贝母、城口洋芋、城口核桃、城口山地鸡、城口蜂蜜、城口板栗、城口老腊肉。

（三）渝东北生态涵养发展区农业产业化市级龙头企业分布

渝东北生态涵养发展区有重庆市农业产业化市级龙头企业 217 个[②]，各区县的具体拥有情况见表 7-5，其中，万州区 33 个，开县 38 个，梁平县 26 个，云阳县 26 个，奉节县 14 个，巫山县 14 个，巫溪县 10 个，忠县

---

① 将工商行政管理总局地理标志商标不同注册号，但为同一商标名称者保留一个，且剔除了工商局、农业部、质监局重复注册或登记的地理标志名称。其中，国家工商行政管理总局发布的地理标志商标的有效注册数据截止时间为 2014 年 12 月 31 日，2014 年度的数据由国家工商行政管理总局于 2015 年 3 月 11 日发布，2015 年度的数据截止数据整理之时尚未发布；农业部数据截至 2015 年 11 月 5 日农业部公告第 2314 号文件，包括农业部所有已颁证的地理标志数据；国家质量监督检验检疫总局数据截止时间为 2015 年 12 月 22 日，即到 2015 年国家质量监督检验检疫总局第 143 号文件发布的地理标志数据为止。

② 数据来源为中共重庆市委农村工作领导小组于 2014 年 7 月 15 日发布的《中共重庆市委农村工作领导小组关于公布农业产业化市级龙头企业的通知》。

15 个，垫江县 15 个、丰都县 18 个、城口县 8 个。经查阅，各区县拥有的农业产业化市级龙头企业中从事各区县所拥有地理标志产品生产与销售的情况为：万州区 7 个，开县 4 个，梁平县 2 个，云阳县 3 个，奉节县 3 个，巫山县 1 个，巫溪县 1 个，忠县 5 个，垫江县 3 个，丰都县 6 个，城口县 5 个。

表 7-5　　　　　　　　渝东北生态涵养发展区各区县

农业产业化市级龙头企业拥有情况

区县	农业产业化市级龙头企业数	从事所在区县地理标志产品经营的企业数
万州区	33	7
开县	38	4
梁平县	26	2
云阳县	26	3
奉节县	14	3
巫山县	14	1
巫溪县	10	1
忠县	15	5
垫江县	15	3
丰都县	18	6
城口县	8	5

（四）渝东北生态涵养发展区特色农产品资源开发中存在的主要问题

渝东北生态涵养发展区特色农产品资源经过多年的开发，已经取得一定成效，但也存在不少问题。现就一些特色农产品资源开发调查中发现的主要问题做以下归纳。

1. 以家庭分散种植为主，没有形成规模化、集约型种植

一些特色农产品种植规模总量虽然不小，但受到地形（多以坡地为主）等条件影响以及土地的流转方式在各区县存在差异、价格不一，导致

种植规模难以扩大，绝大部分是小农户分散种植，单一农户规模经营的大户和专业合作社较少，以公司形式组织种植的最大规模为 33.33 公顷左右。政府虽然在积极促进土地流转工作，但效果不够明显。在种植品种上，各乡镇特色品种不够突出，一些种植地区没有自己的特色品种，品种多而不精。

2. 没有广泛应用现代种植和管理技术，以传统的种植、养护、管理方式为主

在特色农产品的种植过程中，目前只有大规模种植的个别企业有掌握现代化技术的人才，其余多数为经验者。政府虽然组织了相关的种植技术培训，但没有引起种植户的重视，导致效果不佳；另外，部分企业引进了现代灌溉技术、防虫技术等，但是由于投入成本高，这些技术没有得到普及和推广，导致了标准化种植程度和种植品质不高。总体来讲仍然维持着传统粗放的种植、养护、管理模式，种植效率低下。

3. 劳动力匮乏，机械化程度比较低

在渝东北生态涵养发展区内，大量年轻劳动力外出务工，从事特色农产品种植的人员大多为 50 岁以上，甚至是 60~70 岁的劳动力，导致劳动力人手紧张且成本高。与此同时，农业机械化程度不高，特别是小型的农机设备少，现有的小型化设备和器械陈旧、不科学。由于缺乏适合山区特点的机械化种植采摘等工具，从种植、采摘、运输各环节中，不得不花高价聘请人工进行劳作，导致成本高、效率低下。

4. 以生鲜产品销售为主，深加工产业发展滞后，产业链不健全

当前，很多特色农产品产业只发展到了简单加工阶段，大多农户和企业都只有生鲜产品销售一个路径，农户普遍采用统采统销的方式，未对特色农产品进行分级或加工销售，产品附加值较低，抗风险能力差，难以抵御市场竞争带来的冲击。很多地方的加工企业都是空白的，缺少以特色农产品为原材料的加工龙头企业，深加工品种少，无法形成以特色农产品为

核心的产业链条。产前、产中、产后服务环节之间缺乏企业纽带，产业链条短且相互脱节。

5. 运输、销售以分散个体经营为主，没有形成方便、快捷的现代营销体系

从采摘、运输、分选、加工、装箱等物流环节来看，由于没有现代化物流技术的配合，加之生鲜产品的保质期有限，道路等基础硬件设施不是很好，导致运输效率低下。在销售方面，由于特色农产品种植规模化程度低，导致从收购、运输到销售都是分散组织，鲜见行业协会、专业合作社或者龙头企业形成的统一联盟，因此产品成本高、品质无法统一、价格体系也比较混乱，甚至引起了线上线下价格的冲突。与此同时，生鲜农产品的销售中，电子商务（下文简称电商）发挥的作用越来越大，从大型种植企业到个体种植户，有不少通过淘宝、京东、微信、QQ 等互联网工具来发展自己的销售网络，并取得了较好的成效。但是，电子商务也存在了很多问题——快递承受量小，缺乏生鲜农产品电商运作人才，加工、配套等硬件跟不上，收购价格混乱，等等。

三、渝东北生态涵养发展区特色农产品资源开发对城镇经济增长的贡献

（一）相关性分析

表 7-6　　　各区县特色农产品数、地区生产总值、地理标志数、

农业产业化市级龙头企业数相关分析

		特色农产品数	地区生产总值	地理标志数	农业产业化市级龙头企业数
特色农产品数	Pearson Correlation Sig.（2-tailed） N	1 11	0.715* 0.013 11	0.141 0.680 11	0.564 0.071 11
地区生产总值	Pearson Correlation Sig.（2-tailed） N	0.715* 0.013 11	1 11	0.271 0.420 11	0.687* 0.020 11

表7-6（续）

		特色 农产品数	地区 生产总值	地理标志数	农业产业化 市级 龙头企业数
地理标志数	Pearson Correlation Sig.（2-tailed） N	0.141 0.680 11	0.271 0.000 11	1 11	0.307 0.359 11
农业产业化 市级 龙头企业数	Pearson Correlation Sig.（2-tailed） N	0.564 0.071 11	0.687* 0.020 11	0.307 0.359 11	1 11

注：** 表示显著性水平在 0.05（双尾检验）

从表 7-6 中，我们可以看到：区县拥有的特色农产品数量与区县地区生产总值的相关系数为 0.715，区县拥有的特色农产品数量与区县拥有的农业产业化市级龙头企业数量的相关系数为 0.564，区县拥有的农业产业化市级龙头企业数量与区县地区生产总值的相关系数为 0.687，区县拥有的特色农产品数量与区县拥有的地理标志数量的相关系数为 0.141，区县拥有的地理标志数量与区县地区生产总值的相关系数为 0.271，区县拥有的地理标志数量与区县拥有的农业产业化市级龙头企业数量的相关系数为 0.307。从这几个变量之间的相关系数来看，部分为高度正相关的关系，部分为低度正相关的关系。

根据以上统计结果，可以发现：一个区县拥有的特色农产品数量越多，则该区县拥有的农业产业化市级龙头企业数量就越多，并且该区县的地区生产总值就越高，说明区县拥有的特色农产品资源丰富程度对该区县的经济发展能起到较好的推动作用；同时，区县拥有的农业产业化市级龙头企业越多，也对该区县的农业资源开发能起到带动作用，推动该区县的经济发展。但是，我们也发现，渝东北生态涵养发展区各区县特色农产品资源的开发工作还有很大潜力，有待进一步挖掘和推进。从统计结果来看，各区县特色农产品注册地理标志的比例还不高，未能充分发挥地理标志品牌效应对地区农产品资源开发和经济发展的推进作用，既有的农业产业化市级龙头企业大多也未能围绕本区县地理标志产品开展生产经营活动。

(二) 回归与微观调查数据分析

1. 回归分析

根据前面的理论探讨与数据分析，我们知道区县拥有的特色农产品数量对其经济发展有较好的推动作用。为了进一步验证渝东北生态涵养发展区特色农产品资源开发对区域经济的推动作用，我们构建区县特色农产品拥有量对其经济实力的回归模型，为了测度区县特色农产品拥有量对其经济增长的贡献度，我们对两个变量进行了对数化转换。设区县特色农产品拥有量为 Y，区域经济实力为 X，建立模型如下：

$$LnY = a + bLnX + e$$

回归结果见表 7-7。

表 7-7　　　　　　　　　　以 LnY 为因变量的回归分析

变量	参数估计值	标准差	t 检验值	显著性水平	可决系数
a	8.030	2.683	2.993	0.015	0.380
LnX	1.475	0.628	42.349	0.043	

根据表 7-7 显示的回归分析结果，回归系数和模型的显著性水平都非常高，可决系数为 0.38，可以看出回归模型具有较好的拟合效果，说明渝东北生态涵养发展区特色农产品资源开发对区域经济有较好的推动作用，区县特色农产品资源每增加 1%，可推动该区县经济增长 1.475%。

2. 微观调查数据分析

本书在研究过程中，笔者在重庆主城、万州区、涪陵区共发放了 750 份问卷，就消费者对地理标志产品的认知进行了调查，其中重庆主城 150 份，万州区和涪陵区各 300 份，回收有效问卷共 724 份。问卷采用李克特 5 点量表设计，如表 7-8 所示。

表 7-8　　　　　　　消费者对地理标志产品认知调查表

题目	非常同意	同意	无所谓	不同意	非常不同意
$D1.$ 地理标志的产品比普通产品质量具有更加独特的品质					
$D2.$ 我很信任标有地理标志的农产品，来源安全可靠					
$D3.$ 标有地理标志的农产品产地更正宗					
$E1.$ 我更愿意购买标有地理标志的农产品					
$E2.$ 我会重复购买地理标志农产品					
$E3.$ 我愿意为购买地理标志农产品而支付更高的价格					

对变量 $D1$、$D2$、$D3$、$E1$、$E2$、$E3$ 进行频数分析，结果见表 7-9、表 7-10。

表 7-9　　　　　　　变量基本统计信息表

	$D1$	$D2$	$D3$	$E1$	$E2$	$E3$
N　Valid	646	644	644	644	644	644
Missing	78	80	80	80	80	80

表 7-10　　　　　　　变量频数分析表

程度	$D1$-percent	$D2$-percent	$D3$-percent	$E1$-percent	$E2$-percent	$E3$-percent
非常同意	16.9	8.3	12.7	13.5	8.3	6.9
同意	58.6	50.0	50.8	44.2	41.4	29.3
无所谓	7.7	12.2	11.6	24.6	29.3	22.9
不同意	5.8	18.0	13.3	5.5	8.8	27.1
非常不同意	0.3	0.6	0.6	1.1	1.1	2.8

从微观层面的调查结果来看，相对于普通产品而言，具有区域特色的地

理标志产品更受消费者欢迎，且有获取更多收益的可能。受访者的基本信息为：男性占 54.6%，女性占 45.4%；20~29 岁占 48%，30~39 岁占 19.7%，40~49 岁占 21.1%，50~59 岁占 7.2%，60 岁及 60 岁以上占 4%；学历为初中及初中以下的占 24%，高中及中专占 29.2%，本科及大专占 44.2%，硕士及硕士以上占 2.6%；职业为机关事业单位工作人员的占 8.1%，三资企业高级白领占 4.1%，国有企业管理人员占 2.8%，个体私营业主占 14.7%，农民占 5.9%，学生占 25.6%，自由职业者占 30.9%，其他占 7.8%；家庭平均月收入为 2 000 元以下的占 22.8%，2 001~5 000 元的占 49.1%，5 001~7 000 元的占 19.9%，7 001~10 000 元的占 4.6%，10 000 元以上的占 3.5%。

四、结论及建议

通过研究分析，我们发现一个区县拥有的特色农产品种类数量越多，则该区县拥有的农业产业化市级龙头企业数量越多，并且该区县的地区生产总值也越高。经过测算，渝东北生态涵养发展区所涵盖区县的特色农产品资源每增加 1%，可推动该区县经济增长 1.475%。同时，区县拥有的农业产业化市级龙头企业越多，也对该区县的农业资源开发起到带动作用，推动该区县的经济发展。但是，我们也发现，渝东北生态涵养发展区各区县特色农产品注册地理标志的比例还不高，未能充分发挥地理标志品牌效应对地区农产品资源开发和经济发展的推动作用，该区域的农业产业化市级龙头企业大多也未能围绕本区县的地理标志产品开展生产经营活动。

因此，基于以上分析，对于相关政府部门和企业，本书特提出以下对策建议：

第一，加大对特色农产品的科技支撑与创新支持。由于目前特色农产品种植人工成本过高的问题已成了首先需要解决的问题，因此必须加大对特色农产品的科技支撑，投入经费用于山区种植田地和园区的改造，山区机械化种植工具的研发、推广，特别是在摘果、施肥、传送运输等方面的小型农机设备等；多开展符合农户实际种植情况的相关实用技术培训，加强精细标准化管理过程；投入经费进行现代生物技术的研发和普及，支持基地的现代化农业设施建设，建议可以适当在现代灌溉技术、防虫技术、施肥、除草等方面进行补贴，以促进特色农产品产业生态绿色发展。

第二，深化产业链建设，培育龙头企业，加强政策引导。要推进和做好各区县、各乡镇特色农产品产业带的规划和建设工作，有选择地挑选一批具有行业代表性、规模和实力处于行业前列、带动能力强的加工企业作为龙头企业，把发展特色农产品加工业、龙头企业的发展和小城镇建设相结合，使龙头企业形成规模、合理布局，并为这些企业在政府资源、资本市场、技术创新升级、信息化建设、开拓市场等方面提供切实可行的优惠政策，加强对其的培育和发展；处理好种植户之间，种植户与收购商之间，种植户与专业组织、龙头企业之间，传统销售商与电商，种植户与加工企业之间的利益是产业发展经营的基石，政府应积极协调和监督，按市场经济的要求管理、组建联盟，建立合理的利益分配机制，建立生产者有利可图，加工经营者利润合理，消费者经济划算的风险共担、利益均沾的利益分配机制。

第三，加大特色农产品产业链品牌工程打造力度，培育和保护地区特色农产品品牌。由于重庆地形坡地较多，客观上对规模化生产存在硬性约束，加之特色农产品和地理标志产品不同于一般的商品，其生产受到严格的产地限制和生产工艺限制，对于某些产品而言，规模化和产业化并非明智之选，走精品化、专业化的定位也不失为很好的选择。一是要组织开展特色农产品原产地命名、生产区域划定、地理标志与品牌标注等工作，对特色农产品实施法律保护；二是可以利用品牌延伸和品牌授权，摆脱地理标志产品的产量局限；三是可以开发相关衍生产品，关联发展文化创意产业、休闲农业和旅游业，如开发相关主题的文创用品、开发与产品有关的各种工艺品或纪念品、联合旅游业打造休闲农业、开设特色农产品休闲农业示范园区等。但由于地理标志农产品是一个集体品牌，单个企业的力量有限，难以在品牌推广中成为主体，建议政府把地理标志品牌建设当作一个重要公共工程，采用母子品牌的方式构建"地理标志公共品牌+企业品牌"，从而形成地区特色农产品的品牌集群，以促使整个产业更好发展。

第四，加快搭建农产品电子商务平台，鼓励对电子商务企业的相关配套政策和硬件支持。随着物流、保鲜等技术的成熟，当前生鲜特色农产品走电商之路具有较强现实性，并且从目前大量生鲜农产品的电商化经营来看，总体情况比较好，但缺引导、缺技术、缺人才也是制约生鲜特色农产品电子商务发展的瓶颈。建议政府成立农产品电商部门，对从事特色农产品电子商务企业所需要的相关场地、设备、物流等进行扶持，积极牵线搭桥，做强电商产业平台；培养农产品电商人，创建农村电商孵化基地，引导现有的农村经济人转型电商人，开拓微信公众平台、微博、淘宝平台、聚划算等网络营销方式，直接实现农特产品"走出去"，提高市场占有率。

第三节　企业集群品牌与城镇经济发展的互促机理实证研究

一、实证思路

本节的思路、数据资料均来源于孙丽辉教授主编的《区域品牌形成与效应机理研究——基于温州集群品牌的实证分析》（人民出版社，2010年）第七章、第八章的内容。为了定量验证集群品牌形成的影响因素与集群品牌之间的关系以及集群品牌对名牌簇群[①]、产业集群的反作用关系，

---

　① 名牌簇群有名牌群体、名牌群落等几种不同称谓，是指在某一产业集群空间内由一群相似的名牌产品或具有上下游关系的名牌企业彼此聚集所形成的群落现象。

揭示集群品牌的形成以及集群品牌的效应机理，孙丽辉课题组[①]对温州低压电器产业集群、服装产业集群、鞋业产业集群三大产业集群的 340 家企业进行了正式调查，收集了 305 家企业的有效样本数据，并对上述关系进行了定量研究。

二、集群品牌形成机理理论模型的定量检验

表 7-11　　　　　　　　　集群品牌形成机理理论模型检验结果

变量间关系假设	标准化路径系数	CR 值	假设是否得到支持
集群产业优势 → 名牌聚集效应	0.665 *	1.851	支持
区域环境优势 → 名牌聚集效应	0.140 **	4.967	支持
名牌聚集效应 → 集群品牌	0.186 **	3.528	支持
集群产业优势 → 集群品牌	0.004	0.054	不支持
区域环境优势 → 集群品牌	0.427 **	3.801	支持
拟合优度指标	$\chi^2 = 2\,960.052$		$d.\,f. = 1\,446$
	$\chi^2/d.\,f. = 2.02$		$RMSEA = 0.058$
	$CFI = 0.904$	$IFI = 0.928$	$NFI = 0.893$

注：** 表示在 $\alpha = 0.05$ 水平下显著，* 表示在 $\alpha = 0.10$ 水平下显著

从表 7-11 来看，虽然数据和模型的拟合程度不是特别的理想，但是模型的整体仍具有一定解释力。由此可见，在集群品牌的形成过程中，产业集群内名牌企业的大量涌现可以产生名牌聚集效应。集群产业优势与区域环境优势这两方面的诸多要素促进了集群内名牌簇群的形成以及名牌簇群效应[②]的发挥，进而推动了集群品牌的形成和发展。

---

① 国家自然科学基金委员会管理科学部资助项目"基于产业群的区域名牌与名牌簇群形成与效应机理研究——以温州为例"（70572066），主持人：孙丽辉。
② 名牌簇群效应是指某一产业集群空间内名牌产品或企业高度聚集所产生的区位优势和名牌优势的有机结合而具有的影响作用。

表 7-12　　　集群产业优势各要素对名牌簇群效应作用的回归结果

名牌簇群效应	Beta	T	Sig.	R^2	F 统计量	F-Sig.	D-W
成本优势	0.160	3.024	0.003				
技术创新优势	0.230	3.939	0.000	0.288	30.088	0.000	1.787
产品优势	0.162	2.929	0.003				
营销优势	0.260	4.557	0.000				

表 7-13　　区域环境优势各要素对名牌簇群效应作用的回归分析结果

名牌簇群效应	Beta	T	Sig.	R^2	F 统计量	F-Sig.	D-W
资源环境优势	0.017	0.274	0.748				
文化环境优势	0.201	3.789	0.000	0.470	40.961	0.000	1.783
投融资环境优势	0.220	3.299	0.003				
制度环境优势	0.124	2.014	0.045				
社会关系环境优势	0.271	4.979	0.000				

从表 7-12 来看，在集群内企业所共享的四大产业优势中，按照其对名牌簇群效应的影响大小排列依次为营销优势、技术创新优势、产品优势、成本优势。从表 7-13 来看，区域环境优势的各要素中，社会关系环境优势、投融资环境优势和文化环境优势对名牌簇群效应的发挥影响较大，制度环境优势的影响一般，而资源环境优势基本没有影响作用。区域环境因素对集群品牌的构建和集群内名牌企业的聚集成长都产生了十分重要的影响。以温州地区为例，一方面，各产业集群内的企业在发展历程中经历了创业、自主、开拓、创新、冒险等若干阶段，其区域文化已经具有合作、诚信、商业以及地缘等鲜明的特点，在这样的历史文化、人文环境的背景下，就出现了一大批具有强烈的致富欲望、坚韧的市场开拓精神和超前的市场意识以及超凡胆识和魄力的企业、企业家，进而形成了具有竞争优势的产业合作网络体系；另一方面，区域内部积累了一定的资本支持，有稳定的资金渠道来源，企业的信用体系基本完善，银企关系融洽，

政府管理得当，这为产业的发展、企业名牌的创立以及集群品牌的构建提供了强有力的资金保障。除此之外，温州地区特有的地区文化特点在体现在区域内企业家的亲缘关系、血缘关系以及个人关系紧密，他们彼此在信息、技术、产品、人才等各个方面的交流频繁，与外部相关组织的沟通与协作顺畅，其特色的社会关系网络在集群品牌的发展过程中均具有十分重要的影响。

三、集群品牌效应反作用理论模型的定量检验

表 7-14　　　　　　集群品牌效应反作用理论模型检验结果

变量间关系假设	标准化路径系数	CR 值	假设是否得到支持
集群品牌效应 → 产业集群竞争力	0.935 **	9.251	支持
集群品牌效应 → 名牌簇群竞争力	0.861 **	0.689	支持
拟合优度指标	$\chi^2 = 718.750$		$d. f. = 341$
	$\chi^2/d. f. = 2.11$		$RMSEA = 0.060$
	$CFI = 0.905$	$IFI = 0.907$	$NFI = 0.836$

注：** 表示在 $\alpha = 0.05$ 水平下显著

从表 7-14 来看，集群品牌效应能够对产业集群竞争力与名牌簇群竞争力产生正向影响，即集群品牌的识别效应、扩散效应与聚合效应越高，对产业集群竞争力、名牌簇群竞争力的影响就越大。

表 7-15　　　集群品牌效应对产业集群竞争力各要素的提升作用

路径关系假设	标准化路径系数	结论
集群品牌效应 → 产业集群竞争力	0.935 **	支持
识别效应 → 企业竞争力	0.287 **	支持
识别效应 → 产业竞争力	0.235 **	支持
扩散效应 → 企业竞争力	− 0.004	不支持
扩散效应 → 产业竞争力	0.014	不支持

表7-15(续)

路径关系假设	标准化路径系数	结论
聚合效应 → 企业竞争力	0.775**	支持
聚合效应 → 产业竞争力	0.807**	支持

表 7-16　　　集群品牌效应对名牌簇群竞争力各要素的提升作用

路径关系假设	标准化路径系数	结论
集群品牌效应 → 名牌簇群竞争力	0.861**	支持
识别效应 → 品牌实力	0.31**	支持
识别效应 → 品牌影响力	0.22**	支持
扩散效应 → 品牌实力	0.84**	支持
扩散效应 → 品牌影响力	0.74**	支持
聚合效应 → 品牌实力	0.33**	支持
聚合效应 → 品牌影响力	0.30**	支持

根据表 7-15 和表 7-16 的检验，可以看出集群品牌形成后所产生的效应对集群竞争力和名牌簇群竞争力有显著的正向影响，集群品牌效应与产业集群竞争力及其与名牌簇群竞争力之间存在较强因果关系。集群品牌形成后，就成了一个区域公共资源。它一方面能使本区域显著区别于其他区域（即产生识别效应），另一方面还能使区域内的企业和相关资源能自主地流向该区域，产生聚合效应。识别效应和聚合效应对产业集群竞争力的提升都有重要影响。同时，二者还能对区域内的名牌簇群的形成产生积极影响。此外，集群品牌还能对区域内的各个企业形成明显的扩散和辐射能力（即产生扩散效应）。总之，集群品牌的上述效应越大，其对产业集群竞争力和名牌簇群竞争力的影响就越大。

第八章 结论、建议、不足与展望

第一节 研究结论

改革开放 30 多年来，我国的经济建设取得了辉煌的成就，GDP 由 1978 年的 3 645.2 亿元，增长到 2015 年的 676 708 亿元，经济总量翻了 185 倍多，位居全球第二。我国的粗钢、发电量、水泥、化肥、棉布等工业主要产品产量和谷物、肉类、籽棉、花生、油菜籽、茶叶、水果等农业主要产品产量均位居世界第一。从上述指标可以看出我国已经成了经济大国和制造大国，但我国还不是一个经济强国，仍然处于发展中国家的行列。经济发展质量不高，增长效益低，缺乏像可口可乐、微软、奔驰、索尼、松下等有超强盈利能力和竞争力的品牌企业是我国与发达的经济强国之间存在差距的重要原因。企业是一个社会最重要的经济组织，地区经济的发展和崛起离不开承载着资本、劳动、技术要素的现代企业以及由众多企业构成的产业集群，而拥有强势品牌的优秀企业和具备强势品牌效应的产业集群是推动区域经济发展的领头羊和主力军。因此，努力加强品牌建设，培育强势企业品牌和企业集群品牌，是推动企业和产业持续快速发展，实现我国经济又好又快发展的重要途径。本书以对品牌企业推动城镇经济发展的机理与途径分析为核心，通过理论与实证研究，得出了以下结论：

一、理论分析结论

(一) 品牌企业可促进城镇经济发展

品牌企业对城镇经济发展的促进作用是通过两种路径实现的，一是品牌企业的价值创造功能，二是品牌企业的成本降低功能。

品牌企业的价值创造功能包括企业品牌对城镇经济发展的价值创造作用和企业集群品牌对城镇经济发展的价值创造作用两方面。从企业品牌来看，企业品牌通过成功运营可增值和吸纳、积聚资本要素，促进城镇经济结构的优化，是企业研发能力、生产能力、产品市场流通能力的统一，可推动经济增长。企业集群品牌可分为农产品区域品牌与非农产品区域品牌（在本书我们仍将其称为企业集群品牌）。农产品区域品牌有利于发挥区域绝对优势和克服经济结构趋同，提升农业发展的档次和市场竞争力，扩大农产品出口，促进农民收入增加。企业集群品牌（也称非农产品区域品牌）可促进区域产业集群结构的优化，增强产业集群与区域经济的竞争力，加快区域城市化进程。

品牌是降低城镇经济成本的有效制度安排。品牌的本质是契约，包括非正式的品牌契约、正式的品牌契约和品牌契约的实施机制。消费者的信任是品牌契约建立的基础，品牌可降低消费者和生产者的交易成本，还可降低消费者的选择成本。

(二) 城镇经济发展可推进品牌化进程

品牌建设和品牌化进程的推进需要有一个产权清晰、法治健全的完备的市场经济体制环境。从整个经济系统来看，企业是品牌培育和打造的主体，并且品牌要能被消费者消费得起，因此企业的实力和消费者的消费能力对强势品牌的打造很重要；流通是连接生产和消费的通道，品牌价值的转化和实现需要发达的流通产业和体系的支持。因此，要大力发展区域经济，促进企业实力和人们消费能力的增强，重视流通产业，建设完善、发达的流通体系，为品牌化奠定强大的经济基础，推进我国的品牌化进程。

二、实证分析结论

（一）城镇拥有的企业品牌与其经济实力之间存在相互促进的作用

从定量实证结果来看：第一，企业品牌的价值、数量与国家及省域经济竞争力、经济实力有很强的正相关关系，且从多层面的研究发现企业品牌的价值、数量与区域经济实力互为因果关系；第二，企业品牌可以促进流通产业的发展，并且完善、发达的流通体系的构建也有利于品牌的创建和品牌价值的实现。本书研究采用了多个来源的企业品牌数据与其相对应的区域经济实力数据进行了国内截面数据、国内时间序列数据、世界截面数据、国际面板数据分析，企业品牌数据来源包括世界品牌实验室（World Brand Lab）、Interbrand 公司评估的企业品牌价值数据以及我国在国内、国际与马德里商标的核准注册数。

（二）城镇拥有的企业集群品牌与其经济实力之间存在相互促进的作用

从对我国各省域的农产品区域品牌与农业区域经济数据的分析来看，两者相关度很高，并且省域的地理标志拥有量与其相对应省域的农林牧渔业总产值存在较强的因果联系。本书研究采用了各省域的地理标志数量代表其农产品区域品牌的发展情况，采用各省域农林牧渔业总产值代表其农业区域经济的发展情况。

从我国温州形成的三大产业集群——低压电器产业集群、服装产业集群、鞋业产业集群的集群品牌与区域经济发展的定量实证结果来看，彼此之间也存在较强的互促因果关系。

第二节　促进我国品牌经济发展的建议

为了更好地发展品牌经济，实现城镇经济有质量的增长，需要充分发挥企业、政府以及社会中介三方的力量。首先，企业是社会中最重要的经济组织，企业是实施品牌战略的最重要的载体和主体，因此，企业要以品牌战略为核心，加快品牌建设。其次，市场经济是法制经济，因为市场经济会存在市场失灵等问题，所以发展品牌经济需要政府的大力支持，政府要充分发挥其职能作用，通过产业、财政、税收、金融等政策的扶持以及法律建设、行政管理的加强营造出良好的品牌发展环境，促进品牌发展。最后，在实施品牌战略，发展品牌经济的过程中要充分地发挥社会中介组织的作用，加大对品牌建设的帮助和辅导，共筑品牌建设的热情，通过社会中介组织加大对品牌的宣传和推广。

一、企业品牌战略是发展品牌经济的基础

企业品牌战略是由企业实施的创立和发展品牌的战略。企业品牌战略的核心内容就是处理好品牌的"名"与"实"的关系。"实"不只是"实物"的概念，包括有形资产、有形产品、无形资产、服务等企业在经营发展中一切有形和无形的东西。"名"主要是指企业品牌被社会广泛认知的"好名声"，包括信任度、美誉度和知名度。通过创造良好的"实"来形成良好的"名"，又通过良好的"名"促成更好的"实"，这就是企业品牌战略的战略内容和战略目标。在这里，我们分工业企业和农业企业两类给出企业品牌战略的一些具体建议。

（一）工业企业实施品牌战略的建议

1. 要正确处理好"做工厂"和"做品牌"两种经营方式的关系

"做工厂"是指企业注重产品的生产而非营销，"做工厂"型企业一般仅利用自己的生产加工能力为别的企业生产产品，这些产品使用委托方的品牌，这种经营方式也称贴牌生产（OEM）。其中也有少许企业会自产自销，有自己的品牌（并且可能没有注册）但没有进行品牌营销方面的努力和投入。"做品牌"是指企业把经营的重点放在营销而非生产上，着力于

在国内外市场打响自己的品牌，并借助品牌开拓市场，"做品牌"型企业的经营形式主要有：自己生产的产品使用自有品牌；只负责品牌经营和技术开发，自己不生产产品，委托其他企业生产产品并贴上自己的品牌。可见，"做工厂"是主要依靠生产加工能力谋求发展的经营方式，而"做品牌"是一种主要凭借品牌效应谋求发展的经营方式。前者不需要多少研发投入和广告宣传费用，短期内即可获益，但获利一般都比较浅薄，容易受制于人。后者往往要经历较长的时间，要有较大的研发投入和广告宣传投入，其品牌效应比较持久。

就我国工业企业总体而言，大中型企业应以"做品牌"为主，必要时可适当做一点贴牌生产（OEM）；小型企业初期可以以"做工厂"为主，但在适当时候也要转向"做品牌"。高新技术企业应以"做品牌"为主；传统企业在"做工厂"的基础上可以逐步向"做品牌"转型。有一点值得强调的是，我国很多企业在"做品牌"的同时，应继续强化质量管理，做好品牌运营配称系统各项工作，避免市场拉力过大，因生产等各项配称系统跟不上而导致的对品牌和企业的伤害、甚至死亡的事件。

2. 要正确处理好技术引进和自主创新的关系

能否掌握核心技术，是我国品牌能否成为强势品牌的关键。目前我国科技总体水平与国际先进水平相比存在较大差距，而高技术领域往往有经济利润，我国企业如若进军高技术领域，获取超额利润，就需要一方面大力引进、消化、吸收国外先进技术，另一方面把自主创新摆到突出的位置。为了推动和加快我国企业的技术进步，企业必须加大研发投入，建立健全自己的科技研发机构及人才队伍，通过深化改革建立企业的技术创新机制。在这个基础上，瞄准科技发展前沿和国际竞争需要，努力开发具有自主知识产权的核心技术，培育企业的核心竞争力。

3. 要正确处理"引进来"和"走出去"的关系

改革开放以来，我国企业在"引进来"方面取得了较大成绩，但在

"走出去"方面的进展不大，在国际市场上很难见到我国品牌。这实际上是我国企业的国际竞争力和市场的选择问题。由于国内市场总体而言早已步入买方市场，如果能在国际市场上抢到一杯羹，不仅能极大地提升企业的形象，而且能增强企业的盈利能力。因此，国内有条件的企业，特别是大中型名牌企业，应该根据国家总体规则和有关政策，主动地实施"走出去"的开放战略，迎接挑战，到海外进行能发挥我国比较优势及开发我国紧缺资源的对外投资，带动国内技术、设备、产品及劳务输出，推动境外加工贸易、对外承包工程和劳务合作的迅速发展。也就是说，我国企业应把"引进来"与"走出去"有机结合起来。一方面，继续积极引进国外资金、技术、人才和管理经验，积极学习和消化；另一方面，有条件的企业应该大胆走出国门，加大国际化经营力度和范围，在全球产业分工体系中谋取有利地位，进而推动我国产业结构优化升级。另外，在进军国际市场的过程中，也应根据不同区域市场的经济状况和文化特点，采取不同的品牌策略。

（二）农业企业实施品牌战略的建议

1. 要树立和强化"品牌兴农，名牌富农"的新观念

我国农产品的生产经营者主要是农户和涉农企业，它们是实施农业品牌战略、进行农业结构调整最重要的行为主体。长期以来，受传统农业生产经营方式的影响，广大农民存在很强的小农经济意识，他们的市场意识、品牌意识非常淡薄，尚未树立农业品牌意识，农产品有品名无品牌的现象极为普遍。涉农企业虽然比一般农户的市场意识、品牌意识要强一些，但大多数企业对品牌重要性的认识仍然不能适应市场竞争的要求。因此，广大农户和涉农企业要加强学习，进一步解放思想、更新观念，尽早树立品牌兴农、名牌富农的新观念，主动实施农业品牌战略。

2. 要突出特色，选好主导产品，实施区域化生产和基地化建设

农业品牌具有明显的区域特色，这决定了创农业品牌必须实施区域化

生产，并通过基地化建设，扩大生产规模，逐步形成优势和特色。这一过程也是农业结构调整的过程。在这一过程中，一方面，应根据农业的不同生态特点和农产品的生物学特征，准确把握农产品消费市场需求，选择市场需求大，生产基础好，经济、社会、生态效益好，发展潜力大，符合国家产业政策，比较优势明显的产品作为主导产品；另一方面，要对主导产品进行统筹规划，按照突出区域优势和特色的原则进行基地化建设，形成规模效应，形成"一地一色、一乡一品"的农业产业格局。

3. 要大力发展品牌农业，改变有品名无品牌、有产地无商标的落后局面

我国农业已进入由自给农业向商品农业、传统农业向现代农业转变和发展的新阶段。现代农业是用现代工业、现代科技和现代经营管理方法武装起来的产业，具有市场化、产业化、科技化、品牌化等特征。而且市场化、产业化、科技化都是由品牌来凝聚、整合并最终通过品牌来实现的。在这个意义上，现代农业就是品牌农业，向现代农业转变，就是向品牌农业过渡。但是，我们面对的现实却是，我国农产品有品名无品牌、有产地无商标的现象极为普遍，由此导致了虽然我国许多农产品品质不比外国产品差，但市场竞争力却很弱的被动局面。因此，要发展品牌农业，首先就要改变这种落后的状况，大力开展农产品的品牌运营。

4. 要大力发展质量农业、知识农业，不断提高农业品牌的科技含量

质量是品牌的核心和生命，品牌是质量的象征和升华。实施农业品牌战略，客观上要求农户及涉农企业从单纯追求农产品数量的增长，转到追求农产品品种、品质优化和质量的提高上来，走质量农业的发展道路。由于农产品的生产容易受自然条件影响和具有遗传性，因此农产品的品质容易发生波动。解决这一问题的根本办法，就是要不断加大科技投入，加速农业科技进步，充分利用现代农业科技成果提高农产品优质率和优质农产品产出率，减少质量水平的波动。因此，农户与涉农企业应采取以下措

施：一是应以优质、高效、高产为重心，广泛应用农业新品种、新技术、新工艺，加快科技成果向生产经营领域转化的速度；二是广大农民应努力提高自身文化素质、科技素质，不断增强接受和运用农业科技的能力；三是广大农户和涉农企业应努力学习计算机知识，充分利用现代信息科技成果，大力发展信息农业、网络农业。

5. 要大力发展绿色食品产业

绿色食品是农业品牌产品的一种类型，即在生态环境良好，水源、大气和土壤无污染的环境中生产出来的，拥有政府权威机构颁发的"绿色食品"标志的安全、优质、营养的农业品牌产品。由中国绿色食品中心许可使用的"绿色食品"标志就是一种享有良好声誉的农产品品牌。绿色食品产业是一项具有强大生命力的"朝阳产业"，广受消费者的喜爱和欢迎，因此，我国要自觉地顺应世界绿色运动和绿色需求的大趋势，大力发展绿色食品产业，抢占国际农产品市场竞争的制高点，并以此带动生态农业、质量农业、高效农业的发展，实现农业的结构优化、生态平衡和可持续发展。

二、政府品牌战略是发展品牌经济的保障

政府品牌战略又可分为地方品牌战略与国家品牌战略两个层面。"地方品牌战略"是地方实施的或地方推进的品牌战略，而不是发展"地方品牌"的战略。"地方品牌战略"的内涵是在一个地方范围内，以地方政府为主体实施的，以品牌带动经济发展的战略；"国家品牌战略"是国家级的品牌战略，而不是"国家品牌"的战略。"国家品牌战略"的内涵就是在一个国家的范围内，以国家和中央政府为主体实施的，重视和支持本国品牌发展，并利用品牌来提高整个国民经济素质，提高综合国力，提高国民经济的国家竞争力的经济战略。在这里，我们对政府品牌战略提出以下三点建议：

（一）政府应树立实施品牌战略的主体意识

品牌战略需要政府的宏观调控，政府应该成为品牌战略的行为主体，树立向品牌要效益的意识。不断提高经济效益是品牌战略的核心目标，品牌特别是强势品牌是高效益的集中代表，我国经济发展不能再走向速度和依靠铺新摊子要效益的外延式老路，而要走向品牌要效益的内涵式发展道路。政府在实施品牌战略中最重要的任务，就是通过健全法制、建立全社会诚信体系来创造公平竞争的市场环境和社会环境。政府在实施品牌战略的过程中必须有"依法行政"和"守诺行政"的意识，用法律和道德规范自己的行政行为。

（二）政府应培育品牌战略实施的有效运行机制

品牌战略的实施不能光凭领导人的热情和重视，必须建立一套与之相适应的市场机制、创新机制、评价机制、激励机制、协调机制、保护机制、监督淘汰机制等运行机制。市场机制主要包括价格、供求、竞争、利率、汇率等多方面内容，是推动品牌战略的主要杠杆；创新机制主要指国家创新体系及其运行规则，即知识创新系统、技术创新系统、知识传播系统、知识应用系统及内在联系形式；评价机制是指能够科学、公正、公开评价认定品牌的一套制度和办法。既包括官方评价机制（如中国驰名商标的认定），也包括民间评价机制（如"中国最有价值品牌"的评价）；激励机制是指政府或民间组织制定或建立的一套表彰、奖赏名牌的制度和办法；协调机制是指在实施品牌战略过程中正确处理品牌战略与国家其他发展战略以及与国家计划、规划之间关系的一套有关制度和办法；保护机制是指打击假冒伪劣行为，保护品牌合法权益的一套有关制度和办法。具体包括法律保护、行政保护、舆论保护机制；监督淘汰机制是指对已被认定的品牌进行动态管理、跟踪监督，一旦发现其不符合相关条件就取消其有关资格的一套制度和办法。

（三）政府应建立健全品牌战略实施的政策法规体系

品牌战略实施的运行机制要靠建立健全品牌战略实施的政策法规体系

才能真正确立。政府品牌战略的主要功能，就是推动政府为企业创立和发展品牌创造一个良好的外部环境，而健全的政策法规体系是这一外部环境的重要内容。保障品牌战略实施的政策包括产业政策、财政政策、税收政策、金融政策、科技进步政策、市场开发政策、奖励政策、保护政策、改革开放政策等。保障品牌战略实施的法律法规包括《商标法》《反不正当竞争法》《消费者权益保护法》《专利法》《公司法》《质量法》《价格法》《广告法》《合同法》等。

三、社会中介组织品牌战略是发展品牌经济的支撑

品牌战略的实施还要充分发挥行业协会、市场中介组织等社会团体和机构的力量。

（一）应充分发挥行业协会的作用

行业协会是同行企业自律性的社会组织，是协调企业之间、企业与政府之间关系的桥梁，也是行业管理体系的重要组成部分。行业协会一般具有服务、协调、中介、监督等主要职能。目前，我国很多行业协会都是从政府部门转制而来的，存在责权不清、职能不明、覆盖面过窄等问题。因此，为尽快解决这些问题，行业协会应该按照民间性、民主性、协调性、公正性的要求组建，要制定相关的行业标准和行规行约，开展行业培训和加强行业管理工作。

（二）应充分发挥市场中介组织的作用

市场中介组织，是指介于政府与市场主体企业之间、商品生产者与经营者相互之间以及个人与单位之间，那些从事服务、协调、评价等活动的机构。市场中介组织在市场经济运行中的主要任务有三：一是衔接、协调政府、企业间的关系，二是规范市场竞争秩序，三是为市场主体提供决策信息和决策咨询。因此应大力发展会计咨询、资产评估、法律咨询、市场调查、拍卖、证券、保险等从事现代新兴服务业的市场中介组织。

（三）应建立和充分利用消费者权益保护组织

建立和充分利用消费者权益保护组织，提高消费者的自身素质和自我保护能力。消费者权益保护组织应向消费者提供消费信息和咨询服务；参与有关行政部门对商品和服务的监督和检索；就有关消费者合法权益的问题，向有关行政部门反映、查询，提出建议；受理消费者的投诉，并对投诉事项进行调查和调解；就损害消费者合法权益的行为，支持受损害的消费者提起诉讼，并通过大众传播媒介予以揭露和批评。

（四）应建立和完善我国品牌事业的促进组织

建立品牌事业促进组织，这是发达国家的普遍做法。目前，我国一些省市已成立了以推进名牌事业为宗旨的地方性民间社会组织，如"名牌促进会""中国驰名商标保护组织""中国名牌战略推进委员会"等。但这与我国品牌事业发展的客观要求相比，不仅数量不多，而且功能也非常有限。因此，还没有建立品牌事业促进组织的各省、市、县都应该尽快建立品牌事业促进组织。另外，也要加强品牌事业促进组织的建设和管理工作，优化其结构，增强其功能，使品牌事业促进组织不断完善和发展。

总之，发展品牌经济首先就是要创立品牌，没有创造性的工作就难以创造品牌，没有品牌，一切都无从谈起。在现代市场经济条件下，要搞好一个企业，特别是要搞一个好企业，它所要做的一切工作，集中到一点，实际上就是创造强势的品牌。品牌创立起来了，还应该保护好品牌。假冒是品牌的天敌，是品牌的"衍生物"，如果不能有效地遏制和打击假冒现象，品牌尤其是强势品牌的存在和发展都会受到严重的威胁。而打击和制止假冒是一件十分复杂艰巨的工作，不是只靠企业自身可以完成的，其中所要做的工作也不限于经济范畴，还要有相应的法制工作、行政工作等。发展品牌更是如此，所谓"发展"，实际上是两层意思：一层是品牌企业自身的发展；另外一层是充分发挥品牌企业的外溢效应，带动一个行业或一个地方的发展，这更是综合性的任务了。

第三节　研究的不足与展望

本书未来研究工作的展望，将在本书研究的基础上对研究的不足与空缺之处进行进一步的研究：

本书立足于品牌企业，对其与城镇经济发展的互促机理进行了理论与实证研究。但品牌是一个范畴很广的概念，本书仅选取品牌企业进行了研究，包括企业品牌以及由多个企业组成的企业集群品牌，因而没能研究其他形式的品牌与城镇经济发展的相互作用。

另外，由于笔者知识背景、研究能力以及数据获取等方面的限制，在对品牌企业与城镇经济发展的相互作用进行分析时，研究的深度和广度还有待拓展。例如，在以后的研究中，一方面，可以就品牌企业对城镇经济发展的具体贡献值进行研究和测算；另一方面，城镇经济发展包含的内容也很多，但本书选取的指标体系比较有限，不能对城镇经济发展的综合水平和实力进行很精确、全面的衡量，对城镇经济发展质量的指标体系的构建与测量研究也是未来研究的着力点。

总之，由于笔者理论功底、研究方法、占有数据与文献等各方面条件的限制，致使本文的研究还不够全面和深入。所有这些不足和问题，笔者将在今后的学习和研究工作中，进行深入和强化，以期取得更多的成果。

参考文献

［1］毕伟. 名牌战略与区域经济［J］. 商业经济与管理，2003（5）.

［2］白光. 品牌资本运营通鉴——理论、方法、案例［M］. 北京：中国统计出版社，1999.

［3］陈方方，丛凤侠. 地域品牌与区域经济发展研究［J］. 山东社会科学，2005（3）.

［4］陈永维. 论品牌战略经济及其对经济增长的拉动效应［J］. 求索，2011（12）.

［5］陈承明，凌宗诠. 《资本论》与社会主义市场经济［M］. 上海：学林出版社，2003.

［6］曹垣. 创建区域品牌，提升农产品竞争力［J］. 农业现代化研究，2007（1）.

［7］邓恢华，杨建梅. 从集群品牌视角探讨广州汽车产业集群竞争力的提升［J］. 南方经济，2005（9）.

［8］道格拉斯·C. 诺思. 经济史中的结构与变迁［M］. 上海：上海三联书店，1991.

［9］道格拉斯·C. 诺思. 制度、制度变迁与经济绩效［M］. 杭行，译. 上海：上海三联出版社，2008.

［10］冯仁德，孙在国. 加强品牌效应 增强经济效益［J］. 商业研究，1999（1）.

［11］冯海龙. 实施名牌战略 促进河南经济发展［J］. 商业研究，2002

（9）.

[12] 樊元，秦燕. 甘肃特色农业发展的新思路——区域品牌战略 [J]. 开发研究，2006（1）.

[13] 傅铭深. 区域品牌战略与广东加工业集群升级 [J]. 商业时代，2008（27）.

[14] 傅抱. 区域品牌经济拉动大泉州提速 [EB/OL].（2003-05-21）[2016-12-25]. www. xmagri. com/xxzx/fjnx/200305/t20030521_ 242807. htm.

[15] 勾殷红. 名牌：区域经济发展的助推器 [J]. 中国经贸，2004（6）.

[16] 龚高健. 以品牌带动促进区域经济发展 [J]. 发展研究，2008（2）.

[17] 郭田滨. 实施品牌带动战略，促进区域经济发展 [J]. 当代经济，2010（14）.

[18] 郭克莎. 企业名牌战略及其实施条件研讨会综述 [J]. 经济学动态，1995（7）.

[19] 干经天，李莉莎. 论区域品牌农业 [J]. 农业现代化研究，2003（4）.

[20] 甘瑁琴，赵婷婷. 湖南构建农产品区域品牌的策略探讨 [J]. 调研世界，2009（10）.

[21] 胡正明，蒋婷. 区域品牌的本质属性探析 [J]. 农村经济，2010（5）.

[22] 何铁. 实施品牌带动战略加快永州经济发展 [J]. 北方经贸，2005（6）.

[23] 何仕光. 区域品牌战略与城市经济发展 [J]. 希望月报，2007（9）.

［24］何娟.品牌资本运营论［D］.成都：四川大学，2005.

［25］贺爱忠，聂元昆.中国城市零售企业品牌竞争力的培育与提升［J］.商业经济与管理，2006（6）.

［26］洪文生.产业集群区域品牌建设构想——以"安溪铁观音"为例［J］.华东经济管理，2005（9）.

［27］洪文生.区域品牌建设的途径［J］.发展研究，2005（3）.

［28］黄国雄.论流通产业是基础产业［J］.财贸经济，2005（4）.

［29］艾丰.名牌论——市场竞争中的法宝［M］.北京：经济日报出版社，2001.

［30］姜增伟.发展品牌经济：一项重要而紧迫的战略任务［J］.求是，2007（1）.

［31］江振娜.区域品牌带动海西区区域创新的研究［J］.华东经济管理，2008（9）.

［32］凯文·莱恩·凯勒.战略品牌管理［M］.卢泰宏，吴水龙，译.3版.北京：中国人民大学出版社，2009.

［33］科斯，等.财产权利与制度变迁——产权学派与新制度学派译文集［M］.上海：上海三联书店，1991.

［34］李永刚.企业品牌、区域产业品牌与地方产业集群发展［M］.上海：财经论丛，2005（1）.

［35］李大垒，仲伟周.产业集群品牌发展模式转换的实证研究［J］.商业经济与管理，2008（8）.

［36］李大垒.产业集群品牌创建的影响因素［J］.经济管理，2009（3）.

［37］李艺，李辉.论企业名牌战略与区域经济的关系［J］.新疆农垦经济，2000（5）.

［38］李宁，杨蕙馨.集群剩余与企业集群内部协调机制［J］.南开管

理评论，2005（2）.

[39] 李娟，张志明. 黑龙江省品牌资源统计与分析 [J]. 商业研究，2005（2）.

[40] 李荣民. 努力推进品牌经济发展 [J]. 中国经贸，2008（7）.

[41] 李仁良，傅小竹. 品牌资本对我国经济增长的贡献率研究 [J]. 江西社会科学，2011（12）.

[42] 李建丽. 论区域品牌对地方经济的促进作用——以"顺德家电"产业发展为例 [J]. 企业经济，2007（6）.

[43] 李兴山. 社会主义市场经济体制的提出 [J]. 瞭望，2010（9）.

[44] 陆国庆. 区位品牌：农产品品牌经营的新思路 [J]. 中国农村经济，2002（5）.

[45] 柳思维. 发展名牌：拓展出口贸易的新增长点 [J]. 光明日报（理论版），1996-10-10.

[46] 柳思维. 面向21世纪实施"名牌强省"战略的探讨 [J]. 湖南商学院学报，1997（2）.

[47] 刘华军，孙曰瑶. 厂商市场份额的品牌经济模型及其现实解释 [J]. 中国工业经济，2008（1）.

[48] 刘华军，闫庆悦，孙曰瑶. 碳排放强度降低的品牌经济机制研究——基于企业和消费者微观视角的分析 [J]. 财贸经济，2011（2）.

[49] 刘华军. 品牌的契约性质：品牌契约论 [J]. 太原理工大学学报（社会科学版），2006（3）.

[50] 刘华军. 新制度经济学与品牌经济学分析范式的比较研究 [J]. 天府新论，2007（5）.

[51] 刘华军. 现代经济增长的综合分析框架：分工—制度—品牌模型 [J]. 财贸研究，2006（4）.

[52] 刘衍桥，黄元斌. 试论区域经营与区域品牌创建 [J]. 兰州学

刊，2004（2）.

［53］刘强. 创建区域品牌，提升西藏中小企业整体竞争力［J］. 西藏民族学院学报（哲学社会科学版），2005（3）.

［54］刘根荣，付煜. 中国流通产业区域竞争力评价——基于因子分析［J］. 商业经济与管理，2011（1）.

［55］梁文玲. 基于产业集群可持续发展的区域品牌效应探究［J］. 经济经纬，2007（3）.

［56］里克·莱兹伯斯，等. 品牌管理：理论和实践的方法［M］. 李家强，译. 北京：机械工业出版社，2004.

［57］拉斯特，列蒙，大卫炎达斯. 驾驭顾客资产［M］. 张平淡，译. 北京：企业管理出版社，2001.

［58］罗海成. 营销情境中的心理契约及其测量［J］. 商业经济与管理，2005（6）.

［59］吕丙. 产业集群的区域品牌价值与产业结构升级——以浙江省嵊州市领带产业为例［J］. 中南财经政法大学学报，2009（4）.

［60］马瑞华. 中国产品品牌空间分布研究——关于品牌经济与城市竞争力关系的实证分析［J］. 经济师，2006（6）.

［61］梅述恩，聂鸣，黄永明. 区域品牌的全球价值链中的企业集群升级——以广东东莞大朗毛织企业集群为例［J］. 经济管理，2006（13）.

［62］马克思. 资本论：第1卷［M］. 北京：人民出版社，1975.

［63］迈克尔·波特，竹内广高，原鞠子. 日本还有竞争力吗？［M］. 北京：中信出版社，2002.

［64］彭新沙. 民营经济名牌战略是全面建设小康社会的"助推器"［J］. 湖南商学院学报，2003（4）.

［65］潘坤柔. 培育区域品牌 加速中国服装业的发展［J］. 江苏纺织，2000（8）.

［66］郭启东. 系统推进名牌战略 做大打响江西名牌 ［J］. 企业经济, 2003 (5).

［67］青木昌彦. 比较制度分析 ［M］. 上海: 上海远东出版社, 2001.

［68］邱建康. 论"名牌"的特征及产生的条件 ［J］. 世界经济, 1997 (9).

［69］任春红, 王东明. 刍议集群产业优势对区域品牌形成的作用机理 ［J］. 商业时代, 2010 (29).

［70］石薛桥. 山西名牌战略现状分析与对策研究 ［J］. 经济师, 2004 (4).

［71］孙日瑶, 刘呈庆. 区域可持续发展的品牌经济机制研究, 中国人口·资源与环境, 2007 (4).

［72］孙日瑶, 刘华军. 经济永续增长的品牌经济模型, 福建论坛·人文社会科学版, 2006 (2).

［73］孙春燕. 深入实施品牌战略 大力发展品牌经济——对丹阳市实施品牌战略的几点思考 ［J］. 江苏商论, 2009 (7).

［74］孙宏杰. 关于区域品牌报道的思考 ［J］. 新闻战线, 2002 (11).

［75］孙剑. 经济体制, 资源配置与经济发展模型 ［J］. 经济体制改革, 2010 (5).

［76］邵建平, 任华亮. 区域品牌形成机理及效用传导对西北地区区域品牌培育的启示 ［J］. 科技管理研究, 2008 (3).

［77］孙丽辉. 区域品牌形成与效应机理研究——基于温州集群品牌的实证分析 ［M］. 北京: 人民出版社, 2010.

［78］宋涛, 等. 政治经济学教程 ［M］. 4 版. 北京: 中国人民大学出版社, 1998.

［79］盛洪. 现代制度经济学: 下卷 ［M］. 北京: 北京大学出版社, 2003.

［80］沈鹏熠，郭克锋. 基于产业集群的区域品牌建设——模式、路径与动力机制 ［J］. 特区经济，2008 （6）.

［81］田辉. 论品牌经济与地区产业发展 ［J］. 山东财政学院学报，2006 （1）.

［82］涂山峰，曹休宁. 基于产业集群的区域品牌与区域经济增长 ［J］. 中国软科学，2005 （12）.

［83］唐玉生. 基于要素整合的珠三角、苏南、温州区域品牌演进及构建模式研究 ［J］. 工业技术经济，2009 （11）.

［84］托马斯，等. 增长的质量 ［M］. 北京：中国财政经济出版社，2001.

［85］吴传清. 区域产业集群品牌的术语：权属和商标保护模式分析 ［J］. 经济管理，2010 （9）.

［86］吴程彧，张光宇. 区域品牌的发展策略 ［J］. 企业改革与管理，2004 （11）.

［87］吴菊安. 产业集群与农产品区域品牌建设 ［J］. 农村经济，2009 （5）.

［88］王玉英. 实施名牌战略 促进内蒙古经济发展 ［J］. 中国工商管理研究，2005 （8）.

［89］王兆峰. 品牌对区域经济发展的影响研究 ［J］. 北京工商大学学报 （社会科学版），2007 （2）.

［90］王哲. 产业集群、区域品牌与区域经济转型 ［J］. 商业时代，2007 （21）.

［91］汪涛，杨立华. 品牌经济与“两型”社会的建设——基于 Hotelling 模型的推导 ［J］. 中国人口·资源与环境，2010 （1）.

［92］夏曾玉，谢健. 区域品牌建设探讨——温州案例研究 ［J］. 中国工业经济，2003 （10）.

［93］夏骥. 我国品牌的地区分布与区域竞争力研究［J］. 上海经济研究，2007（2）.

［94］夏雷. 以区域品牌为重点　推进农产品品牌经营战略［J］. 湖南农业科学，2007（5）.

［95］许一. 引入区域品牌建设观念 促进新疆旅游业发展［J］. 新疆财经学院学报，2003（1）.

［96］熊爱华. 区域品牌与产业集群互动关系中的磁场效应分析［J］. 管理世界，2008（8）.

［97］熊爱华. 农业集群品牌建设模式研究［M］. 北京：经济科学出版社，2010.

［98］薛桂芝. 论我国农产品区域品牌的创建［J］. 农业现代化研究，2010（6）.

［99］萧灼基. 增强国家经济实力，打造世界品牌［J］. 新金融，2006（7）.

［100］晓钟. 品牌资本运营之势［M］. 北京：经济管理出版社，1999.

［101］杨欢进. 名牌与经济发展［J］. 经济与管理，2000（1）.

［102］杨晓光. 中国品牌的地区分布及其影响［J］. 地理学报，2005（2）.

［103］杨爱民. 基于产业集群的区域品牌建设——对文山三七的个案分析［J］. 企业经济，2008（7）.

［104］余鑫炎. 名牌经济与产业结构调整［J］. 学习与实践，2001（4）.

［105］袁锋. 品牌国际化：经济强国的必由之路［J］. 中国品牌，2008（2）.

［106］袁园. 农产品地理标志促进区域农业经济发展研究［D］. 北京：中国农业科学院，2009.

[107] 游士兵，黄静，熊巍. 品牌关系中消费者心理契约的感知与测度 [J]. 经济管理，2007 (22).

[108] 周必良. 实施精品名牌战略促进县域经济发展 [J]. 中国乡镇企业，2002 (11).

[109] 周晓平，江东. 名牌"引擎"有力带动福建经济增长 [N]. 中国质量报，2006-08-22.

[110] 周鹍鹏. 中部崛起与区域品牌战略的实施 [J]. 云南社会科学，2010 (4).

[111] 张前. 实施名牌战略 构建名牌大省 [J]. 江苏建材，2006 (4).

[112] 张建欣. 实施"品牌兴省、品牌兴企、品牌兴农"战略 促进结构调整 振兴山西产业 推动经济发展 [J]. 品牌，2009 (8).

[113] 张聪群. 创建区域品牌：产业集群竞争力提升的战略选择 [J]. 商业研究，2006 (18).

[114] 张国亭. 集群品牌对区域经济的促进效应 [J]. 企业改革与管理，2011 (1).

[115] 张荣刚. 企业集群总体竞争力研究 [D]. 西安：西北农林科技大学，2005.

[116] 赵勤. 黑龙江省品牌经济发展分析 [J]. 黑龙江社会科学，2009 (4).

[117] 赵娴. 流通先导作用辨析 [J]. 中国流通经济，2007 (10).

[118] 朱玉林，康文星. 基于农业产业集群的区域品牌需求与供给分析 [J]. 求索，2006 (7).

[119] 左大培，杨春学. 经济增长理论模型的内生化历程 [M]. 北京：中国经济出版社，2007.

[120] 钟学义. 增长方式转变与增长质量提高 [M]. 北京：经济管理出版社，2001.

［121］詹姆斯·A. 道，等. 发展经济学的革命［M］. 上海：上海三联书店，2000.

［122］张程远. 品牌带动原理方法和海西实证［M］. 福州：福建教育出版社，2007.

［123］牛永革. 地理品牌研究［M］. 成都：四川大学出版社，2014.

［124］王建国，等. 中部地区工业化与城镇化互动协调发展研究［M］. 北京：经济管理出版社，2013.

［125］Aaker D A. Managing Brand Equity：Capitalizing on the Value of a Brand Name［M］. New York：Free Press，1991.

［126］Ahluwalia R and Z Gurhan-Canli. The effects of extensions on the family brand name：An accessibility-diagnosticity perspective［J］. Journal of Consumer Research，2000，27（3）：371-381.

［127］Argyris C. Understanding Organizational Behavior［M］. Illinois：Dorsey Press，1960.

［128］Brodsky J. Issues in Measuring and Monitoring［J］. ARF Third Annual Advertising and Promotion Workshop，1991（2）：5-6.

［129］Burleigh B，Gardner and Sidney J Levy，The Product and the Brand［J］. Harvard Business Review，1955，（03-04）：33-39.

［130］Dwight H Perkins，Michael Roemer，Donald Snodgrass，et al. Economics of Development［M］. 3th. Hardcover Norton：W. W. &Company，Inc，1998.

［131］Eversheds London. Building strong brands［J］. Journal of Brand Management，2003（10）：115-118.

［132］Farquhar，Peter H. Managing Brand Equity［J］. Marketing Research，1989（1）：24-33.

［133］George A Akerlof，The Market for "Lemon"：Quality Uncertainty and the Market Mechanism [J]. The Quarterly Journal of Economics, 1970, 84 (3): 488-500.

[134] Gereffi G. Global Production Systems and Third World Development [M]. New York: Cambridge University Press, 1995.

[135] George Allen. Place branding: New tools for economic development [J]. Design Management Review, 2007, 18 (2): 60-68.

[136] Herrick B, Kindleberger C P. Economic Development [M]. New Zealand: McCrraw-Hill, 1983.

[137] Interbrand Group. World's Greatest Brands: An International Review [M]. New York: John Wiley, 1992.

[138] Keller K L. Conceptualizing Measuring and Managing Customer-based Brand Equity [J]. Journal of marketing, 1993, 57: 1-22.

[139] Keller K L. Strategic Brand Management [M]. Beijing: Prentice Hall and Renmin University of China Press, 1998.

[140] Keller K L. Conceptualizing Measuring and Managing Customer-based Brand Equity [J]. Journal of marketing, 1993 (57): 1-22.

[141] Kotter J P. The psychological contract [J]. Management Review, 1973, 15 (3): 91-99.

[142] Solow R M. A Contribution to the Theory of Economic Growth [J]. Quarterly Journal of Economics, 1956, vol. 70: 65-94.

[143] Markusen A. Sticky Places in Slippery Space: A Typology of Industrial Districts [J]. Economic Geography, 1996, 72 (3): 293-313.

[144] Mihalis Kavaratzis. Place branding: A review of trends and conceptual models [J]. The Marketing Review, 2005 (5): 329-342.

[145] Porter M E. Clusters and New Economics of Competition [J]. Harvard Business Review, 1998 (11): 77-90.

［146］ Phillip Kotler and Kevin Lane Keller, Marketing Management ［M］. 12th. New Jesey: Prentice-Hall, 2006.

［147］ Peter Farquhar. Managing Brand Equity ［J］. Marketing Research, 1989 (9): 24-33.

［148］ Rousseau D M. Psychological and Implied Contracts in Organization ［J］. Journal of Employee Rights and Responsibilities, 1989, 2 (2): 121-129.

［149］ Rousseau D M. New Hire Perception of Their Own and Their Employer's Obligations: A Study of Psychological Contracts ［J］. Journal of Organization Behavior, 1990, 11 (5): 389-400.

［150］ Stephen Harris Morley King. Developing New Brands ［M］. New Jersy: Wiley, 1973.

［151］ Schein E H. Organizational Psychology ［M］. New Jersey: Prentice-Hall, 1980.

［152］ Simon Anholt. Editor's foreword to the first issue ［J］. Place Branding, 2004, 1 (1): 4-11.

后 记

本书是在我的博士论文《品牌企业与区域经济发展研究》基础上扩展修改而成，同时本书学术思想的形成也得益于 2013 年年底在贵州财经大学举办的"中国城镇化与区域经济发展国际研讨会"上中国社会科学院经济研究所裴长洪所长和云南财经大学首席教授万广华博士的发言。在这篇倾注了我大量心血的论著定稿之际，我满心欢喜又怅然若失，复杂的心情难以言表。我无法忘记自己为完成书稿付出的艰辛努力，更无法忘记曾经给予我大力支持和无私帮助的良师、益友和亲人们。

很庆幸能够跟随恩师郭守亭教授进行博士阶段的学习。郭老师因材施教、因势利导，给我充分的学习和学术自由，因此，在跟随恩师的三年时光里我能得到学习的乐趣，并能沿着自己的兴趣点进行不断地探索。每一次与郭老师的交流都使我获益良多，并深深地被恩师渊博的知识、独到而始终一贯的见解所折服。郭老师淡泊名利、胸怀坦荡，从郭老师身上我学到的不仅是学问，还有很多做人、做事的道理。

在求学和科研的路上，我得到了很多老师和单位的帮助。衷心感谢云南财经大学的郭思智教授、杨桂红教授、宋光兴教授、于克信教授、彭毓蓉副教授、张肖虎博士和中南财经政法大学的汪海粟教授、陈池波教授、任剑新教授、胡立君教授、宁昌会教授、陈银娥教授、王雨辰教授、黄漫宇副教授、周若副教授、丁际刚副教授等老师，他们在课堂内外都给予我启迪与帮助。感谢教育部社会科学司的资助，也特别感谢重庆三峡学院科研处各位老师们的帮助和重庆三峡学院学术著作出版基金的资助。

在书稿的写作和资料收集过程中，我得到了很多朋友的帮助。感谢中南民族大学管理学院的许智慧同学，重庆三峡学院工商管理学院的倪琳同学、聂东俊同学、樊湘属同学、粟佳同学、陈兴同学、向源同学，他们帮我完成了部分数据的查找、整理和录入工作。感谢同门兄弟姐妹王鹏飞、王颖、赵丽、俞彤晖、姜倩倩、徐萌君、李方方、朱晓伟、刘锦，他们在平常的学习中与我多次进行讨论、交流，与我结下了深厚的情谊。感谢同级的博士生江喜林、董亮、方中秀、周宇骐、薛福根、罗明、马剑平、吴立军、李超、郭力、盘和林、黄德红等，与他们交流总是收获很多。

感谢我的家人——父母、妻子，感谢他们在精神上的默默支持、物质上的无私奉献。在我写作期间，他（她）们承担了全部的家务，没有他们的理解与支持，我很难有时间和精力完成写作任务。另外，要向我的儿子李和小朋友表示歉意，在我离家赴武汉攻读博士学位之时他才刚满两岁，一直到他上幼儿园期间，我都一直没有时间陪他一起玩耍和辅导他的学习。

千言万语汇集为一句话：感谢我身边的每一个人，感谢这个世界。又一段新的旅程即将开始，我将继续前行。

谨以此拙作献给我的老师、朋友和亲人！

李佛关